Caminhos da Liberdade

PRIMEIRA PASSAGEM

César de Faria Júnior

Caminhos da Liberdade

Primeira Passagem

Prefácio
Nabor Bulhões

1ª edição – 2023

Diagramação: *Olga Martins*

CIP-BRASIL. CATALOGAÇÃO NA PUBLICAÇÃO
SINDICATO NACIONAL DOS EDITORES DE LIVROS, RJ

F234

Faria Júnior, César de
Caminhos da liberdade / César de Faria Júnior. - 1. ed. - Rio de Janeiro : GZ, 2023.
264 p. ; 24 cm.

Inclui índice
ISBN 978-65-5813-059-8

1. Direito processual penal - Brasil. I. Título.

23-82150 CDU: 343.21(81)

Meri Gleice Rodrigues de Souza - Bibliotecária - CRB-7/6439

25/01/2023 30/01/2023

GZ EDITORA

e-mail: contato@editoragz.com.br
www.editoragz.com.br

Estrada do Capuava, nº 1325 - Box Q - CEP 06715-410
Bairro Barro Branco - Município de Cotia - SP
Tel.: (0XX21) 99585-0737 / 99755-0737

Impresso no Brasil
Printed in Brazil

SUMÁRIO

PREFÁCIO

Foi com muita honra e alegria que recebi do eminente professor, advogado e jurista ***CÉSAR DE FARIA JÚNIOR*** o convite para elaborar o prefácio desta estimulante obra, que compila uma série de trabalhos escritos pelo autor ao longo de sua consistente e destacada trajetória profissional.

Embora os trabalhos aqui reunidos tratem dos mais diversos temas de Direito Penal e Processo Penal, há neles, certamente, um eixo aglutinador, que consiste numa espécie de *cantus firmus* a exaltar a preservação das garantias fundamentais típicas de um Estado Democrático de Direito. E aqui já sublinho um importante atributo da obra: a unidade na pluralidade.

No diminuto espaço reservado a um prefácio, constituiria tarefa verdadeiramente impossível expor cada uma das *vexatae quaestiones* que foram objeto de detida reflexão por parte do autor da presente obra. Entretanto, tentarei fazer da necessidade uma virtude, para tecer breves considerações a respeito de pelo menos quatro delas, que me parecem de superlativa relevância e atualidade: **(i)** o Direito Penal e o Processo Penal do Inimigo; **(ii)** o alcance da presunção de inocência e a execução antecipada da pena; **(iii)** o direito ao silêncio e as Comissões Parlamentares de Inquérito e, *last but not least,* **(iv)** a garantia da inviolabilidade dos escritórios de advocacia.

No trabalho que inaugura a obra **(i)**, ***CÉSAR DE FARIA JÚNIOR*** expõe, com invulgar *elegantia iuris criminalis*[1], as bases do assim denominado Direito Penal do Inimigo.

Como se sabe, e como bem explana o autor, já em 1985 ***GÜNTHER JAKOBS*** chamava a atenção para a existência, nos sistemas jurídicos de todo o mundo, de leis criminalizadoras que não seguem a lógica do Direito Penal Clássico ou Direito Penal do Cidadão. Essas leis, se vistas em conjunto, formam um *corpus* cujas características marcantes consistem na exacerbada antecipação da punibilidade (sem a correspondente ou proporcional redução da pena cominada ao delito) e na relativização das garantias materiais próprias de um Estado de Direito. Tais leis regem-se por propósitos eficientistas, não estando preocupadas com a otimização de esferas de liberdade. Já não se trata propriamente de dialogar com um cidadão, mas sim de neutralizar uma fonte de perigo[2].

---

1 A expressão é do grande jusfilósofo e penalista ***GUSTAV RADBRUCH***.

2 Cf. ***PORCIÚNCULA***, *Inconstitucionalidades e Inconsistências Dogmáticas do Instituto da Delação Premiada (art. 4º da Lei 12.850/13)*, in: *Arquivos da Resistência: Ensaios e Anais do VII Seminário Nacional do IBADPP*, Florianópolis, 2019, pp. 35 e ss.; o mesmo, *Reflexões críticas acerca do tipo penal de obstrução de investigação de organização criminosa (art. 2º, § 1º da Lei 12.850/13*, in: Terra (Org.), *Lições Contemporâneas do Direito Penal e do Processo Penal*, São Paulo, 2021, pp. 285 e ss.

Evidentemente, o ordenamento jurídico pátrio não está imune a essa lamentabilíssima realidade. Basta examinar, por exemplo, a Lei nº 12.850/13, que constitui, a meu ver, a expressão máxima em nosso país dessa tendência emergencial e autoritária.

Com grande perspicácia, ***CÉSAR DE FARIA JÚNIOR*** denuncia também que, acoplado a um Direito Penal do Inimigo, encontra-se sempre um Processo Penal do Inimigo, que também acaba por relativizar (ou mesmo eliminar!) garantias típicas de um Estado de Direito. Como observa certeiramente o autor, a própria noção de Processo Penal do Inimigo consubstancia uma contradição em seus próprios termos (*contradictio in terminis*). Explica-se: para que o Processo Penal do Inimigo incida sobre um sujeito, já é preciso partir do pressuposto de que se está diante de um inimigo. Mas isso seria justamente o que um Processo Penal do Inimigo deveria demonstrar! Em suma: parte-se de uma abstrusa condição prévia (melhor seria: ontológica) de "inimizade", que representa justamente o antípoda da presunção de inocência. Nas palavras do próprio autor:

> "(...) O Direito Processual do Inimigo surge como uma consequência do Direito Penal do Inimigo que, na busca da eliminação de riscos, vulnera garantias processuais, independente do comportamento do acusado como sujeito processual. O imputado já é tratado como 'inimigo' por supostamente fazer parte de determinado grupo de risco, pela sua potencial periculosidade, digo presumida, por não ter sido ainda devidamente processado e condenado".

No trabalho dedicado ao alcance da presunção de inocência **(ii)**, o autor demonstra, *inter alia*, que tal princípio, insculpido no art. 5º, LVII, da Constituição Federal, representa autêntica barreira infranqueável à ideia de execução antecipada da pena – felizmente declarada inconstitucional pelo Supremo Tribunal Federal em tempos recentes.

No trabalho dedicado ao direito ao silêncio no âmbito das Comissões Parlamentares de Inquérito **(iii)**, ***CÉSAR DE FARIA JÚNIOR***, tomando por base a histórica jurisprudência do Supremo Tribunal Federal a respeito do tema, destrincha analiticamente as várias dimensões da referida garantia: o direito do investigado de não responder a perguntas a ele formuladas; o direito de ser assistido por advogado durante o ato; o direito de não ser submetido ao compromisso de dizer a verdade ou de subscrever termos com esse conteúdo; o direito de não sofrer constrangimentos físicos ou morais decorrentes do exercício dos direitos anteriormente citados; e, finalmente, o próprio direito de não comparecer à Comissão ou, em caso de comparecimento, o direito de abandonar o ato a qualquer momento se assim o desejar, como decidiu o col. Supremo Tribunal Federal no julgamento do ***HC nº 202.940/DF***, rel. a Min. ***ROSA WEBER***, em que figurei como impetrante.

Atento às perigosas oscilações da jurisprudência, especialmente em tempos de crise, ***CÉSAR DE FARIA JÚNIOR*** não deixa de manifestar o seu inconformismo em relação à recente decisão proferida pelo eminente Min. ***LUIZ FUX*** em sede de **Embargos de Declaração no Agravo Regimental no Habeas Corpus nº 204.422/DF**, decisão essa que poderia significar um grave retrocesso da jurisprudência do Supremo Tribunal Federal a respeito do tema. A questão girava em torno do seguinte ponto: a quem compete o juízo de valor acerca do caráter incriminatório ou não das perguntas formuladas pela Comissão Parlamentar de Inquérito? Ora, pela lógica e pela própria jurisprudência do Supremo Tribunal Federal (cite-se, *inter plures*, o ***HC nº 202.940/DF***, rel. Min. ***ROSA WEBER*** e o ***HC 79.244***, rel. Min. ***SEPÚLVEDA PERTENCE***), tal juízo somente caberia ao próprio investigado.

Entretanto, esse não foi o entendimento do Min. ***LUIZ FUX*** naquela oportunidade. De fato, Sua Excelência considerou que "o primeiro juízo sobre o conteúdo desse direito compete ao seu próprio titular", mas que "às Comissões Parlamentares de Inquérito, como autoridades investidas de poderes judiciais, recai o poder-dever de analisar, à luz de cada caso concreto, a ocorrência de alegado abuso do exercício do direito de não-incriminação. Se assim entender configurada a hipótese, dispõe a CPI de autoridade para adoção fundamentada das providências legais cabíveis".

Trata-se de entendimento absolutamente equivocado que, caso prosperasse, certamente daria margem, como bem observa o autor da presente obra, a violências inomináveis no âmbito das CPIs. Mais: poderia significar, *in the long run*, a própria aniquilação do direito ao silêncio.

No artigo publicado no Jornal A Tarde sob o título "Invasões de escritórios de advocacia, a quem interessa?" **(iv)**, o autor, comunicando-se com o público leigo, mostra de forma didática como o direito à inviolabilidade do domicílio (art. 5º, XI da CF) – incluindo-se também aí qualquer compartimento privado onde alguém exerce profissão ou atividade – constitui não somente uma garantia do advogado, mas de qualquer pessoa que se veja sob o jugo do *jus puniendi*. Em última instância, trata-se de uma garantia da própria sociedade! De fato, a garantia da inviolabilidade dos escritórios de advocacia nada mais representa do que uma condição de possibilidade do direito à ampla defesa e, portanto, em último grau, condição de possibilidade do próprio Estado Democrático de Direito.

Não gostaria de finalizar este prefácio sem fazer referência à homenagem do autor da presente obra ao grande ***ANTÔNIO EVARISTO DE MORAES FILHO***, publicada no Jornal A Tarde em 08.05.97, por ocasião do seu passamento. Tive o prazer e a honra de atuar com ***ANTÔNIO EVARISTO DE MORAIS FILHO*** no afamado Caso Collor/PC e sou testemunha das extraordinárias qualidades atribuídas por ***CESAR DE FARIA JUNIOR*** àquele notável humanista e consagrado advogado criminalista e jurista.

Chego ao fim. A obra que o leitor tem em mãos retrata, com fidedignidade, o espírito dos nossos tempos. Eles não são, certamente, os mais auspiciosos. Muito pelo contrário: revelam uma perigosa tendência no sentido do solapamento dos direitos e garantias fundamentais do cidadão. Mas como advogado combativo que é, e como notável acadêmico e jurista comprometido com a preservação do Estado Democrático de Direito, ***CÉSAR DE FARIA JÚNIOR*** não se conforma com o curso dos acontecimentos e, por isso mesmo, opta, com razão, por trilhar caminhos diversos... os caminhos da liberdade!

Brasília, 04 de novembro de 2022

A. Nabor A. Bulhões
(Advogado, detentor da medalha Rui Barbosa
outorgada pelo CFOAB, e jurista)

SOBRE O AUTOR

César de Faria Júnior é natural de Esplanada/BA, tendo cursado o primário e mais da metade do antigo ginásio em escola pública na cidade de Entre Rios/BA.

Graduou-se em Direito pela Universidade Federal da Bahia no final do ano de 1985.

É advogado militante na área criminal desde o início da sua trajetória, liderando o escritório "Advocacia Prof. César Faria", sediado em Salvador.

Professor Associado de Direito Processual Penal da Universidade Federal da Bahia (UFBA). Doutor em Direito Público, Mestre em Direito Penal Econômico e Especialista em Processo Penal, todos pela UFBA.

Membro da Academia de Letras Jurídicas da Bahia (ALJBA), Titular da Cadeira de n. 4, cujo Patrono é Ruy Barbosa, tendo sido seu Presidente no biênio de 2015/2017, sendo atualmente Diretor da sua Revista.

Foi aprovado em 1987 no concurso público nacional para o cargo de Procurador Federal. De 1988/92, também por aprovação em concurso público, exerceu o cargo de Auditor Jurídico do Tribunal de Contas do Estado da Bahia. Foi Secretário de Governo do Estado da Bahia, no período de 1991/92. Ainda por aprovação em concurso público nacional, exerce, desde 1992, o cargo de Advogado de Ofício da Justiça Militar Federal, transformado em Defensor Público da União.

Em 1989, foi aprovado em primeiro lugar no concurso de provas e títulos para professor da Faculdade de Direito da Universidade Federal da Bahia, iniciando aos 25 anos sua carreira no magistério, lecionando Direito Processual Penal e Prática Jurídica Penal até hoje. Na Fundação Faculdade de Direito da Bahia, foi coordenador e professor do pioneiro Curso de Especialização em Ciências Criminais (1993/1994). Integrou o quadro de professores da EPAM – Escola de Preparação e Aperfeiçoamento de Magistrados do Estado da Bahia, 1990 a 1998. Lecionou Direito Penal no Curso de Formação de Delegados, promovido pela ACADEPOL – Academia de Polícia do Estado da Bahia, em 1995.

É Membro Fundador e Primeiro Presidente do Instituto Baiano de Direito Processual Penal (IBADPP), Conselheiro Nacional da Associação Brasileira dos Advogados Criminalistas (ABRACRIM) para o triênio 2016/2019, reeleito para o triênio 2020/23, Membro da Associação Brasileira de Professores de Ciências Penais (ABPCP), Membro, desde sua fundação, do Instituto Brasileiro de Ciências Criminais (IBCCRIM), Membro Efetivo do Instituto Geográfico e Histórico da Bahia (IGHB) e do Instituto dos Advogados da Bahia (IAB), onde foi presidente da Comissão de Estudos Jurídicos, de 1997/98, e atualmente compõe seu Conselho Superior.

Integrou a Comissão de Ensino Jurídico da Ordem dos Advogados do Brasil, Seccional da Bahia, 2004/2006. Designado pelo Presidente da OAB/BA, em 2016, Relator da Comissão Temporária de Reforma do Código de Processo Penal. Participou de várias bancas examinadoras de concursos públicos na área jurídica, bem como da Comissão Julgadora do Prêmio Nacional Ruy Barbosa, promovido pela Secretaria de Cultura e Turismo da Bahia. Vencedor do prêmio "Professor J. J. Calmon de Passos" (OAB/BA, 1990).

Conferencista e autor de obras jurídicas: livros, além de inúmeros artigos publicados em revistas e sites especializados e jornais de grande circulação, assim como capítulos em obras coletivas. Publicou, pela Editora Forense, o livro "O Processo Administrativo Fiscal e as Condições da Ação Penal nos Crimes Tributários", a 1ª edição, em 2003 e a 2ª edição, revista, atualizada e ampliada, com resenha da Nova Posição do STF, em 2006. Coordenador da Obra "Processo Penal Especial", edição em homenagem aos 110 anos da Faculdade de Direto da UFBA, publicada pela Editora Saraiva, em 2001. Autor, em coautoria com Alfredo Ruy Barbosa e Rubem Nogueira, do livro "Variações sobre a Modernidade de Ruy Barbosa", publicado pela Academia de Letras da Bahia e Secretaria da Cultura e Turismo do Estado da Bahia, em 2000.

Recebeu, por seis vezes, Moção de Louvor do Plenário do Tribunal de Contas do Estado da Bahia (1989, 1990, 1991, 1992, 1998 e 1999). Em 2017, recebeu, do TRT da 5a. Região, a Comenda Ministro Coqueijo Costa, da Ordem do Mérito Judiciário do Trabalho da Bahia, bem como a maior honraria outorgada pela Academia de Letras Jurídicas da Bahia, a Medalha Orlando Gomes. Ainda recebeu em 2021, da Justiça Militar da União, o Medalhão Comemorativo dos 100 anos de Criação das Circunscrições Judiciárias Militares (1920/2020), e, em 2022, do IBDM – Instituto Brasileiro de Direito Militar, a Medalha do Patrono Ruy Barbosa.

NOTA INTRODUTÓRIA

A produção dos trabalhos, ora publicados conjuntamente, deve-se, em grande parte, ao encontro entre a rica vivência proporcionada pelo exercício do magistério na Faculdade de Direito da UFBA e às inquietações surgidas da prática simultânea da advocacia criminal, nas incessantes batalhas travadas para conquistar e preservar espaços nessas apaixonantes atividades, que se complementam e compõem uma sinfonia no palco que representa mesmo uma opção de vida!

Já havia pensado, há bastante tempo, em reunir meus artigos publicados em jornais, *sites*, boletins e revistas jurídicas, para que pudessem testemunhar minha participação, ainda que modesta, na busca do aperfeiçoamento do ordenamento jurídico e não se perdessem, ao longo dos anos, na dispersão.

Contudo, o exercício concomitante dessas atividades não deixou tempo para que este antigo propósito já tivesse sido posto em prática.

Nem mesmo minha tese de doutorado, defendida em 2010, sobre o "Processo Penal do Inimigo", foi publicada como livro, embora tenha o primeiro capítulo composto obras de outros autores, o que muito me honra.

Nos últimos anos, a necessidade de se fazer uma publicação única, contendo trabalhos jurídicos de minha autoria, os mais diversos, sejam breves crônicas, ou estudos mais alentados, passou a ser mais sentida, sobretudo, quando estudantes da Faculdade de Direito da UFBA, pesquisando para elaboração dos seus trabalhos de conclusão de curso (TCC), não encontravam textos sobre os quais eu já havia me manifestado.

Com a compulsória pausa motivada pela pandemia, a ideia tomou corpo, e, além dos escritos penais surgidos por ocasião de leis novas ou mudanças de posicionamento na jurisprudência, bem como outros em defesa da advocacia, redigidos para alcançar também o público leigo em direito, o cidadão de um modo geral, aqui publicados como "Parte II - *Crônicas Penais*", selecionamos, para compor o primeiro capítulo ("Parte I - *Processo Penal à Luz da Constituição*"), artigos sobre temas que não perdem a relevância com o passar do tempo, sempre à luz e em defesa da Constituição democrática de 1988.

Também incluímos um capítulo ("Parte III – *Discursos*") contendo discursos acadêmicos em ocasiões solenes, além da saudação, representando a combativa classe dos advogados, ao Juiz Federal Antônio Scarpa, quando da sua posse no Tribunal Regional Eleitoral da Bahia.

Por último, a parte que toca muito o nosso coração, ("Parte IV - *Memória e Homenagens*"), nela falamos, com emoção, de alguns queridos e notáveis colegas de profissão que já se foram, mas deixaram um extraordinário legado para as novas gerações (Evaristo de Moraes, Arx Tourinho, Adhemar Raymundo da

Silva, Edson O´dwyer e René Ariel Dotti) e homenageamos uma "Mulher, Negra, Guerreira, Baiana", a Desembargadora Federal Dra. Neuza Maria Alves da Silva, quando da sua aposentadoria.

Destaque-se que abrimos este capítulo final trazendo à memória uma atuação antológica do imortal Ruy Barbosa, em defesa do Júri e da independência da Magistratura, no caso que denominamos de "*crime de hermenêutica*", contendo lições imorredouras.

Confesso que, ao final, fui tomado por um estranho sentimento de passagem do tempo, e, com ele, da nítida revelação de um pensamento humanista e sempre coerente em defesa dos direitos e garantias fundamentais expressos na Carta Política da República, o que dificilmente aconteceria em um livro sobre um tema técnico jurídico específico.

Daí o título "Caminhos da Liberdade", e "Primeira Passagem", porque se espera existam ainda muitos caminhos a trilhar, sempre em direção à Liberdade!

PARTE I

O PROCESSO PENAL À LUZ DA CONSTITUIÇÃO

CONSIDERAÇÕES ACERCA DO PROCESSO PENAL DO INIMIGO[1]

Dedico este trabalho à memória do eletricista brasileiro Jean Charles de Menezes, metralhado pela Scotland Yard, com 11 tiros à queima-roupa, confundido com um terrorista, na estação de Stockwell do metrô de Londres, em 22/07/2005.

1.1. DIREITO PENAL DO INIMIGO NA VISÃO DE GÜNTHER JAKOBS

1.1.1. BASE JUSFILOSÓFICA DO DIREITO PENAL CONTRA O INIMIGO DE JAKOBS

A ideia de um "direito penal do inimigo" não é nova, mas foi a partir de 1985, em estudo sobre a *"Criminalización en el estadio prévio a la lesión de un bien jurídico"*, que Günther Jakobs[2] começou a estabelecer a diferença entre o Direito Penal do Cidadão, o qual preserva as esferas de liberdade, e o que denominou de *"Direito Penal do Inimigo"*, que prioriza a proteção a bens jurídicos e trata o infrator como *"não pessoa"*.

Em trabalho mais recente, o mesmo autor tedesco[3], invocando as teorias contratualistas do Iluminismo, aduziu que, quem viola as normas do contrato social, por princípio e de forma reiterada, renuncia ao seu *status* de cidadão, da mesma forma que aquele que adere ao grupo criminoso (em vez da sociedade civil) e repudia a legitimidade do Estado em seu conjunto pratica uma *"autoexclusão da personalidade"*, devendo, na sua visão, ser tratado como inimigo.

Pessoas são destinatárias de direitos e deveres, para Jakobs *"todo aquele que oferece fidelidade jurídica ao menos de forma relativamente*

---

1 Capítulo adaptado de minha tese de doutorado "Processo Penal do Inimigo, os Direitos e Garantias Fundamentais e o Princípio da Proporcionalidade", defendida na Universidade Federal da Bahia, no ano de 2010.

2 JAKOBS, Gunther. **Criminalización en el estádio prévio a la lésion de un bien jurídico**. Trad. De Enrique Peñaranda Ramos. Estúdios de derecho penal. Madrid: Civitas, 1997. p. 293-323

3 JAKOBS, Gunther. Derecho penal del ciudadano y derecho penal del enemigo. In: JAKOBS, Gunther; MELIÁ, Manuel Cancio. **Derecho penal del enemigo**. Madrid: Civitas, 2003, p. 19-56.

confiável tem o direito de ser tratado como pessoa"[4], enquanto que aquele que não oferece uma "*garantia cognitiva mínima de comportamento fiel ao Direito*" não seria pessoa, e sim fonte potencial de crime, inimigo.

Para demonstrar que é possível se perder o *status* de cidadão, Jakobs[5] parte da teoria de Rousseau pela qual o Estado se fundamentaria num contrato social, de modo que, no dizer do famoso contratualista, qualquer 'malfeitor' que ataque o 'direito social' deixa de ser 'membro' do Estado, posto que se encontra em guerra com este, como demonstra a pena pronunciada contra o malfeitor. Referindo-se a ele, expressamente, como inimigo: "ao culpado se lhe faz morrer mais como inimigo que como cidadão".

No mesmo sentido, cita Fichte: "quem abandona o contrato cidadão em um ponto em que no contrato se contava com sua prudência, seja de modo voluntário ou por imprevisão, em sentido estrito perde todos os seus direitos como cidadão e passa a um estado de ausência completa de direitos."

Todavia, Jakobs não adota a concepção de Rousseau e de Fichte, quando consideram todo delinquente, de *per si,* como inimigo, por entender que "em princípio, um ordenamento jurídico deve manter dentro do Direito também o criminoso," porque como "cidadão" ele tem direito a voltar a ajustar-se com a sociedade e dever de reparar o dano que causou.

Comunga, entretanto, com o pensamento de outro teórico do contrato social, Hobbes, para quem, no "contrato de submissão", o cidadão não pode perturbar o Estado em seu processo de auto-organização, de modo que, quando comete alta traição, deve ser castigado como inimigo, "pois a natureza deste crime está na rescisão da submissão, o que significa uma recaída no estado de natureza... e aqueles que incorrem em tal delito não são castigados como súditos, mas como inimigos".[6]

O professor de Bonn também segue a orientação de Kant, quando propõe seja tratado como inimigo quem ameaça constantemente e não

4 JAKOBS, Günther. Terroristas como Sujeitos de Direito? p. 59. In: **Direito Penal do Inimigo**. Rio de Janeiro. Lúmen Júris, 2008, Organização e Introdução Luiz Moreira e Eugênio Pacelli de Oliveira (Trad. Gercélia Batista de Oliveira Mendes).

5 JAKOBS, Günther; MELIÁ, Manuel Cancio. **Direito Penal do Inimigo:** Noções e Críticas. Organização e Tradução de André Luís Callegari e Nereu José Giacomolli, Porto Alegre: Livraria do Advogado, 2005, p. 25/26.

6 Op. Cit., p. 27.

se deixa obrigar a entrar em um estado cidadão, ou seja, não pretende participar da vida em um "estado comunitário-legal".[7]

Conclui Jakobs que Hobbes e Kant conhecem um Direito Penal do cidadão – contra pessoas que não delínquem de modo persistente por princípio – e um Direito Penal do inimigo contra quem se desvia por princípio.

Eis, em breves linhas, a base jusfilosófica do Direito Penal contra o inimigo de Jakobs, constituído para eliminar perigos, através da sanção como coação, pura e simples.

1.1.2. ADOÇÃO DA TEORIA DOS SISTEMAS DE LUHMANN

Jakobs também adota a teoria dos sistemas de Niklas Luhmann como base para construção de sua tese, quando defende o funcionalismo sistêmico, no qual a função das normas seria garantir as expectativas, tal como concebida por Luhmann.

Para Luhmann, o Direito deve ser visto como uma estrutura e a sociedade como um sistema em uma relação de interdependência recíproca.

Na convivência humana que só pode se dar em sociedade, o Direito teria a função de estabelecer limites para essa interação, de modo que cada um possa esperar, com um mínimo de confiança, determinado comportamento do outro. E as normas, conquanto não possam evitar os conflitos, devem garantir as expectativas de condutas.

A obra de Niklas Luhmann – Teoria dos Sistemas - é considerada como uma das leituras mais organizadas para analisar e compreender a dinâmica da sociedade atual, marcada pelo seu alto grau de complexidade.

O mencionado autor acolhe a orientação de *autopoiesis*, desenvolvida no âmbito da biologia, acerca da funcionalidade dos sistemas, denominando a sua teoria de "*teoria dos sistemas autopoiéticos*".

Assim, um conjunto de órgãos, por sua vez, forma um sistema e vários sistemas integrados podem formar um organismo e alguns sistemas, como o sanguíneo e ósseo, possuem funções autopoiéticas, ou seja, conseguem se regenerar, com a diferenciação de células jovens ou imaturas em células maduras.

---

7 Op. Cit. p. 28-29. "Quem não participa na vida em um 'estado comunitário-legal', deve retirar-se, o que significa que é expelido (ou impedido à custódia de segurança); em todo caso, não há que ser tratado como pessoa, mas pode ser 'tratado', como anota expressamente Kant, como inimigo.

De modo semelhante, para Luhmann a sociedade constitui um sistema que é caracterizado e diferenciado pela sua capacidade de autorreferência e pela *autopoiesis*, encontrando na comunicação o seu elemento essencial, através do qual constitui uma rede de relações fechada sobre si mesma.

Diante deste fechamento estrutural, defende que se mantêm como uma rede de relações e inter-relações em "*espiral evolutiva não teleológica*" [8], que deve buscar a redução da complexidade dentro do próprio sistema.

A sociedade moderna pode ser caracterizada como um amplo sistema social orientado por uma diferenciação funcional. Consoante afirma Luhmann, após um largo período de estabilidade da sociedade liberal, observou-se um acelerado aumento da evolução industrial e tecnológica, o que, consequentemente, propiciou o surgimento de uma sociedade complexa, evidenciada a partir da capacidade de autorreferencialidade.

Quanto mais evoluída for uma sociedade, maior será o seu grau de diferenciação funcional. Daí se constatar que a sociedade contemporânea é mais complexa que as anteriores, e por isso, mais eficiente na resolução dos seus problemas, pois somente o que é complexo possui capacidade e habilidade para contornar e reduzir esta complexidade.

Através da técnica da diferenciação funcional, cerne da teoria dos sistemas, a sociedade se encontra apta para elevar a sua capacidade de comunicação, mantendo a sua originalidade de autorreprodução autopoiética, inserido no seu estrutural fechamento autorreferente.

É de fácil constatação, portanto, que Luhmann busca elaborar uma teoria sociológica que esteja em essencial conformidade com o nível de complexidade da sociedade moderna.

Ao propor uma reorientação sociológica pautada na comunicação, defende a superação da denominada "*teoria da ação*" que servia para caracterizar as sociedades clássicas e que, por isso mesmo, não pode servir de base epistemológica para a compreensão de uma sociedade estruturalmente diferenciada e complexa.

A comunicação, segundo o citado autor, é concebida como unidade que visa à síntese de basicamente três operações distintas, quais sejam: mensagem (*aussage*), informação (*informationen)* e compreensão (*versthen)*.

8 AMARAL, Cláudio do Prado. **Bases Teóricas da Ciência Penal Contemporânea**: Dogmática, Missão do Direito Penal e Política Criminal na Sociedade de Risco. São Paulo: IBCCRIM, 2007. p. 154. (Monografia Vencedora do 11º Concurso de Monografias Jurídicas).

Luhmann, como já demonstrado, concebe a sociedade atual como funcionalmente diferenciada, na qual cada subsistema desenvolve a sua função específica, orientada por um código binário exclusivo[9].

De modo que cada subsistema se desenvolve a partir dos seus códigos e programas. Abre-se e fecha-se conforme o seu escolhido código de diferenciação, de maneira que, da mesma forma que o sistema realiza mecanismos de aberturas cognitivas (*acoplamento estrutural)* e se demonstra permeável, em seguida se fecha para se autor-referenciar (*autopoiésis)*, desenvolver-se, segundo a sua lógica interna, reduzindo a sua complexidade[10].

Nessa linha de compreensão, verifica-se que a sociedade atual é caracterizada pela comunicação, elementar do sistema social, através do qual ocorre a autodescrição do sistema pela busca da sua autorreprodução.

Diante dessas breves considerações acerca do pensamento luhmaniano na sociologia, convém evidenciar, ainda que sucintamente, a relação do seu pensamento com o direito e, em seguida, com o direito penal.

Segundo Luhmann, para verificar a função do direito na sociedade complexa, faz-se necessário que se observe o modo pelo qual ele estrutura e diferencia as expectativas cognitivas e, principalmente, as normativas, afinal, é sobre elas que se refere[11].

Toda e qualquer expectativa consiste em uma antecipação do futuro e, como tal, está apta a ensejar frustrações. Assim, existem duas formas para lidar com estas frustrações: ou se adapta a expectativa à situação que a frustrou ou se volta contra tal situação. No primeiro caso, estar-se-ia diante de uma expectativa cognitiva, que se adapta à situação que a contrariou.

No segundo, todavia, verifica-se uma expectativa normativa que deve se manter firme contra a situação que a decepcionou. Conforme o pensamento de Luhmann, essas duas formas de lidar com a frustração

---

9 LUHMANN, Niklas. **Low as a social system**. Tradução de Klaus A. Ziegert. Oxford: Oxford University Press, 2004, p. vii (trata-se de tradução inglesa de Das Recht der Gesellshaft).

10 LUHMANN, Niklas. **Introducción a La teoria de sistemas**: leciones publicadas por Javier Torres Nafarrate.nUniversidad Iberoamericana.México: Antropos, 1996. p. 78.

11 LUHMANN, Niklas. **Sociologia do direito**. v. 1. Tradução de Gustavo Bayer. Rio de Janeiro: Tempo Brasileiro, 1983, p. 70.

de expectativas encontram no direito a sua estabilização por meio da normatização[12].

A norma seria uma forma de estruturar as expectativas, fixando-as como normativa e, através de determinados mecanismos, neutralizá-las contra as condutas que dela se desviam[13].

O direito positivo, portanto, estaria essencialmente vinculado com o processo de diferenciação funcional registrado pela sociedade atual, moderna e complexa. A positivação, ao consistir na afirmação e validação do direito por meio de decisões, insere-se em uma orientação reflexiva que induz no direito a capacidade de se criar e mudar de maneira intrassistêmica.

A partir da incorporação da orientação de autorreferencialidade na sua teoria dos sistemas, Luhmann descreve o direito positivo atual (moderno) como um subsistema essencialmente funcional e diferenciado, que, constituído por outros subsistemas também autorreferenciados, como por exemplo, a política e a economia, reproduz-se autopoieticamente através da comunicação para manter a sua unidade enquanto sistema funcional[14].

Nesse sentido, para compreender o direito enquanto sistema faz-se necessário compreender que é autorreferenciado, na medida em que produz e reproduz, não somente suas estruturas, como também seus próprios elementos constituintes através de operações essencialmente fechadas.

Destarte, o direito também é compreendido enquanto um sistema autopoiético, no qual as operações são realizadas em seu interior, reproduzindo-se intrassistematicamente.

Como já registrado, a teoria dos sistemas desenvolvida por Luhmann na sociedade e no direito, interpretado enquanto um subsistema deste, também pode ser compreendida, ou, melhor, inserida, no contexto do direito penal, analisado enquanto um subsistema de um subsistema (direito - "*lato sensu*").

Para o citado autor, nesta linha de compreensão, o direito penal possui na norma o seu fundamento decisório e analisa a relevância da

---

12 LUHMANN, Niklas. **Sociologia do direito**. v. 1. Tradução de Gustavo Bayer. Rio de Janeiro: Tempo Brasileiro, 1983, p. 72.

13 VILLAS BÔAS FILHO, Orlando. **Teoria dos sistemas e o Direito Brasileiro**. São Paulo: Saraiva. p. 141.

14 VILLAS BÔAS FILHO, Orlando. **Teoria dos sistemas e o Direito Brasileiro**. São Paulo: Saraiva. p. 145.

ação penal a partir da exclusão de qualquer fundamento divino, natural ou pré-jurídico. A ação penalmente relevante deve estar associada a um determinado dever jurídico, de maneira que o direito penal deve se desvincular de qualquer fonte externa.[15]

Diante de tais contribuições acerca do pensamento Luhmanniano na sociedade, no direito e no direito penal, haverá de se analisar sua inegável influência no funcionalismo sistêmico defendido por Jakobs.

Para este autor, o funcionalismo seria o pensamento de origem organicista, no qual o indivíduo faz parte de um todo. Ou seja, a análise toma como referência o grupo e não o sujeito individualmente considerado para a formulação de proposições teóricas.

Defende o sistema, notadamente influenciado pelas concepções teóricas de Luhmann, como algo fechado, no qual cada indivíduo, ao se portar com a incumbência de seus papéis sociais, funciona como subsistema de um subsistema.

O direito penal, compreendido enquanto um subsistema diferenciado, com capacidade de autorreprodução, é fechado e deve buscar as soluções para os seus problemas no próprio sistema.

Esposando a teoria da prevenção geral positiva, Jakobs confere especial enfoque no reconhecimento normativo, impondo ao direito penal a função da busca por tal reconhecimento. Assim, desconsidera o bem jurídico em jogo, apenas exaltando a norma e, consequentemente, a credibilidade no sistema.

Nesse diapasão, a aplicação da pena nada mais é do que uma necessidade de confirmação da sociedade, ou seja, de confirmação das expectativas sociais.

Desenvolve um conceito funcional de culpabilidade, compreendido enquanto um sistema fechado, no qual basta que se preencha os seus elementos (capacidade de culpabilidade, consciência da ilicitude e exigibilidade de conduta diversa) para se estabelecer um pressuposto para a aplicação contrafática da sanção, restabelecendo a crença no sistema. O referencial da culpabilidade defendida por Jakobs é a plena e perfeita vigência do ordenamento jurídico.

Percebe-se que a culpabilidade é compreendida como uma atribuição de prevenção geral, como meio de recuperação na fidelidade do di-

15 AMARAL, Cláudio do Prado. **Bases Teóricas da Ciência Penal Contemporânea**: Dogmática, Missão do Direito Penal e Política Criminal na Sociedade de Risco. IBCCRIM, 2007. p. 95. (Monografia Vencedora do 11º Concurso de Monografias Jurídicas).

reito. Constitui a afirmação de que o agente precisa sofrer a aplicação da pena, encarada enquanto um árduo processo de comunicação, com o objetivo de restabelecer a confiança no ordenamento jurídico.

As normas representam "expectativas estabilizadas de comportamento de tipo contrafático" e sua "validez é experimentada como independente de seu cumprimento fático"[16]. Daí se concluir que a lesão da norma e consequente frustração de expectativa não pode pôr em risco a vigência da norma.

Jakobs, portanto, compartilha da tese de um sistema fechado e diferenciado que, a partir da realização de mecanismos que permitam a sua autorreferencialidade, (*autopoiésis*) deve manter a sua identidade interna.

A frustração de expectativas normativas denota um déficit cognitivo, diante do qual, para manter a harmonia dos elementos constitutivos do sistema e a vigência da norma, deve haver uma aplicação contrafática da sanção. Vale dizer, independentemente do bem jurídico lesado casuisticamente, mecanismos de defesas intrassistêmicos devem ser ressaltados para restabelecer a credibilidade do sistema e o seu perfeito funcionamento.

Seguindo esta linha de orientação, é possível afirmar que Jakobs desconsidera o desvalor da ação (*ex ante*), apenas atribuindo relevância ao desvalor do resultado (*ex post*).

Como já brevemente exposto e como ainda será explicitado, o direito penal do inimigo defendido por Jakobs centra-se na concepção teórica de que aquele que frustra as expectativas normativas é detentor de um déficit cognitivo e merecedor da aplicação de um direito penal que flexibilize as suas garantias enquanto cidadão, assumindo a posição de inimigo do direito.

O multicitado autor conclui a sua compreensão no seguinte sentido: "uma norma não é socialmente válida apenas quando é obedecida, mas também quando é sustentada contrafaticamente, pois, em ambos os casos, ela cumpre a função de oferecer a segurança das expectativas (Luhmann, Das Recht der Gesellschaft, 1993, pp. 124 et seq.)."

Nesse contexto, a pena, além de servir para demonstrar a desaprovação do ato praticado, teria a função de confirmar, contrafaticamente, a validade da norma penal violada e por meio dela, segundo Jakobs, é que se daria a "estabilização das expectativas".

16 JAKOBS, Günter. **Derecho penal:** parte general, fundamentos y teoria de La Imputación. Madrid: Marcial Pons, 1995.

Com efeito, existe uma grande identidade de pensamento na distinção de pessoa e não-pessoa de Jakobs e na forma com que o direito deve regular a questão de inclusão e exclusão nas palavras de Luhmann:

> Quem ingressa tem de submeter-se genericamente às expectativas vigentes no sistema, juntamente com as condições institucionalizadas para a modificação dessas expectativas. Aquele que se rebela por princípio (ou seja, não peca eventualmente), tem que sair.[17]

1.1.3. ALGUNS ANTECEDENTES DO DIREITO PENAL DO INIMIGO (ORIGEM IDEOLÓGICA)

Carl Schmitt, em obra escrita em 1932[18], conceituou o inimigo como o estrangeiro, o outro, o adversário, "um conjunto de pessoas em combate ao menos eventualmente, isto é, segundo a possibilidade real e que se defronta com um conjunto idêntico. Inimigo é somente o inimigo público, pois tudo o que se refere a um conjunto semelhante de pessoas, especialmente a todo um povo, torna-se, por isso, público. Inimigo é *hostis,* não *inimicus* em sentido amplo; *polemios* e não *echtros.*"

Propunha o citado politólogo que o Direito (não necessariamente penal) deveria conferir tratamento diferenciado aos "amigos" e aos "inimigos da sociedade", excluindo juridicamente estes últimos, por não integrarem à "comunidade do povo", incluindo-se nesta categoria aqueles pertencentes a "raças inferiores" ou "sub-humanas".

O teórico do nazismo chegou a defender, em congresso jurídico, a exclusão da comunidade acadêmica dos judeus, a quem denominou de "parasitas culturais", exortando para que suas obras não fossem citadas na bibliografia.

Essas afirmações foram feitas no momento em que se preparavam as famigeradas leis de Nuremberg de 1935, pelas quais se excluía os judeus da cidadania alemã e dos direitos civis, bem como se castigava como delito de "ultraje à raça" a relação sexual de um judeu com outra pessoa de raça ariana.

---

17 LUHMANN, Niklas. **Sociologia do Direito II**. Trad. Gustavo Bayer. Rio de Janeiro: Tempo Brasileiro, 1985, p. 59.

18 SHIMITT, Carl. **O conceito do político/Teoria do Partsan.** Coordenação e supervisão Luiz Moreira. Tradução Geraldo de Carvalho. Belo Horizonte: Del Rey, 2008, p. 30.

Conforme denuncia Francisco Muñoz Conde[19], o passo seguinte na construção de um direito especial contra os inimigos foi sua "eliminação física", primeiro por meio da internação em campos de concentração, em regime de trabalhos forçados, e depois nos campos de extermínio de Auschwittz ou Birkenau.

Este mesmo autor, buscando as origens ideológicas do direito penal do inimigo, afirma que, desde o fim do século XIX, penalistas alemães de porte como Franz Von Liszt e Edmund Mezger, já defendiam ideias semelhantes as do direito penal do inimigo de Jakobs.

Ao classificar os delinquentes em ocasionais, corrigíveis e incorrigíveis, Von Liszt[20] considerava estes últimos como "inimigos da ordem social", neles incluindo os reincidentes habituais, além dos mendigos, prostituídos de ambos os gêneros, alcoólatras, e gente do submundo em sentido amplo, que, em sua opinião, pela forma de vida, representavam perigo para a ordem social e tinham simplesmente que ser "inocuizados", seja por meio da prisão perpétua, seja, inclusive, por meio da pena de morte.

Ainda segundo Munoz Conde, Binding, apesar de rechaçar a pena de segurança baseada na pura periculosidade como propunha Von Liszt, também defende a utilização da pena contra os reincidentes como forma de inocuização da "espécie criminal".

Observe-se que, não obstante Von Liszt pertencer a Escola Moderna que defendia a pena orientada à prevenção e Binding propugnar a pena como retribuição (Escola Clássica), no que refere ao tratamento que deveria ser dispensado aos reincidentes, ambos defendiam a mesma solução e com a mesma ênfase: inocuização.

Já quase no fim do regime nacional-socialista e em plena Segunda Guerra Mundial, elaborando um projeto de lei para o tratamento dos "Estranhos à Comunidade", o penalista Edmund Mezger propôs a existência no futuro de dois (ou mais) "direitos penais": Um direito penal para a generalidade (com os princípios vigentes) e um direito penal (completamente diferente) para grupos de determinadas pessoas, como, por exemplo, os delinquentes por tendência.

Como se pode ver no texto mencionado, consoante informa Munoz Conde, a separação entre dois direitos penais não é nenhuma inven-

19 CONDE, Francisco Muñoz. As Origens Ideológicas do direito penal do inimigo. **Revista Brasileira de Ciências Penais - RBCCRIM**, São Paulo, Revista dos Tribunais, ano 18, n. 83, mar.-abr./2010, p. 113.

20 Op. Cit., p. 105.

ção de Jacobs, e "sim algo que já tinha muito claro o professor Edmund Mezger quando buscava fundamentar um projeto de lei no qual a esses grupos especiais de pessoas, que ele denominava 'estranhos ou inimigos da comunidade', simplesmente se impunha a reclusão por tempo indeterminado em campos de concentração, a esterilização, a castração ou diretamente a morte, entregando-se à polícia, sem nenhum tipo de garantias jurídicas, procedimento ou controle judicial".[21]

Apesar de todas as evidências, Jacobs tenta se afastar do conceito de inimigo de Schimitt, tratando de deixar clara a distinção, certamente temendo sua vinculação ao citado autor por ter pertencido ao Partido Nacional-Socialista alemão, como o fez na conferência sobre "Direito Penal do Inimigo? Uma análise acerca das condições da legalidade":

> O conceito aqui apresentado não é congruente com o conceito de inimigo, da maneira como ele é constituído em Carl Schmitt, "Der Begriff des Politischen" (1927), com o inimigo adversário existencial. Em Carl Schmitt, o conceito do político é um conceito teológico secularizado, que mais distingue os tementes a Deus dos ateus do que adversários políticos no entendimento corrente. O conceito de Schmitt não trata de criminoso, mas de hostis, de outros; no Estado somente se chega a um confronto político, no sentido de Schmitt, no caso de guerra civil. Em contrapartida, o inimigo do Direito Penal do Inimigo é um criminoso do tipo que se supõe permanentemente perigoso, um inimicus. Ele não é um outro, mas devia se comportar como um igual e, por essa razão, é-lhe também imputada a culpa penal, diferentemente do hostis de Schmitt. Se, nas minhas exposições, eu tivesse me referido a Carl Schmitt, isso seria uma incorreção grassa.[22]

Mesmo com as distinções feitas, é inegável a influência do teórico do Estado absoluto na construção do conceito de Inimigo de Jakobs.

Para Schmitt, inimigo não seria qualquer sujeito infrator, mas sim o *hostis*, o outro, o estrangeiro, de modo que a ele não se poderia aplicar as

---

21 Op. Cit. p. 111/112.

22 JAKOBS, Günther. Direito Penal do inimigo? Uma análise acerca das condições da legalidade. p.42/43. In: **Direito Penal do Inimigo**. Rio de Janeiro. Lúmen Júris, 2008, Organização e Introdução Luiz Moreira e Eugênio Pacelli de Oliveira. Trad. Gercélia Batista de Oliveira Mendes.

normas pré-estabelecidas para a comunidade, o que, sem dúvida, aproxima-se do conceito de não pessoa de Jakobs, no sentido da negação absoluta do outro, daquele que, estrangeiro ou não, é considerado inimigo.

Consoante nos ensina Zafarroni, esta concepção definida de inimigo remonta a distinção do direito romano entre *El inimicus y el hostis*:

> *El inimicus era el enemigo personal, en tanto que el verdadero enemigo político era el hostis, respecto del cual se planteaba siempre la possibilidad de la guerra y era visto como negación absoluta del outro ser o realización extrema de la hostilidad. El extranjero, el extraño, el hostis, era el que carecia de derechos em absoluto, el que estaba fuera de la comunidad.*[23]

1.1.4. "*NÃO PESSOA*" NA VISÃO DE SILVA SÁNCHEZ

Pessoa é destinatária de direitos e deveres. Silva Sánchez observa que o inimputável é considerado não-pessoa no sentido de que não se constitui como destinatário de obrigações jurídicas, porém seria pessoa no sentido de que a ele se aplicam as normas jurídicas que protegem as pessoas. Donde afirma existir um "*Derecho (penal) de cuidadanos para no-personas*". Sem dúvida, que as normas que regulam as medidas de segurança para os inimputáveis, conquanto fundamente-se no juízo de perigosidade e não de culpabilidade e sejam direcionadas para o futuro, fazem parte do denominado Direito Penal do Cidadão.

Assim como o inimputável seria não-pessoa para efeito de imputação de responsabilidade, o imputável perigoso seria não-pessoa para efeito de lhe serem suprimidas algumas garantias político-criminais materiais e processuais.

O inimputável não seria não-pessoa no pensamento de Jakobs, porque não existe, com relação a ele, "expectativas normativas", como ocorre com o imputável que, além de frustrar a expectativa, não oferece "garantia mínima cognitiva" de que não voltará a delinquir no futuro.

Embora reconheça que Jakobs se referiu em algumas ocasiões a inimigo como não-pessoa, pondera Silva Sánchez que houve um excesso verbal, pois a exclusão das garantias não é absoluta, o inimigo seria, nas suas palavras, "*menos persona*".

---

23 ZAFARRONI, Eugenio Raul. **El Enemigo em el Derecho Penal**. Segunda Reimpresión. Buenos Aires: Ediar, 2009, p. 22.

Ressalva o citado autor espanhol que nem sempre há uma correlação direta entre o inimigo e o excluído, conforme referido na teoria dos sistemas, dependendo da forma de exclusão. Assim não deve ser considerado inimigo aquele sujeito excluído da sociedade, porque não recebe os benefícios do seu crescimento e progresso econômico, apesar da noção de excluído nascer associada à marginalidade e à pobreza.

Conquanto apresente uma visão mais mitigada do Direito penal do inimigo de Jakobs, faz Silva Sánchez[24] uma comparação muito significativa do ponto de vista jus-filosófico ou dogmático, sobre o indesejado e o inimigo.

Ao falar em "*indeseados*", refere-se Silva Sánchez aos concebidos e não nascidos, aos fetos abortados, criticando a forma de despenalização do aborto na Espanha, que é atualmente a principal causa de mortalidade naquele país, sendo que, dos abortos, 96,89% foram praticados com base na indicação de grave risco para saúde psíquica da mãe.

Para se aplicar essa exclusão dos concebidos *"indeseados"*, primeiro eles foram despersonalizados, vistos somente como *"fuentes de riesgo"*, para que depois pudessem ser destruídos como inimigos, já que não seria possível se considerar lícito o aborto de uma pessoa.

Silva Sánches critica os critérios de exclusão que atendem somente aos interesses dos pais, que são os mais fortes e exercem seus poderes sobre os mais débeis, os fetos.

Muito embora o legislador, no Estado Democrático, represente a vontade da maioria, ressalta o autor espanhol a importância dos Direitos Humanos que surgem e se desenvolvem com a vocação de serem limites à vontade da maioria.

Conclui revelando seu ideal de que qualquer ser humano seja livre de toda exclusão, *"precisamente em virtud de su humanid real e irrepetible, en el común nosostros"*.

Com base nos argumentos jus-filosóficos contidos na comparação de Silva Sánchez de indesejados e inimigos, pode-se dizer que, para suprimir direitos e garantias, desprotegendo juridicamente um cidadão, é preciso tratá-lo como não-pessoa, ou menos-pessoa ou pessoa de segunda classe, despersonalizá-lo, desumanizá-lo, de acordo com o jogo político daqueles que detêm o poder.

---

24 SÁNCHEZ, Jesus Maria Silva. Los Indeseados Como Enemigos. **Revista Electrônica de Ciência Penal y Criminologia**, n. 09-01, p.01:1-01:18, 2007. Disponível em: <http://www.criminet.ugr.es/recpc/09/recpc09-01.pdf>.

1.1.5. CARACTERÍSTICAS DO DIREITO PENAL DO INIMIGO

Ainda segundo Jakobs, o Direito penal do inimigo se caracterizaria por três elementos básicos: amplo adiantamento da punibilidade, considerando o fato futuro, numa visão prospectiva, no lugar da tradicional retrospectiva (fato cometido); aumento desproporcional das penas, não levando em consideração a antecipação da barreira de punição para sua redução; relativização ou supressão de garantias processuais.

Não obstante Jakobs tenha dito, em defesa de sua tese, que buscava um conceito meramente descritivo do Direito Penal do Inimigo e não legitimador, não conseguiu, e nem poderia, descrever sem se comprometer.

O ideal de *pureza ou neutralidade* presente na Teoria do Direito de Hans Kelsen, no sentido de que, ao cientista do Direito caberia observar e descrever de maneira neutra, pura, as normas jurídicas através da proposição geral *"Se é A, deve ser B"*, só pode ser concebido como uma reação contra o jusnaturalismo.

Nos seus escritos, Jakobs assim tenta proceder, apresentando uma justificativa funcional para o Direito penal do inimigo, como algo necessário, indispensável e inevitável. Uma "legítima defesa" da sociedade ante o perigo ou risco intolerável, que estaria autorizada a, utilizando-se de meios necessários, combater o agressor, antes mesmo da agressão ser atual ou iminente, seria mais aproximado do que ele próprio denominou de *"estado de necessidade agressivo"*.

Conforme já referido, Jakobs constrói seu pensamento tomando por base o contratualismo de Hobbes, para quem inimigo é aquele que viola gravemente o *"contrato de submissão"*, donde resulta inserida, inexoravelmente, a ideia de soberania, a ser exercida por parte daqueles que têm o poder de definir quem são os inimigos, sendo inquestionável que o tema ora tratado se insere na teoria política, constitucional, a qual Jakobs teve receio de enfrentar.

Para ele a tarefa da ciência penal diante dos desafios da atualidade seria identificar as regras do Direito Penal do Inimigo e separá-las do Direito Penal do Cidadão, para que, neste último, seja possível continuar tratando o criminoso como sujeito de direito.[25]

O Direito Penal do Inimigo ainda se relacionaria com o Direito Penal da *"terceira velocidade"* de Silva Sánches: na primeira velocidade

25 JAKOBS, Günther. **A Autocompreensão da Ciência Penal Diante dos Desafios da Atualidade**. [s.l.:s.n.,s.d.]. p. 106.

seriam mantidas todas as garantias clássicas, em casos de cominação de penas privativas de liberdade; na segunda velocidade haveria uma flexibilização dos princípios político-criminais clássicos e das regras de imputação, para os casos em que não é cominada pena de prisão e, finalmente, na terceira velocidade haveria uma *"ampla relativização de garantias político-criminais, regras de imputação e critérios processuais", para o "Direito Penal da pena de prisão"*[26].

No entanto, Silva Sánches só admite o que denominou de "Direito Penal da terceira velocidade" excepcionalmente, em situação de emergência diante da gravidade do conflito.

Percebe-se, neste sentido, que "o novo modelo penal" deve atender aos cidadãos, de forma que contenha a insegurança provocada pela moderna sociedade de risco, ou seja, propõe-se a modernização do direito penal. Assim, medidas que flexibilizem as suas garantias, que antecipem a sua tutela para a fase dos atos preparatórios e que criem novas tipificações, são defendidas como forma do direito penal cumprir seu papel de prevenção e precaução.

Como já foi citado anteriormente, o que se pretende com o novo modelo penal da segurança cidadã, é acolher propostas para melhorar a sua efetividade, haja vista que o direito penal clássico não mais atende as necessidades da moderna sociedade de risco.

Essas propostas se aproximariam do direito penal de terceira velocidade de Silva Sánchez[27], no qual a aplicação da pena privativa de liberdade (prisão) concorra essencialmente com a árdua flexibilização das garantias penais e/ou processuais. Vale destacar, que a aludida proposta não é um conceito de risco, mas sim de expansão. Ou seja, o direito penal deve se expandir para conquistar outros setores sociais, assim como uma maior penalização daqueles que já eram punidos. Tudo isso, está incluído no mosaico sentimento de insegurança propiciado pela sociedade de risco.

Destaque-se que a grande distinção teórica do sistema funcional de Jakobs reside no conceito de *bem jurídico penal,* eis que para o jusfilóso-

26 SANCHEZ, Jesús Maria Silva. **A expansão do direito penal**: aspectos da política criminal nas sociedades pós-industriais. Trad. Luiz Otávio de Oliveira Rocha. São Paulo: Revista dos Tribunais, 2002, p. 25. (Série As Ciências Criminais no Século XXI - v. 11).

27 SANCHÉZ, Jesus Maria Silva. **Reflexiones sobre lãs bases de la política criminal**: el Nuevo Código Penal - Pressupostos y Fundamentos. Libro homenaje Al Profesor Doctor Don ÁNGEL Trío López Granada: [s.n.], 1999. p. 40.

fo alemão o Direito Penal protege a manutenção da vigência da norma e não exatamente bens jurídicos em si (patrimônio, moral, integridade física, vida etc.).

Para Jakobs, como já oportunamente destacado, o fim da pena "é manter a vigência da norma como modelo de contrato social".[28]

Assim, quando ocorre a violação da norma penal, é preciso que se aplique a pena, não só para desaprovar o ato cometido, mas sobretudo para confirmar a validade da norma contrariada, restabelecendo a confiança nas expectativas nela contidas, e, mais amplamente, no sistema jurídico e no próprio sistema social.

A função do Direito Penal para Jakobs é garantir a segurança das expectativas sociais, que o direito penal tradicional não vem conseguindo desempenhar na sociedade pós-moderna de riscos e perigos.

"Risco é uma palavra da modernidade e é algo construído, ou seja, o risco é uma construção comunicativa da sociedade, que não pode ser avaliado sob a concepção do bem e do mal.[29]". "O risco é um paradoxo, porque ele existe porque não existe" - Rafaelle di Giorgi - e é diferente da concepção de perigo, que por sua vez também é uma palavra da modernidade. "Perigo é a probabilidade de um evento futuro nocivo e que continua a diminuir nas sociedades modernas, haja vista as condições, devido às inovações tecnológicas, de poder prever, evitar o perigo[30]."

Daí a necessidade de adoção de uma legislação própria para se combater o indivíduo que se afasta perigosamente do Direito, de maneira duradoura, sem expectativa de que volte a conviver sob uma constituição cidadã.

Jakobs cita como exemplo o terrorista, referindo aos atentados às torres gêmeas de 11 de setembro de 2001, definindo-o como "*quem rechaça, por princípio, a legitimidade do ordenamento, e por isso persegue a destruição dessa ordem.*"

Nesse contexto, para preservar o Direito Penal do Cidadão de suas qualidades vinculadas à noção de Estado de Direito, propõe a utilização do Direito Penal do Inimigo, numa "guerra contida".

---

28 CASTRO, Narciso Alvarenga Monteiro de. **Política Criminal Contemporânea e a Questão do Direito Penal do Inimigo**. Porto Alegre: Núria Fabris, 2010, p. 76.

29 AMARAL, Cláudio de Prado. **Bases teóricas da ciência penal contemporânea, dogmática, missão do Direito penal e política criminal na sociedade de risco.** São Paulo: [s.n.], 2007. p. 135. (Monografia Vencedora do Prêmio IBCCRIM).

30 Ibid. 2007. p . 138.

Em síntese, para Jakobs um Direito Penal do Inimigo, claramente delimitado, é menos perigoso para o Estado de Direito, que entrelaçar todo o Direito penal com fragmentos de regulações próprias do Direito Penal do Inimigo.

1.1.6. CRÍTICAS AO DIREITO PENAL DO INIMIGO (CANCIO MELIÁ: DIREITO PENAL SIMBÓLICO E O PUNITIVISMO)

Os fenômenos político-criminais geradores do denominado Direito Penal do Inimigo, segundo Cancio Meliá[31], são o Direito Penal Simbólico e o punitivismo, ambos produtos da expansão do Direito Penal nas sociedades pós-industriais.

Os elementos de interação simbólica são da essência da norma penal, até mesmo pela sua vinculação social e finalidade de prevenção geral positiva.

O Direito Penal Simbólico para Cancio Meliá[32] é aquele que tem como objetivo tão somente dar, no dizer de Silva Sánchez, "a impressão tranquilizadora de um legislador atento e decidido", onde predomina uma função latente sobre a manifesta.

Ressalta o professor espanhol o ressurgir do punitivismo, seja com a introdução de normas penais novas com o intuito de promover sua efetiva aplicação, seja com o aumento das penas para normas já existentes, destacando a mudança nas coordenadas políticas, distintas das funções tradicionais, antes assim distribuídas: esquerda política-demandas de descriminalização/direita política-demandas de criminalização.

A esquerda, que identificava a criminalização de determinadas condutas como mecanismo de repressão para a manutenção do sistema econômico-político de dominação, descobre uma linha de neocriminalização específica: delitos de discriminação, delitos nos quais as vítimas são mulheres maltratadas, etc. e aprende o quanto rentável pode ser o discurso político da *law and order*, antes monopolizado pela direita. Esta,

---

31 MELIÁ, Manuel Cancio. Derecho penal del enemigo y delitos de terrorismo: algumas consideraciones sobre la regulacíon de lãs infracciones en matéria de terrorismo en el código penal español después de la LO 7/2000. **Revista Ibero-Americana de Ciências Penais**, Porto Alegre: Centro de Estudos Ibero-Americanos de Ciências Penais, ano 3, n. 05, p. 151-168, jan.-abr.2002.

32 JAKOBS, Günther; MELIÁ, Manuel Cancio. **Direito Penal do Inimigo:** noções e críticas. Organização e Tradução de André Luís Callegari e Nereu José Giacomolli, Porto Alegre: Livraria do Advogado, 2005, p. 59.

por sua vez, também em matéria de política criminal, não quer mais ser identificada como "conservadora", mas "progressista".

Com acuidade, observa Cancio Meliá[33] que o Direito Penal simbólico não só identifica um determinado 'fato', mas também (ou sobretudo) um específico tipo de autor, que é definido não como igual, mas como outro. E para isso são necessários os traços vigorosos do punitivismo exacerbado.

Arremata, o citado autor, que da união fraternal entre o Direito Penal simbólico e do punitivismo surge o denominado Direito Penal do Inimigo.

O professor espanhol critica a tese de Jakobs acerca da pretensa autoexclusão da personalidade jurídica por parte do inimigo, na justa medida em que a personalidade jurídica é atribuída pelo Estado Democrático de Direito a todos os seres humanos, sendo irrenunciável, de tal forma que Direito Penal do Inimigo encerra uma contradição em termos, ao passo que Direito Penal do Cidadão, um pleonasmo.

Considera Cancio Meliá que o conceito de Direito Penal do Inimigo só pode ser concebido como instrumento para identificação do *"não-Direito penal"*[34] presente nas legislações positivas.

Suas críticas ao Direito Penal do Inimigo situam-se, basicamente, na disfunção da pena e na sua incompatibilidade com o princípio do direito penal do fato, na medida em que não estabiliza normas (prevenção geral positiva), mas estigmatiza determinados grupos de infratores, caracterizando-se, por consequência, como um Direito Penal do autor.

O Direito Penal do Inimigo encerra uma contradição em seus termos, segundo Cancio Meliá, porque não só é politicamente errôneo (ou inconstitucional), como também porque não contribui à prevenção policial-fática de delitos.

A própria percepção dos riscos é uma construção social que não está relacionada com as dimensões reais de determinadas ameaças, mas muitas vezes é propositadamente ampliada para justificar uma reação desproporcional.

Não obstante as consistentes críticas suscitadas, Jakobs sustenta sua posição, defendendo a aplicação do Direito Penal do Inimigo como Direito Penal de Emergência, de forma claramente delimitada, o que, em

---

33 Op. Cit., p. 65

34 Op. Cit., p. 66.

sua opinião, seria menos perigoso do que se embutir no Direito Penal do Cidadão alguns dispositivos próprios do Direito Penal do Inimigo.

Em prefácio para edição brasileira do seu "Direito Penal do Inimigo"[35], assim se justificou o citado autor alemão:

> O Direito Penal do inimigo é um Direito de exceção, um direito de necessidade do Estado de Direito. Somente é possível determiná-lo como Direito Penal do Inimigo em um Estado de Direito; em um Estado de Não-Direito, ele não constitui uma singularidade, pois este vê inimigos em todas as partes. (...). Assim, as presentes exposições não pretendem, de forma alguma, ser uma exortação ao ataque violento; pelo contrário, trata-se das condições de juridicidade orientadora.

Contudo, embora tente, não consegue afastar a contradição em se admitir um Direito Penal do Inimigo num Estado Democrático e de Direito.

Seguindo o pensamento de Jakobs, um Estado de Direito se distinguiria de um Estado de não-Direito, porque este último veria inimigos em toda parte, enquanto o primeiro identificaria os inimigos em uma parte, de forma segregada, específica.

Ora, se no Estado de Direito de Jakobs, uma parte pode ser considera como não-pessoa, inimigos, aos quais, pelo seu potencial de risco, não devem ser reconhecidos direitos fundamentais, como justificar que eles devem obedecer às normas juridicamente fixadas por esse mesmo Estado?

Afigura-se incompatível um corte sistêmico no sistema dos direitos fundamentais, ainda que de forma bem delimitada, como propõe o multicitado autor, num Estado Democrático de Direito. A prática confirma essa assertiva.

Assim, concordar com a ideia de que o direito penal deve ser desmembrado em direito penal do cidadão e do inimigo, como também defender um direito penal de terceira velocidade, é contribuir para a proliferação da política criminal de emergência, utilizando-se de meios analgésicos para tratar a grave doença social da moderna criminalidade.

Esta introdução é imperiosa para que, antes de um juízo crítico mais aprofundado, entenda-se o pensamento de Jakobs sobre o que de-

35 JAKOBS, Günther. **Direito Penal do Inimigo**. Org. e Introdução: Luiz Moreira e Eugênio Pacelli de Oliveira. Tradução do alemão: Gercélia Batista de Oliveira Mendes. Rio de Janeiro: Lúmen Júris, 2008.

nominou de Direito Penal do Inimigo, de maneira clara, sem as costumeiras deturpações.

1.2. DIREITO PROCESSUAL PENAL DO INIMIGO

As relações entre o Direito Processual Penal e o Penal são tão íntimas que Jakobs sequer distinguiu o Direito Penal do Inimigo do Processo Penal do Inimigo, embora devesse fazê-lo quando se referiu à supressão ou flexibilização das garantias processuais.

A visão integradora adotada pelo autor alemão, como forma de expandir seu "Direito Penal do Inimigo", conduz a um processo penal sem garantias, na medida em que também atribui ao processo fins de (re) estabilização normativa.

A filosofia de considerar determinados acusados como inimigos acarreta necessariamente consequências no processo penal. Apesar de sua autonomia como ciência jurídica, o processo penal tem um caráter eminentemente instrumental, através dele é que o Direito penal atua, que passa do abstrato ao concreto, da ideia à realidade.

Com efeito, o Direito Penal do Inimigo, influenciado pelo punitivismo, apregoa sanções mais graves, exacerbadas, para os inimigos, que, contudo, mesmo sem examinar sua eficácia preventiva, só poderão ser aplicadas, após o devido processo penal.

Ora, quanto mais grave a acusação, com maior razão, não se deve perder de vista o princípio constitucional da presunção de inocência, daí o enorme risco de se adotar normas processuais próprias do Direito Processual Penal do Inimigo.

Luhmann[36], no particular, diferencia-se de Jakobs quando propugna a legitimação pelo procedimento, que serve de título à sua conhecida obra.

Para este autor, a legitimidade está no próprio processo, desde o ponto inicial do procedimento até o momento final da decisão. O que importa é a certeza de que uma decisão será tomada.

No processo de *"fixação de expectativas normativas"*, somente se torna Direito aquilo que passa pelo filtro de um processo e através deste processo possa ser reconhecido.

---

36 LUHMANN, Niklas. **Legitimação pelo procedimento**. Tradução de Maria da Conceição Côrte-Real. Brasília: Universidade de Brasília, 1980.

No entendimento de Luhmann, "os procedimentos (sejam judiciais, legislativos ou executivos) são sistemas de ação através dos quais os destinatários das normas aprendem a aceitar uma decisão que ainda vai ocorrer, antes mesmo da sua ocorrência."[37]

Através do processo, ainda que não seja possível produzir consenso, busca-se estabelecer as condições necessárias para a aceitação da decisão.

Sem dúvida que, na legitimação pelo procedimento, Luhmann realça a importância do processo para construção de uma decisão, sem, contudo, analisar a escolha das possibilidades em torno das quais se decidirá, nem as relações reais de poder em jogo, que permitem identificar os destinatários de sanções.

Todavia, indubitavelmente, a referida polarização entre Direito Penal do Cidadão e Direito Penal do Inimigo permeia igualmente o Direito Processual Penal.

Basta constatar que Jakobs, ao enumerar as características do "Direito Penal do Inimigo", cita a relativização ou supressão de garantias processuais, que será objeto específico deste estudo.

Como é sabido, o acusado é um sujeito processual, detentor de direitos como a não-auto-incriminação, a não ser enganado, a regularidade no procedimento de obtenção das provas, bem como de deveres, como, por exemplo, não mudar de residência sem autorização judicial, não ausentar-se por determinado período da comarca onde tramita o processo.

Por outro lado, quando ele se comporta como "inimigo" do ponto de vista processual, fraudando provas, ameaçando ou corrompendo testemunhas, fugindo, devem ser aplicadas medidas restritivas, das quais é exemplo eloquente a prisão preventiva.

Contudo, mesmo na última hipótese, esse ainda não é o Direito Processual do Inimigo.

Com efeito, o Direito Processual do Inimigo surge como uma consequência do Direito Penal do Inimigo que, na busca da eliminação de riscos, vulnera garantias processuais, independente do comportamento do acusado como sujeito processual.

O imputado já é tratado como "inimigo" por supostamente fazer parte de determinado grupo de risco, pela sua potencial periculosidade, digo presumida, por não ter sido ainda devidamente processado e condenado.

37 Op. Cit. p. 3.

Contra o "*inimigo*" defende Jakobs a aplicação de regras excepcionais, como a intervenção nas telecomunicações, investigações secretas e a intervenção de agentes infiltrados, mas de modo juridicamente ordenado para não contaminar o que ora se denomina "Direito Processual Penal do Cidadão". Nas suas palavras, "*estas medidas não têm lugar fora do Direito; porém, os imputados, na medida em que intervém em seu âmbito, são excluídos de seu direito: O Estado elimina direitos de modo juridicamente ordenado*".[38]

O grande paradoxo do Direito Processual Penal é ter duas finalidades precípuas que se entrechocam: eficácia na realização da justiça e proteção dos direitos fundamentais do cidadão. Ordenamento de liberdade *versus* ordenamento de segurança.

Nessa dicotomia, o Processo Penal do Inimigo traduz, em vez da atividade cognitiva baseada na imparcialidade do Estado Democrático de Direito, aquilo que Luigi Ferrajoli[39] denomina "*procedura decisionistica e inquisitória fondata sul principio, schiettamente politico, dell'amico/nemico*"[40]. Segundo o autor peninsular, são características do Processo Penal do Inimigo a conotação partidária do acusador e do órgão jurisdicional e a transformação do processo penal em instrumento da *luta* contra a criminalidade organizada.

Nesse contexto, Winfried Hassemer[41] aduz que os fenômenos da modernização e da globalização vêm ameaçando maciçamente as clássicas garantias do processo penal, sendo que as reformas processuais penais "*concentram-se nas últimas décadas somente na fase de investigação, isto é, naquela parte do processo em que se trata de instrumentos de controle*".

Como já advertia Baratta[42], os mecanismos discriminatórios na administração dos direitos fundamentais a favor de cidadãos "*respeitáveis*" e a custa dos excluídos (imigrantes, desempregados, indigentes, toxicômanos, jovens marginais, etc.) condicionam uma redução da segurança

---

38 Op. Cit. p.40.

39 FERRAJOLI, Luigi. Emergência penale e crisi della giurisdizione. Dei delitti e delle pene, **Bari**, n. 2, p. 271-292, mar./ago. 1984.

40 "Procedimento decisionista e inquisitorial fundado no princípio, essencialmente político, de amigo/inimigo". Tradução livre do autor.

41 HASSEMER, Winfried. **Processo penal e direitos fundamentais**: jornadas de direito processual penal e direitos fundamentais. Coimbra: Almedina, 2004, p. 15-25.

42 BARATTA. El concepto actual de seguridad en Europa. RCSP. **Revista Catalana de Seguridad** *Pública*, n. 8, 2001, p. 19.

jurídica que, por sua vez, alimenta o sentimento de insegurança da opinião pública. O resultado é uma forma de estilização seletiva das áreas de risco de violação dos direitos, onde a parte não está no todo, mas em lugar do todo ou, diretamente, contra o todo, entendido o todo como os direitos fundamentais de todas as pessoas.

O maior paradigma do Processo Penal do Inimigo é, na opinião de Diogo Malan[43], a *Ordem Militar Presidencial* estadunidense de 13/11/2001, a qual versa sobre a "Detenção, Tratamento e Julgamento de Alguns Não-cidadãos na Guerra contra o Terrorismo".

Trata-se de ato normativo[44], promulgado por força do notório atentado de 11 de setembro de 2001, ao qual podem ser submetidos indivíduos considerados suspeitos de qualquer tipo de envolvimento com o terrorismo, notadamente com a organização terrorista *Al Quaeda*, desde que seja considerado conveniente do ponto de vista dos interesses dos Estados Unidos da América.

Tal ato legislativo ressalva, expressamente, serem inaplicáveis aos suspeitos da prática de atos terroristas os princípios da lei e as regras probatórias do processo criminal ianque, não cabendo recurso por parte dos réus a qualquer tribunal civil, seja ele norte-americano, estrangeiro ou internacional.

Como visto, a Ordem Militar Presidencial outorga poderes praticamente ilimitados ao Secretário de Defesa: acumula o *poder legislativo* (ao criar órgãos jurisdicionais e normas processuais penais *ex post factum), executivo* (ao nomear todos os componentes dessas Comissões Militares e exercer as funções de autoridade penitenciária) e, finalmente, *judicial* (ao desempenhar o papel de instância revisora das decisões proferidas pelo primeiro grau de jurisdição), tornando tal Ordem *"um ato absolutamente único, ante a clássica tripartição de Poderes e o seu sistema de*

---

43 MALAN, Diogo Rudge. Processo Penal do Inimigo **Revista Brasileira de Ciências Criminais**, São Paulo: Revista dos Tribunais, ano 14, nº 59, p.223-59, mar./abr. 2006.

44 A severidade do ato pode ser avaliada também pelo fato de todos os indivíduos enquadrados no elástico conceito de *terroristas* são julgados por órgãos denominados *Comissões Militares*, cujos membros (julgadores, acusadores e defensores) são diretamente nomeados pelo Secretário de Defesa estadunidense, dentre oficiais integrantes das Forças Armadas. Numa concentração absoluta de poderes, o Secretário de Defesa detém também competência legislativa, podendo editar ordens com vistas à regulamentação desse ato, quanto à matéria processual, havendo, ainda, a instituição de um reexame obrigatório de todas as decisões de mérito proferidas pelas Comissões Militares pelo próprio Presidente da República ou pelo Secretário de Defesa, caso designado por aquele.

freios e contrapesos, que caracterizam qualquer Estado Democrático de Direito", como bem anota Marco Bouchard[45].

No mesmo diapasão, também merece ser lembrado como materialização do Direito Penal do Inimigo, o famigerado *USA Patriot Act* baixado pelo Governo Bush e aprovado pelo Senado dos Estados Unidos em 22.10.2001, logo após os ataques às torres gêmeas.

Dentre as muitas previsões contidas no extenso "Ato Patriótico", destacam-se a elevação das penas nas ações de apoio a terroristas, crime que passou a ser considerado como federal, medidas rigorosas contra o bioterrorismo, contra imigrantes suspeitos de envolvimento em atos terroristas, controles mais amplos sobre a suspeita de lavagem de dinheiro e os bancos de fachada.

Dentre outras violações a direitos e garantias fundamentais, autorizou-se ao FBI, Polícia Federal dos EUA, a obter livre acesso a dados sigilosos, através das "cartas de segurança nacional", as denominadas NSLs, que atribuem a faculdade a tais agentes de vasculharem, sem qualquer autorização judicial, serviços telefônicos, bibliotecas públicas e internet, além da permissão de revista domiciliar, sem mandado de busca e apreensão, mesmo na ausência do proprietário ou locatário, escutas sem autorização judicial e a possibilidade de detenção sem mandado judicial, por tempo indeterminado, de suspeito de participar de atividades terroristas, e até mesmo de "testemunhas relevantes" seria válida para a legal e controvertida questão do combate ao terrorismo.

Conforme informa Cristiano German[46], diante da situação de choque e insegurança generalizada, apenas o senador democrata Russel Freingold teceu críticas públicas ao pacote antiterror, advertindo que a guerra contra o terror estará perdida, "sem dar-se um tiro sequer", quando forem sacrificadas as liberdades dos cidadãos americanos.

A Organização das Nações Unidas (ONU), por sua vez, em Assembleia Geral realizada em 08 de setembro de 2006, na 99ª Sessão Plenária, aprovou as seguintes estratégias contra o terrorismo: a) estabelecimento de sistema de assistência às vítimas de terrorismo e seus familiares;

---

45 BOUCHARD, Marco. Guantánamo: morte do processo penal e início do apocalipse. Trad. Eduardo Maia Costa. **Revista do Ministério Público**, Lisboa, n. 97, p. 61-72, jan./mar. 2004.

46 DIREITO e tecnologias da informação. As Novas Leis de Segurança na Alemanha e nos estados Unidos. Os efeitos para a comunicação local e global. **R. CEJ**, Brasília, n. 19, p. 78-84, out/dez. 2002. (*online*).

b) criação de base de dados sobre incidentes biológicos e melhoria dos sistemas de saúde pública dos Estados para assegurar que os avanços da biotecnologia não serão utilizados com fins terroristas; c) estudar meios para evitar o uso terrorista da Internet; d) modernizar os sistemas de controle de fronteiras e aduana e aumentar a segurança dos documentos de viagem, para prevenir a viagem de terroristas e a circulação de materiais ilícitos.[47]

Na Europa, também se verificou um recrudescimento repressivo e normativo, bem como a intensificação da cooperação policial e de inteligência intergovernamentais visando ao controle e à contenção dos atos terroristas, com a criação da EUROJUST em 2002, quando se instituiu o Mandado de Captura Europeu, o Procurador-Geral Europeu e a definição comum e ampla de "terrorismo".

Após os atentados de 11 de março de 2004 em Madri, conforme informação de Carlos S. Arturi[48], acelerou-se o processo de articulação policial, judiciária e de inteligência no seio da União Europeia com a criação da EUROINTEL (Agência Europeia de Informações) em 2004, que centralizou as atividades de inteligência em relação ao crime organizado, à imigração ilegal e ao terrorismo. Ainda em 2004, foi criada a FRONTEX (Agência Europeia de Controle de Fronteiras), agência europeia para controle das fronteiras do bloco e de contenção da imigração clandestina.

Com os atentados de 07 e 21 de julho em Londres, ainda segundo dados colhidos por Carlos S. Arturi[49], passou-se a ter maior controle e armazenamento de mensagens via Internet e Telefonia na União Europeia, expulsão de estrangeiros "indesejáveis" e houve até mesmo a proposta de criação de Tribunais de Exceção na Inglaterra.

Vale ressaltar que a Alemanha de Jakobs, logo após os ataques de 11 de setembro, aprovou dois pacotes antiterror e mais de centena de alterações nas leis, dando primazia à segurança sobre a liberdade.

Comentando as novas leis de segurança na Alemanha, Cristian German[50], destaca que, apenas uma semana após os famigera-

47 LA ESTRATEGIA mundial de las Naciones Unidas contra el terrorismo. (*online*)

48 COOPERAÇÃO interestatal face aos movimentos de contestação internacional: a tensão entre controle democrático e segurança interna na União Européia, p. 12. (*online*)

49 Op. Cit., p. 14.

50 Op. Cit. p. 81.

dos atentados, foi aprovada a busca policial sistemática preventiva (Rasterfahndung) em todo o território nacional.

Apesar do levantamento de cerca de seis milhões de dados, na Alemanha não foi encontrado nenhum terrorista, motivando, em maio de 2002, uma advertência da ex-presidenta do Supremo Tribunal Federal Constitucional alemão, Jutta Limbach, quanto ao perigo de uma ampla política de segurança interna, que levaria o cidadão comum a sentir pavor do poder do Estado.

Não obstante, a Lei Alemã de Segurança Aérea, de setembro de 2004 (§ 14.3), autorizava o abate de aeronave que pudesse ser utilizada para atentar contra vidas humanas, objeto de análise crítica de Ademário Cesário dos Santos[51], sobre o Estado de Direito *versus* Estado de Exceção.

Interessante consignar que o Tribunal Constitucional Alemão declarou inconstitucional a referida lei de segurança aérea, dentre outros fundamentos, pela sua incompatibilidade com o Princípio da Dignidade da Pessoa Humana, jungido ao direito à vida, e por colidir com o Princípio da Proporcionalidade, na medida em que o Estado estava tratando igualmente os desiguais, ao atingir da mesma forma a vida de criminosos e pessoas completamente inocentes, como uma espécie de instrumentalização ou coisificação do ser humano.

Na Espanha, de acordo com o Commitee of Experts on Terrorism [52] (CODEXTER), a luta contra o terrorismo representa uma das prioridades da agenda política do governo, tendo em vista que este país também tem sofrido as consequências dos fenômenos terroristas dos últimos anos, sobretudo após o ataque terrorista em Madri, ocorrido em 11 de Março de 2004, conforme já aludido.

Nessa medida, a partir de 2004, observa-se, neste país, um recrudescimento da luta contra o terrorismo, tendo o governo espanhol empreendido diversas medidas anti-terror, a saber: o "Plano Antiterrorista", um verdadeiro plano de ação antiterrorista, para combater o terrorismo de uma forma mais efetiva; a criação do Centro Nacional de Coordenação Antiterrorista, também para o combate ao terrorismo; a estruturação da nova Diretoria Geral da Polícia Nacional e da Guarda Civil; o novo Centro de Inteligência contra o Crime Organizado, criado para ser responsável pela divisão de inteligência e estratégia contra o crime organizado.

---

51 SANTOS, Ademário Cesário dos. **Direito Penal do Inimigo e Culpa Jurídico-Penal**. Porto Alegre: Nuria Fabris, 2009, p. 34.

52 Disponível em: <http://www.coe.int/gmt>. Acesso em: 02 maio 2010.

Cabe salientar que, antes mesmo do atentado de 2004, a Espanha já vinha adotando medidas de combate e prevenção ao terrorismo, a exemplo da publicação em 2003 da "Lei de Prevenção e Bloqueio ao Financiamento do Terrorismo" que tem por objetivo prevenir qualquer tipo de financiamento a ações terroristas, como também combater e bloquear os canais financeiros do terrorismo.

No mesmo sentido, na Itália verifica-se uma mudança no cenário de combate ao terrorismo após o atentado de 11.10.2001 às torres gêmeas. Efetivamente, em 12 de Outubro de 2001, fora editado o Decreto-Lei n°369 que previa "Urgentes medidas para a luta contra o financiamento do terrorismo internacional", bem como o Decreto-Lei n° 347, de 18 de outubro de 2001, cujo objetivo era a adoção de "Urgentes medidas para a luta contra o terrorismo internacional", ambos convertidos nas Leis n° 431 e 438, respectivamente, ainda no mesmo ano.

Já em 2005, a Lei n° 155/2005 trouxe inovações para a legislação italiana anti-terror, mediante a inserção de novos tipos penais e duras sanções.

Nessa medida, fora inserido no Código Penal italiano o art. 270, o qual definiu os atos cometidos por terroristas como aqueles que possam causar sérios desastres no país ou na organização internacional, praticados para intimidar pessoas ou autoridades públicas ou uma organização internacional, inibir condutas, ou, ainda, qualquer ato que vise desestabilizar ou destruir a política fundamental, constitucional, econômica e estrutura social do país ou organização internacional.

Fora alterado, ainda, o Código de Processo Penal com a criação de instrumentos procedimentais específicos para a persecução de tipos relacionados ao terrorismo, com a previsão de métodos invasivos de investigação, análogos aos postos em prática na luta contra a máfia e outras formas de crime organizado[53]

Em Portugal, o fenômeno se repete. Em 13 de Junho de 2002, o espírito de combate ao terror desencadeou neste país alterações no código penal e no código de processo penal. Nesse diapasão, fora editada a "Lei de Combate ao Terrorismo", cujo objeto é a previsão e a punição dos atos e organizações terroristas.

Voltando aos Estados Unidos, registre-se que, somente após cinco anos do atentado às torres gêmeas, a Suprema Corte dos EUA começou a reagir no tocante à contradição de se admitir o Processo Penal do Inimigo num Estado que se autoproclama Democrático e de Direito, ao

53 Disponível em: <http://www.coe.int/gmt>. Acesso em: 02 maio 2010.

decidir que também os suspeitos de terem praticado atos de terrorismo detidos pelo governo devem ser tratados de acordo com a Convenção de Genebra de 1949 sobre prisioneiros de guerra.

Veja-se o quanto se retrocedeu na história do Direito Penal e Processual Penal, a tal ponto que, aplicar as regras destinadas aos prisioneiros da Segunda Guerra Mundial, passou a ser uma garantia, uma "*evolução*".

De qualquer sorte, o procedimento aplicável aos suspeitos da prática de terrorismo nos Estados Unidos da América, bem como em outros países ditos democráticos, como a Inglaterra (que também adota medidas excepcionais de detenção governamental por tempo indefinido de estrangeiros suspeitos de terrorismo) são casos paradigmáticos de Processo Penal do Inimigo, visando à neutralização do suposto perigo que esses indivíduos representam, através da supressão de diversas garantias fundamentais, ao lado do Processo Penal do Cidadão, com todos os corolários lógicos da cláusula do "*due process of law*" aplicável a todos os demais cidadãos.

Ressalte-se, contudo, que o atual Presidente dos EUA, Barak Obama, prometeu fechar a prisão na Baía de Guantánamo, em Cuba, todavia, já finalizando o governo, ainda não o fez.

No entanto, em entrevista nas "*páginas amarelas*" da Revista Veja[54], o Secretário de Justiça dos EUA, Eric Holder, garantiu que, embora não tenham cumprido o prazo, a prisão de Guantánamo será fechada, argumentando que Guantánamo não tem ajudado na guerra contra a *Al Quaeda*. Pelo contrário, virou um símbolo que favorece o recrutamento dos terroristas.

Assegura o Secretário de Justiça americano que, mesmo ainda não tendo sido fechada a famigerada prisão, o sistema das comissões militares foi completamente reformulado no governo do Presidente Obama, sobretudo no tocante "à forma como os advogados de defesa eram escolhidos, ao uso de informações sem provas materiais, às técnicas usadas para extrair informações dos interrogados, concluindo, de forma enfática, que "*As comissões militares, agora, estão em harmonia com o que há de melhor no sistema jurídico americano.*"

A polêmica entrevista afigura-se de grande valor para a discussão do tema, objeto do presente trabalho, pela alvissareira novidade de, desde os atentados de 11 de setembro de 2001, uma autoridade do governo

54 REVISTA VEJA. Editora Abril, edição 2156, ano 43, nº 11, 17 de março de 2010.

americano defender o respeito à lei como uma *"questão essencial e inegociável"*, mesmo para os "inimigos", que deverão ser julgados de acordo com o sistema jurídico americano já existente.

Eric Holder propõe seja Khalid Sheikh Mohammed, tido como gerente operacional dos atentados de 11 de setembro, após ter sido submetido 183 vezes à simulação de afogamento ao ser interrogado pela CIA, julgado por um tribunal civil em Manhattan, perto de onde ficavam as torres gêmeas.

Diante de tantas resistências da oposição, e até de setores da Casa Branca, Holder admite desistir do julgamento na justiça civil, mas não de um procedimento justo, como no Tribunal de Nuremberg, para que fique como exemplo na história de que os EUA agiram com justiça, em conformidade com os valores próprios do que há de melhor no seu sistema jurídico. Reconhece, contudo, as dificuldades que terá de enfrentar: *"Não é fácil fazê-lo. Nuremberg aconteceu depois do fim da II Guerra. Nós estamos no meio de uma guerra contra o terrorismo.* ***Mas acredito que é no calor da batalha que mostramos se realmente somos fiéis aos nossos valores."*** *(Negritou-se).*

Na terminologia de Jakobs, o atual Secretário de Justiça americano repudia o "Direito Penal do Inimigo", mesmo para os terroristas acusados do pior ataque terrorista da história americana, defendendo a aplicação de um único sistema jurídico, o "Direito Penal do Cidadão" para todos os acusados.

No Brasil, não houve uma repercussão direta no que diz respeito especificamente ao terrorismo em razão dos atentados de 11 de setembro de 2001 porque o tratamento dispensado ao "inimigo" no Brasil tem um âmbito mais difuso que já precedia a esses fatos.

Vale consignar, contudo, a elaboração de Projeto de Lei de Defesa do Estado Democrático de Direito, acrescentando um Título XII, à Parte Especial do Código Penal, e revogando a Lei de Segurança Nacional, submetido pelo Ministro de Estado da Justiça, Miguel Reale Júnior, à apreciação da Presidência da República em abril de 2002.

No referido projeto, foi criada a figura típica de Terrorismo (art.371) dentro do Capítulo III, que tratava "Dos Crimes Contra o Funcionamento das Instituições Democráticas e dos Serviços Essenciais", *in verbis:*

> **Terrorismo**
>
> Art. 371. Praticar, por motivo de facciosismo político ou religioso, com o fim de infundir terror, ato de:

> I - devastar, saquear, explodir bombas, seqüestrar, incendiar, depredar ou praticar atentado pessoal ou sabotagem, causando perigo efetivo ou dano a pessoas ou bens; ou
>
> II - apoderar-se ou exercer o controle, total ou parcialmente, definitiva ou temporariamente, de meios de comunicação ao público ou de transporte, portos, aeroportos, estações ferroviárias ou rodoviárias, instalações públicas ou estabelecimentos destinados ao abastecimento de água, luz, combustíveis ou alimentos, ou à satisfação de necessidades gerais e impreteríveis da população:
>
> Pena – reclusão, de dois a dez anos.
>
> § 1º Na mesma pena incorre quem pratica as condutas previstas neste artigo, mediante acréscimo, supressão ou modificação de dados, ou por qualquer outro meio interfere em sistemas de informação ou programas de informática.

Lamentavelmente, a mencionada proposta legislativa foi logo abandonada, não obstante sua importância histórica. No entanto, em 2016, finalmente foi publicada a Lei 13.260, que disciplinou o terrorismo, tratando de disposições investigatórias e processualistas, reformulando o conceito de organização terrorista e alterando as Leis nº 7.960, de 21/12/1988, e 12.850, de 02/07/2013[55].

---

55 **LEI Nº 13.260, DE 16 DE MARÇO DE 2016.**
Mensagem de veto
Regulamenta o disposto no inciso XLIII do art. 5º da Constituição Federal, disciplinando o terrorismo, tratando de disposições investigatórias e processuais e reformulando o conceito de organização terrorista; e altera as Leis n º 7.960, de 21 de dezembro de 1989, e 12.850, de 2 de agosto de 2013.
A PRESIDENTA DA REPÚBLICA Faço saber que o Congresso Nacional decreta e eu sanciono a seguinte Lei:
Art. 1º Esta Lei regulamenta o disposto no inciso XLIII do art. 5º da Constituição Federal , disciplinando o terrorismo, tratando de disposições investigatórias e processuais e reformulando o conceito de organização terrorista.
Art. 2º O terrorismo consiste na prática por um ou mais indivíduos dos atos previstos neste artigo, por razões de xenofobia, discriminação ou preconceito de raça, cor, etnia e religião, quando cometidos com a finalidade de provocar terror social ou generalizado, expondo a perigo pessoa, patrimônio, a paz pública ou a incolumidade pública.
§ 1º São atos de terrorismo:
I - usar ou ameaçar usar, transportar, guardar, portar ou trazer consigo explosivos, gases tóxicos, venenos, conteúdos biológicos, químicos, nucleares ou outros meios

capazes de causar danos ou promover destruição em massa;
II - (VETADO);
III - (VETADO);
IV - sabotar o funcionamento ou apoderar-se, com violência, grave ameaça a pessoa ou servindo-se de mecanismos cibernéticos, do controle total ou parcial, ainda que de modo temporário, de meio de comunicação ou de transporte, de portos, aeroportos, estações ferroviárias ou rodoviárias, hospitais, casas de saúde, escolas, estádios esportivos, instalações públicas ou locais onde funcionem serviços públicos essenciais, instalações de geração ou transmissão de energia, instalações militares, instalações de exploração, refino e processamento de petróleo e gás e instituições bancárias e sua rede de atendimento;
V - atentar contra a vida ou a integridade física de pessoa:
Pena - reclusão, de doze a trinta anos, além das sanções correspondentes à ameaça ou à violência.
§ 2º O disposto neste artigo não se aplica à conduta individual ou coletiva de pessoas em manifestações políticas, movimentos sociais, sindicais, religiosos, de classe ou de categoria profissional, direcionados por propósitos sociais ou reivindicatórios, visando a contestar, criticar, protestar ou apoiar, com o objetivo de defender direitos, garantias e liberdades constitucionais, sem prejuízo da tipificação penal contida em lei.
Art. 3º Promover, constituir, integrar ou prestar auxílio, pessoalmente ou por interposta pessoa, a organização terrorista:
Pena - reclusão, de cinco a oito anos, e multa.
§ 1º (VETADO).
§ 2º (VETADO).
Art. 4º (VETADO).
Art. 5º Realizar atos preparatórios de terrorismo com o propósito inequívoco de consumar tal delito:
Pena - a correspondente ao delito consumado, diminuída de um quarto até a metade.
§ 1º Incorre nas mesmas penas o agente que, com o propósito de praticar atos de terrorismo:
I - recrutar, organizar, transportar ou municiar indivíduos que viajem para país distinto daquele de sua residência ou nacionalidade; ou
II - fornecer ou receber treinamento em país distinto daquele de sua residência ou nacionalidade.
§ 2º Nas hipóteses do § 1º, quando a conduta não envolver treinamento ou viagem para país distinto daquele de sua residência ou nacionalidade, a pena será a correspondente ao delito consumado, diminuída de metade a dois terços.
Art. 6º Receber, prover, oferecer, obter, guardar, manter em depósito, solicitar, investir, de qualquer modo, direta ou indiretamente, recursos, ativos, bens, direitos, valores ou serviços de qualquer natureza, para o planejamento, a preparação ou a execução dos crimes previstos nesta Lei:
Pena - reclusão, de quinze a trinta anos.
Parágrafo único. Incorre na mesma pena quem oferecer ou receber, obtiver, guardar, mantiver em depósito, solicitar, investir ou de qualquer modo contribuir para

a obtenção de ativo, bem ou recurso financeiro, com a finalidade de financiar, total ou parcialmente, pessoa, grupo de pessoas, associação, entidade, organização criminosa que tenha como atividade principal ou secundária, mesmo em caráter eventual, a prática dos crimes previstos nesta Lei.
Art. 7º Salvo quando for elementar da prática de qualquer crime previsto nesta Lei, se de algum deles resultar lesão corporal grave, aumenta-se a pena de um terço, se resultar morte, aumenta-se a pena da metade.
Art. 8º (VETADO).
Art. 9º (VETADO).
Art. 10. Mesmo antes de iniciada a execução do crime de terrorismo, na hipótese do art. 5º desta Lei, aplicam-se as disposições do art. 15 do Decreto-Lei nº 2.848, de 7 de dezembro de 1940 - Código Penal.
Art. 11. Para todos os efeitos legais, considera-se que os crimes previstos nesta Lei são praticados contra o interesse da União, cabendo à Polícia Federal a investigação criminal, em sede de inquérito policial, e à Justiça Federal o seu processamento e julgamento, nos termos do inciso IV do art. 109 da Constituição Federal.
Parágrafo único. (VETADO).
Art. 12. O juiz, de ofício, a requerimento do Ministério Público ou mediante representação do delegado de polícia, ouvido o Ministério Público em vinte e quatro horas, havendo indícios suficientes de crime previsto nesta Lei, poderá decretar, no curso da investigação ou da ação penal, medidas assecuratórias de bens, direitos ou valores do investigado ou acusado, ou existentes em nome de interpostas pessoas, que sejam instrumento, produto ou proveito dos crimes previstos nesta Lei.
§ 1º Proceder-se-á à alienação antecipada para preservação do valor dos bens sempre que estiverem sujeitos a qualquer grau de deterioração ou depreciação, ou quando houver dificuldade para sua manutenção.
§ 2º O juiz determinará a liberação, total ou parcial, dos bens, direitos e valores quando comprovada a licitude de sua origem e destinação, mantendo-se a constrição dos bens, direitos e valores necessários e suficientes à reparação dos danos e ao pagamento de prestações pecuniárias, multas e custas decorrentes da infração penal.
§ 3º Nenhum pedido de liberação será conhecido sem o comparecimento pessoal do acusado ou de interposta pessoa a que se refere o caput deste artigo, podendo o juiz determinar a prática de atos necessários à conservação de bens, direitos ou valores, sem prejuízo do disposto no § 1º.
§ 4º Poderão ser decretadas medidas assecuratórias sobre bens, direitos ou valores para reparação do dano decorrente da infração penal antecedente ou da prevista nesta Lei ou para pagamento de prestação pecuniária, multa e custas.
Art. 13. Quando as circunstâncias o aconselharem, o juiz, ouvido o Ministério Público, nomeará pessoa física ou jurídica qualificada para a administração dos bens, direitos ou valores sujeitos a medidas assecuratórias, mediante termo de compromisso.
Art. 14. A pessoa responsável pela administração dos bens:
I - fará jus a uma remuneração, fixada pelo juiz, que será satisfeita preferencialmente com o produto dos bens objeto da administração;
II - prestará, por determinação judicial, informações periódicas da situação dos bens sob sua administração, bem como explicações e detalhamentos sobre investimentos e reinvestimentos realizados.

2. REFERÊNCIAS

JAKOBS, Gunther. **Criminalización en el estádio prévio a la lésion de un bien jurídico**. Trad. De Enrique Peñaranda Ramos. Estúdios de derecho penal. Madrid: Civitas, 1997. p.293-323

JAKOBS, Gunther. Derecho penal del ciudadano y derecho penal del enemigo. In: JAKOBS, Gunther; MELIÁ, Manuel Cancio. **Derecho penal del enemigo**. Madrid: Civitas, 2003, p. 19-56.

JAKOBS, Günther. Terroristas como Sujeitos de Direito? p.59. In: **Direito Penal do Inimigo**. Rio de Janeiro. Lúmen Júris, 2008, Organização e Introdução Luiz Moreira e Eugênio Pacelli de Oliveira (Trad. Gercélia Batista de Oliveira Mendes).

JAKOBS, Günther; MELIÁ, Manuel Cancio. **Direito Penal do Inimigo:** Noções e Críticas. Organização e Tradução de André Luís Callegari

---

Parágrafo único. Os atos relativos à administração dos bens serão levados ao conhecimento do Ministério Público, que requererá o que entender cabível.
Art. 15. O juiz determinará, na hipótese de existência de tratado ou convenção internacional e por solicitação de autoridade estrangeira competente, medidas assecuratórias sobre bens, direitos ou valores oriundos de crimes descritos nesta Lei praticados no estrangeiro.
§ 1º Aplica-se o disposto neste artigo, independentemente de tratado ou convenção internacional, quando houver reciprocidade do governo do país da autoridade solicitante.
§ 2º Na falta de tratado ou convenção, os bens, direitos ou valores sujeitos a medidas assecuratórias por solicitação de autoridade estrangeira competente ou os recursos provenientes da sua alienação serão repartidos entre o Estado requerente e o Brasil, na proporção de metade, ressalvado o direito do lesado ou de terceiro de boa-fé.
Art. 16. Aplicam-se as disposições da Lei nº 12.850, de 2 agosto de 2013 , para a investigação, processo e julgamento dos crimes previstos nesta Lei.
Art. 17. Aplicam-se as disposições da Lei nº 8.072, de 25 de julho de 1990 , aos crimes previstos nesta Lei.
Art. 18. O inciso III do art. 1º da Lei nº 7.960, de 21 de dezembro de 1989 , passa a vigorar acrescido da seguinte alínea p :
"Art. 1º ....
III - ....
p) crimes previstos na Lei de Terrorismo." (NR)
Art. 19. O art. 1º da Lei nº 12.850, de 2 de agosto de 2013 , passa a vigorar com a seguinte alteração:
"Art. 1º ....
§ 2º ....
II - às organizações terroristas, entendidas como aquelas voltadas para a prática dos atos de terrorismo legalmente definidos." (NR)
Art. 20. Esta Lei entra em vigor na data de sua publicação.
Brasília, 16 de março de 2016; 195º da Independência e 128º

e Nereu José Giacomolli, Porto Alegre: Livraria do Advogado, 2005, p. 25/26.

Op. Cit., p. 27.

Op. Cit. p. 28-29. "Quem não participa na vida em um 'estado comunitário-legal', deve retirar-se, o que significa que é expelido (ou impedido à custódia de segurança); em todo caso, não há que ser tratado como pessoa, mas pode ser 'tratado', como anota expressamente Kant, como inimigo.

AMARAL, Cláudio do Prado. **Bases Teóricas da Ciência Penal Contemporânea**: Dogmática, Missão do Direito Penal e Política Criminal na Sociedade de Risco. São Paulo: IBCCRIM, 2007. p. 154. (Monografia Vencedora do 11º Concurso de Monografias Jurídicas).

LUHMANN, Niklas. **Low as a social system**. Tradução de Klaus A. Ziegert. Oxford: Oxford University Press, 2004, p. vii (trata-se de tradução inglesa de Das Recht der Gesellshaft).

LUHMANN, Niklas. **Introducción a La teoria de sistemas**: leciones publicadas por Javier Torres Nafarrate.nUniversidad Iberoamericana. México: Antropos, 1996. p. 78.

LUHMANN, Niklas. **Sociologia do direito**. v. 1. Tradução de Gustavo Bayer. Rio de Janeiro: Tempo Brasileiro, 1983, p. 70.

LUHMANN, Niklas. **Sociologia do direito**. v. 1. Tradução de Gustavo Bayer. Rio de Janeiro: Tempo Brasileiro, 1983, p. 72.

VILLAS BÔAS FILHO, Orlando. **Teoria dos sistemas e o Direito Brasileiro**. São Paulo: Saraiva. p. 141.

VILLAS BÔAS FILHO, Orlando. **Teoria dos sistemas e o Direito Brasileiro**. São Paulo: Saraiva. p. 145.

AMARAL, Cláudio do Prado. **Bases Teóricas da Ciência Penal Contemporânea**: Dogmática, Missão do Direito Penal e Política Criminal na Sociedade de Risco. IBCCRIM, 2007. p.95. (Monografia Vencedora do 11º Concurso de Monografias Jurídicas).

JAKOBS, Günter. **Derecho penal:** parte general, fundamentos y teoria de La Imputación. Madrid: Marcial Pons, 1995.

LUHMANN, Niklas. **Sociologia do Direito II**. Trad. Gustavo Bayer. Rio de Janeiro: Tempo Brasileiro, 1985, p. 59.

SHIMITT, Carl. **O conceito do político/Teoria do Partsan.** Coordenação e supervisão Luiz Moreira. Tradução Geraldo de Carvalho. Belo Horizonte: Del Rey, 2008, p. 30.

CONDE, Francisco Muñoz. As Origens Ideológicas do direito penal do inimigo. **Revista Brasileira de Ciências Penais - RBCCRIM**, São Paulo, Revista dos Tribunais, ano 18, n. 83, mar.-abr./2010, p. 113.

Op. Cit., p. 105.

Op. Cit. p. 111/112.

JAKOBS, Günther. Direito Penal do inimigo? Uma análise acerca das condições da legalidade. p. 42/43. In: **Direito Penal do Inimigo**. Rio de Janeiro. Lúmen Júris, 2008, Organização e Introdução Luiz Moreira e Eugênio Pacelli de Oliveira. Trad. Gercélia Batista de Oliveira Mendes.

ZAFARRONI, Eugenio Raul. **El Enemigo em el Derecho Penal**. Segunda Reimpresión. Buenos Aires: Ediar, 2009, p. 22.

SÁNCHEZ, Jesus Maria Silva. Los Indeseados Como Enemigos. **Revista Electrônica de Ciência Penal y Criminologia**, n. 09-01, p.01:1-01:18, 2007. Disponível em: <http://www.criminet.ugr.es/recpc/09/recpc09-01.pdf>.

JAKOBS, Günther. **A Autocompreensão da Ciência Penal Diante dos Desafios da Atualidade**. [s.l.:s.n.,s.d.]. p. 106.

SANCHEZ, Jesús Maria Silva. **A expansão do direito penal**: aspectos da política criminal nas sociedades pós-industriais. Trad. Luiz Otávio de Oliveira Rocha. São Paulo: Revista dos Tribunais, 2002, p. 25. (Série As Ciências Criminais no Século XXI - v. 11).

SANCHÉZ, Jesus Maria Silva. **Reflexiones sobre lãs bases de la política criminal**: el Nuevo Código Penal - Pressupostos y Fundamentos. Libro homenaje Al Profesor Doctor Don ÁNGEL Trío López Granada: [s.n.], 1999. p. 40.

CASTRO, Narciso Alvarenga Monteiro de. **Política Criminal Contemporânea e a Questão do Direito Penal do Inimigo**. Porto Alegre: Núria Fabris, 2010, p. 76.

AMARAL, Cláudio de Prado. **Bases teóricas da ciência penal contemporânea, dogmática, missão do Direito penal e política criminal na sociedade de risco.** São Paulo: [s.n.], 2007. p. 135. (Monografia Vencedora do Prêmio IBCCRIM).

Ibid. 2007. p . 138.

MELIÁ, Manuel Cancio. Derecho penal del enemigo y delitos de terrorismo: algumas consideraciones sobre la regulacíon de lãs infracciones en matéria de terrorismo en el código penal español después de la LO 7/2000. **Revista Ibero-Americana de Ciências Penais**,

Porto Alegre: Centro de Estudos Ibero-Americanos de Ciências Penais, ano 3, n. 05, p. 151-168, jan.-abr.2002.

JAKOBS, Günther; MELIÁ, Manuel Cancio. **Direito Penal do Inimigo:** noções e críticas. Organização e Tradução de André Luís Callegari e Nereu José Giacomolli, Porto Alegre: Livraria do Advogado, 2005, p. 59.

Op. Cit., p. 65

Op. Cit., p. 66.

JAKOBS, Günther. **Direito Penal do Inimigo**. Org. e Introdução: Luiz Moreira e Eugênio Pacelli de Oliveira. Tradução do alemão: Gercélia Batista de Oliveira Mendes. Rio de Janeiro: Lúmen Júris, 2008.

LUHMANN, Niklas. **Legitimação pelo procedimento**. Tradução de Maria da Conceição Côrte-Real. Brasília: Universidade de Brasília, 1980.

Op. Cit. p.3.

Op. Cit. p. 40.

FERRAJOLI, Luigi. Emergência penale e crisi della giurisdizione. Dei delitti e delle pene, **Bari**, n. 2, p. 271-292, mar./ago. 1984.

"Procedimento decisionista e inquisitorial fundado no princípio, essencialmente político, de amigo/inimigo". Tradução livre do autor.

HASSEMER, Winfried. **Processo penal e direitos fundamentais**: jornadas de direito processual penal e direitos fundamentais. Coimbra: Almedina, 2004, p. 15-25.

BARATTA. El concepto actual de seguridad en Europa. RCSP. **Revista Catalana de Seguridad** *Pública*, n. 8, 2001, p. 19.

MALAN, Diogo Rudge. Processo Penal do Inimigo **Revista Brasileira de Ciências Criminais**, São Paulo: Revista dos Tribunais, ano 14, nº 59, p. 223-59, mar./abr. 2006.

A severidade do ato pode ser avaliada também pelo fato de todos os indivíduos enquadrados no elástico conceito de *terroristas* são julgados por órgãos denominados *Comissões Militares*, cujos membros (julgadores, acusadores e defensores) são diretamente nomeados pelo Secretário de Defesa estadunidense, dentre oficiais integrantes das Forças Armadas. Numa concentração absoluta de poderes, o Secretário de Defesa detém também competência legislativa, podendo editar ordens com vistas à regulamentação desse ato, quanto à matéria processual, havendo, ainda, a instituição de um reexame obrigatório de todas as decisões de mérito proferidas pelas Comissões Militares pelo próprio Presidente da República ou pelo Secretário de Defesa, caso designado por aquele.

BOUCHARD, Marco. Guantánamo: morte do processo penal e início do apocalipse. Trad. Eduardo Maia Costa. **Revista do Ministério Público**, Lisboa, n. 97, p. 61-72, jan./mar. 2004.

DIREITO e tecnologias da informação. As Novas Leis de Segurança na Alemanha e nos estados Unidos. Os efeitos para a comunicação local e global. **R. CEJ**, Brasília, n. 19, p. 78-84, out/dez. 2002. (*online*).

LA ESTRATEGIA mundial de las Naciones Unidas contra el terrorismo. (*online*)

COOPERAÇÃO interestatal face aos movimentos de contestação internacional: a tensão entre controle democrático e segurança interna na União Européia, p.12. (*online*)

Op. Cit., p. 14.

Op. Cit. p. 81.

SANTOS, Ademário Cesário dos. **Direito Penal do Inimigo e Culpa Jurídico-Penal**. Porto Alegre: Nuria Fabris, 2009, p. 34.

Disponível em: <http://www.coe.int/gmt>. Acesso em: 02 maio 2010.

Disponível em: <http://www.coe.int/gmt>. Acesso em: 02 maio 2010.

REVISTA VEJA. Editora Abril, edição 2156, ano 43, nº11, 17 de março de 2010.

A MOTIVAÇÃO DAS DECISÕES COMO GARANTIA CONSTITUCIONAL E SEUS REFLEXOS PRÁTICOS[1]

(Em homenagem ao centenário de nascimento do mestre Calmon de Passos)

César de Faria Júnior[2]
César de Faria Neto[3]

No ano seguinte à promulgação da atual Constituição da República, quando, recém-formado, era aluno do saudoso Prof. Calmon de Passos no seu concorrido curso de "*Especialização em Processo*", na UFBA, desenvolvi, por sugestão do mestre, um artigo sobre "*A Motivação das Decisões como Garantia Constitucional e Seus Reflexos Práticos*", com o qual conquistei o Prêmio Calmon de Passos da OAB/BA, no já longínquo ano de 1990, tendo sido publicado na conceituada Revista da época Fascículos de Ciências Penais (Porto Alegre, Sérgio Antônio Fabris Editor, jan/fev/mar., 1991).

Passados trinta anos, constata-se a necessidade de revisitar tema tão relevante e atual, em tributo à memória do mestre Calmon, no centenário do seu nascimento.

Como cediço, a clássica tripartição dos poderes se consubstanciou na famosa obra *O Espírito das Leis,* de MONTESQUIEU[4]. Dizia o mestre francês que somente haveria liberdade se o poder de julgar estivesse separado do Poder Legislativo e do Executivo. Nas suas palavras, "se o Juiz fosse legislador, o seu poder sobre a vida e a liberdade dos cidadãos seria arbitrário, e, se fosse autoridade executiva, teria força de um déspota".

A influência de sua teoria repercutiu, de forma inequívoca, em todo o mundo, a partir da Revolução Francesa, quando se tornou realidade, inaugurando o que se intitula "*Estado de Direito*", ou, na sugestiva expressão do alemão BRUGGEMANN[5], "*Estado que se justifica*".

---

1 Revista da Academia de Letras Jurídicas da Bahia, Nº25 - Ano 23 – 2021.

2 Professor Doutor Associado da Faculdade de Direito da UFBA, Advogado criminalista, Membro da Academia de Letras Jurídicas da Bahia.

3 Bacharel em Direito pela UFBA. Coautor da atualização do presente artigo.

4 (*Apud.* Faria Jr. , César de, *In* Revista Fascículos de Ciências Penais, Porto Alegre, Sérgio Antônio Fabris Editor, jan/fev/mar., 1991, p. 34).

5 (Ob. Cit., p. 34).

Daí, tendo o Estado, como centro de poder, chamado a si o monopólio da Justiça, surge, correlatamente, o dever da prestação da atividade jurisdicional pelo denominado *"Estado-Juiz"*.

Assim como a legitimidade dos poderes Legislativo e Executivo se dá pela manifestação popular por meio do voto, uma vez que a Constituição proclamou logo no seu art. 1º, parágrafo único, que *"Todo poder emana do povo,..."*, não existe outra forma de se conferir legitimidade à atividade jurisdicional, senão através da **fundamentação** das suas decisões.

Sobre o preceito da motivação, advertia LOPES DA COSTA[6]: "Ele é que põe a administração da justiça a coberto da suspeita dos dois piores vícios que possam manchá-la: o arbítrio e a parcialidade".

Não obstante sua indiscutível importância, a motivação das decisões constitui garantia relativamente moderna oriunda das conquistas do liberalismo.

Até o final do século XVII, época em que ainda vigorava o processo inquisitivo, era comum o Juiz condenar ou absolver, sem fundamentar sua decisão, limitando-se, tal qual os juízes franceses, a dizer: condeno ou absolvo, *"pour le cas resultant du proces..."*

Conforme VITU[7], a obrigação de motivar as sentenças resultou de uma Lei de Organização Judiciária de 1810, que, reafirmando o art. 141 do Code de Procédure Civile de 1807 da França, cominou a sanção de nulidade para os arrêts desprovidos de motivação. O princípio foi acolhido por quase todas as grandes codificações do Século XIX.

Sobre sua relevância, de grande pertinência a lição de MANZINI[8]:

> "A motivação constitui uma garantia para o Estado, porquanto lhe interessa que a sua vontade seja acatada com exatidão e que a justiça se administre corretamente; constitui uma garantia para o cidadão e constitui, também, garantia para o próprio Juiz que, motivando suas decisões, se acoberta contra a suspeita de arbitrariedade, de parcialidade ou de outra injustiça."

Quanto ao Brasil, o primeiro diploma nacional que instituiu o dever de fundamentação foi o célebre Regulamento nº 737, de 1850, elabora-

6 (Ob. Cit., p. 36).

7 (Ob. Cit., p. 37).

8 *Tratado de Derecho Processual,* Buenos Aires, EJEA, v. 4.

do por nomes de envergadura, como o do Senador Nabuco de Araújo.

Este regulamento foi, de fato, a "(...) *lei de regência de quase todo o direito processual civil, por expressivo espaço de tempo* (...)"[9].

Dizia o referido Regulamento:

> Art. 232. A sentença deve ser clara, summariando o Juiz o pedido e a contestação com os fundamentos respectivos, **motivando com precisão o seu julgado, e declarando sob sua responsabilidade a lei, uso ou estylo em que se funda.** (Grifou-se)

Apesar do nosso *jus positum*, tanto no processo civil, quanto no penal, já exigir que todos os atos decisórios sejam motivados, ainda que de modo conciso, a prática jurídica revelava o quanto essa regra processual não era (e lamentavelmente ainda não é) devidamente cumprida.

O mestre CALMON DE PASSOS[10] apontava que o exemplo partia de cima! A mais alta Corte de Justiça do País, autorizada a legislar sobre os processos de sua competência, dispensou de motivação as decisões proferidas secretamente nas chamadas *"Arguições de Relevância"*, que eram também irrecorríveis (Ementa nº 3 ao RISTF).

Por espelhar garantia inerente ao Estado de Direito, na expressão de BARBOSA MOREIRA[11], a norma fundamental da motivação obrigatória das decisões judiciais, precisava ser, como o foi, elevada na escala hierárquica das formas de expressão do direito, como expediente técnico de resistência, com a promulgação da Constituição Federal de 1988.

Dessa forma, nas Disposições Gerais (Seção I) atinentes ao capítulo do Poder Judiciário (Capítulo III), do Título IV (da Organização dos Poderes), a fundamentação das decisões foi consagrada como garantia constitucional, no Inc. IX, do art. 93, nos seguintes termos:

> "IX – todos os julgamentos dos órgãos do Poder Judiciário serão públicos, e fundamentadas as decisões, sob pena de nulidade, podendo a Lei se o interesse público o exigir, limitar a

9 Figueiredo Marcos, Ruy, Fernando Mathias, Carlos, Noronha, Ibsen, Historia do Direito Brasileiro - Rio de Janeiro: Forense, 2015.

10 *"Da arguição de relevância no recurso extraordinário", RF, 259, (1977):20.*

11 Ob. Cit., p. 37/38.

> presença, em determinados atos, às próprias partes e a seus advogados, ou somente a eles; (negritou-se).

É fora de dúvida que, ante a sanção expressa de nulidade pelo legislador constituinte, em virtude de contrariar preceito de ordem pública, a ausência de fundamentação de decisão judicial é causa de nulidade absoluta, insanável, e cognoscível, inclusive, *ex officio*!

Ressalte-se que, à ausência de fundamentação, equipara-se a motivação contraditória e a contradição entre a fundamentação e a conclusão!

Já lecionava, com propriedade, o precitado mestre MANZINI[12]:

> "A ausência ou contradição da motivação quanto ao fato a que se refere torna nula a sentença".

Mais recentemente, a repercussão geral da questão da obrigatoriedade da fundamentação das decisões judiciais como requisito de admissibilidade do recurso extraordinário foi reconhecida pelo Supremo Tribunal na apreciação da Questão de Ordem no Agravo de Instrumento n. 791.292, Relator o Ministro Gilmar Mendes, DJe 13.8.2010, nos seguintes termos:

> *"O art. 93, IX, da Constituição Federal exige que o acórdão ou decisão sejam fundamentados, ainda que sucintamente, sem determinar, contudo, o exame pormenorizado de cada uma das alegações ou provas".* (Repercussão Geral, Tema 339).

Não obstante tenha a Suprema Corte reconhecido como tema de repercussão geral a garantia constitucional da fundamentação das decisões, lamentavelmente, ao invés de, na condição de guardiã da Constituição, conceder-lhe máxima eficácia possível, restringiu-a, com a ressalva de que não determinava, *"contudo, o exame pormenorizado de cada uma das alegações ou provas"*, desobrigando o juiz, na prática, do exame de todos os argumentos deduzidos no processo.

Louva-se, no particular, o único voto divergente no julgamento do citado acórdão que reconheceu a repercussão geral, por 09 votos a 01, do eminente Ministro Marco Aurélio no qual defendia que ***"o juiz é um***

12 Ob. Cit. p. 37.

perito na arte de proceder e na de julgar e que não existe prestação jurisdicional aperfeiçoada se não se examinarem, até para declarar a improcedência, todos os pontos enfocados pela parte".

Em boa hora, na tentativa de conferir real efetividade à garantia constitucional, dispôs o novo Código de Processo Civil de 2015, no seu art. 489, § 1º, Inciso IV, que não será considerada fundamentada qualquer decisão judicial que "*não enfrentar todos os argumentos deduzidos no processo capazes de, em tese, infirmar a conclusão adotada pelo julgador*".

Por oportuno, vale transcrever todos os incisos do mencionado parágrafo único do art. 489, porque cada um deles traduz situações, infelizmente, inúmeras vezes encontradas na prática forense. Se não, veja-se:

> "§ 1º Não se considera fundamentada qualquer decisão judicial, seja ela interlocutória, sentença ou acórdão, que:
>
> I - se limita à indicação, à reprodução ou à paráfrase de ato normativo, sem explicar sua relação com a causa ou a questão decidida;
>
> II - empregar conceitos jurídicos indeterminados, sem explicar o motivo concreto de sua incidência no caso;
>
> III - invocar motivos que se prestariam a justificar qualquer outra decisão;
>
> IV - não enfrentar todos os argumentos deduzidos no processo capazes de, em tese, infirmar a conclusão adotada pelo julgador;
>
> V - se limitar a invocar precedente ou enunciado de súmula, sem identificar seus fundamentos determinantes nem demonstrar que o caso sob julgamento se ajusta àqueles fundamentos;
>
> VI - deixar de seguir enunciado de súmula, jurisprudência ou precedente invocado pela parte, sem demonstrar a existência de distinção no caso em julgamento ou a superação do entendimento."

O dispositivo supracitado veda, em síntese, a prolação de decisões modelo, sem indicação da conexão dos dispositivos com os elementos trazidos à baila durante a instrução; a mera indicação de dispostivos legais, conceitos abertos, ou enunciados sumulares, sem a devida individualização e enunciação do critério de raciocínio utilizado; a não aplicação de entendimento jurisprudencial, sem a devida demonstração da distinção entre o caso presente e o caso paradigma; e, em aparente contraposição ao referido Tema 339 da repercussão geral, a não apreciação de argumento deduzido capaz de, em tese, infirmar a conclusão adotada pelo julgador. Em suma, preenche de substância o dispositivo constitucional do dever de motivação.

A última das vedações aqui elencadas traz algumas dificuldades interpretativas. Ora, pela interpretação literal, parece que o dispositivo permite a não apreciação de determinado argumento, unicamente com a justificativa de ele não ser capaz de alterar a convicção do julgador.

Contudo, a própria sistemática do código, combinada com as exigências constitucionais do processo devido e do contraditório efetivo, implica na necessidade de motivação e explicitações das razões pelas quais determinado argumento não pode, nem em tese, alterar a conclusão do julgador.

Dissolve-se em aparente paradoxo a possibilidade de não enfrentar um argumento, surgindo o dever de motivar o afastamento de cada uma das alegações das partes na fundamentação da decisão. Portanto, persiste o juiz na obrigação de fundamentar por qual razão está deixando de considerar qualquer argumento ou alegação. Dessa forma, o princípio da motivação prevalece.

Perceba-se, por relevante, que no processo penal tal garantia assume ainda maior colorido, uma vez que de nada valeria a mesma Constituição assegurar a ampla defesa e o contraditório, se pudesse o julgador deixar de examinar algum argumento defensivo.

Não obstante, tais alterações somente foram incorporadas na legislação processual penal, com a publicação da recente Lei 13.964, de 24/12/2019 (denominada de pacote anticrime), ao acrescentar o § 2º ao art. 315 do Código de Processo Penal, contendo os mesmos incisos, *ipis litteris*, de I a VI, do § 1º do art. 489 do CPC, supratranscritos.

Ressalte-se que esses dispositivos, conquanto tenham sido postos no capítulo referente à prisão preventiva, são igualmente aplicáveis a qualquer decisão judicial, *"seja ela interlocutória, sentença ou acórdão"*, nos expressos termos do mencionado § 2 do art. 315 do CPP.

Sempre no sentido de conferir efetividade à garantia constitucional em comento (mesmo tratando-se de norma de plena e imediata eficácia, o que denota a complexidade desta questão), acrescentou, ainda, a referida Lei 13.964/2019, o inciso V, ao art. 564, no capítulo das nulidades do CPP, dispondo, expressamente, que:

> "Art. 564. A nulidade ocorrerá nos seguintes casos:
> (...)
> V – em decorrência de decisão carente de fundamentação.

Uniformizado o tratamento deste tema de fundamental relevância e de reconhecida repercussão geral nos diplomas processual civil e penal, em consonância com a Carta da República, não há de se negar que no processo penal há maior necessidade do julgador examinar as circunstâncias e peculiaridades do caso concreto (atividade que não se pode delegar), mais até do que no processo civil, onde prevalecem, de regra, discussões sobre teses jurídicas.

Resulta clarividente, em virtude das alterações legislativas, o acolhimento pelo legislador da posição que destaca a importância da adequada fundamentação das decisões judiciais, imprescindível para a realização do contraditório efetivo e garantidor da legitimidade do Poder Judiciário no contexto do Estado de Direito.

Destaque-se a relação de dependência entre o efetivo contraditório e a adequada motivação. Ora, o contraditório só se faz presente e efetivo quando há a possibilidade de o julgador ser influenciado pelos argumentos elencados. E isto só se verifica com a indicação por este dos argumentos acolhidos e suas razões de acolhimento e, o mais importante ainda, das razões para o não acolhimento dos argumentos vencidos.

Com efeito, a parte vencida só pode argumentar com a decisão em eventual impugnação se tiver conhecimento das razões pelas quais seus argumentos não foram sequer conhecidos. Tolher esta prerrogativa é, inevitavelmente, cercear o exercício real do contraditório.

De não menos relevância incide, no processo penal, o princípio de igual matiz constitucional da presunção de inocência (art. 5º, LVII, CF), pelo qual nenhuma acusação se presume provada, cabendo ao Ministério Público o ônus da prova por inteiro, que deve ser adequadamente analisada pelo juiz na sua fundamentação, sobretudo quando for proferir decisão contrária à defesa e, por conseguinte, à liberdade!

Por tudo exposto, decisão desfundamentada, ou com fundamentação deficiente ou contraditória, revela, para além da displicência do julgador, verdadeiro ato de arbítrio, que não pode ser tolerado em um Estado de Direito, onde se pressupõe o legítimo funcionamento dos poderes, face à importância do Poder Judiciário para uma verdadeira Democracia.

O ALCANCE DA PRESUNÇÃO DE INOCÊNCIA NA CONSTITUIÇÃO DE 1988[1]

1. A UNIVERSALIDADE DA PRESUNÇÃO DE INOCÊNCIA

"Tout home ètant presume innocent"
(Todo homem deve ser presumido inocente)

O princípio da presunção de inocência aparece pela primeira vez com a eclosão da Revolução Francesa, sob as luzes do Iluminismo, na Declaração dos Direitos do Homem e do Cidadão (Paris, 1789), que, no seu art. 9º, proclamou:

> *"Tout homme ètant presume innocent, s'il é jugé indispensable de l'arreter, toute rigueur qui ne serait pas necessaire pour s'assurer de ça personne doit être sévérement reprimé par la loi".* (Todo homem deve ser presumido inocente, e se for indispensável detê-lo, todo rigor que não seja necessário {para submeter a pessoa}, deve ser severamente reprimido por lei).

Observa-se, portanto, que o princípio da presunção de inocência já nasce correlacionado à prisão (proibição do excesso).

Após a 2ª Guerra Mundial, com a criação da ONU – Organização das Nações Unidas, foi aprovada a Declaração Universal dos Direitos do Homem (Paris, 10/12/1948), trazendo, em seu art. 11, **a presunção da inocência como um direito**, nos seguintes termos:

> "Toda pessoa acusada de um ato delituoso tem o direito de ser **presumida inocente** até que a sua culpabilidade tenha sido provada de acordo com a lei, em julgamento público, no que lhe tenham sido asseguradas todas as garantias necessárias à sua defesa."

No mesmo sentido, a Convenção Europeia dos Direitos do Homem (Roma, 1950), que instituiu o TEDH – Tribunal Europeu dos Direitos do

1 Revista da Academia de Letras Jurídicas da Bahia, 30 anos da Constituição Federal, Nº23 - Ano 21 – 2018.

Homem, ao tratar do *"Direito a um Processo Equitativo"*, no seu art. 6º, incluiu a presunção de inocência como um dos seus elementos fundamentais, no item 2:

> "Qualquer pessoa acusada de uma infracção **presume-se inocente** enquanto a sua culpabilidade não tiver sido legalmente provada."

Também o Pacto Internacional sobre Direitos Civis e Políticos (Nova York, 1966) refere-se, quase nos mesmos termos[2], à presunção de inocência como um direito, uma garantia de natureza processual do acusado.

Igualmente como um direito, aparece a presunção de inocência na Convenção Americana sobre Direitos Humanos (Costa Rica, 1969), mais conhecido como "Pacto de São José da Costa Rica", art. 8º, 2, primeira parte:

> "Toda pessoa acusada de delito tem direito a que se **presuma sua inocência** enquanto não se comprove legalmente sua culpa."

No mesmo diapasão, encontra-se na Carta Africana dos Direitos do Homem e dos Povos (Nairóbi, Quênia, 1981), art. 7º, n. 1, letra "b":

> "1. Toda a pessoa tem direito a que a sua causa seja apreciada. Esse direito compreende:
>
> b) O direito de **presunção de inocência**, até que a sua culpabilidade seja estabelecida por um tribunal competente;[...]"

Destarte, a presunção de inocência passou a ser um princípio, um direito, uma garantia universal de toda e qualquer pessoa acusada de delito, o que não implicou em ser tratada da mesma forma, nem com a mesma abrangência, por todas as Constituições dos Estados.

2. NA CONSTITUIÇÃO BRASILEIRA DE 1988.

Após um longo período de repressão, os representantes do povo brasileiro, reunidos em Assembleia Nacional Constituinte, promulga-

2 "**Toda** pessoa acusada de um delito terá direito a que se **presuma sua inocência** enquanto não for legalmente comprovada sua culpabilidade, conforme a lei."

ram, em 05/10/1988, a atual Carta Magna, para instituir um Estado Democrático de Direito, tendo por fundamento essencial a dignidade da pessoa humana, consagrando, no "**Título II - Dos Direitos e Garantias Fundamentais**", o princípio da presunção de inocência, de forma clara e cristalina, ainda que em linguagem inversa da tradicional expressão (presunção de inocência), ao assegurar que "**ninguém será considerado culpado até o trânsito em julgado de sentença penal condenatória**" (Art. 5º, LVII).

Trata-se de princípio basilar da nossa Carta Política, tanto que não pode sequer ser objeto de proposta de emenda à Constituição (PEC), nos precisos termos do art. 60, § 4º, IV: "**não pode ser objeto de deliberação a proposta de emenda tendente a abolir os direitos e garantias individuais**".

Como visto no tópico anterior, os Pactos, Tratados e Convenções internacionais consagraram a presunção de inocência, assegurando que tal postulado não pode deixar de ser observado "até que o acusado seja declarado culpado"[3], ou "até que a sua culpabilidade tenha sido provada de acordo com a lei"[4], ou mesmo "enquanto a sua culpabilidade não tiver sido legalmente provada"[5], "enquanto não se comprove legalmente sua culpa"[6] ou, em termos ainda mais simples, "até que se prove sua culpabilidade"[7], permitindo a cada Estado signatário estabelecer, de acordo com sua legislação, o marco jurídico até onde subsiste a presunção de inocência, sempre observando os demais princípios e garantias processuais (devido processo legal), não podendo limitá-la, inexistindo, contudo, qualquer proibição de estendê-la.

Foi assim que **Portugal** estatuiu na sua atual **Constituição de 1976**, que:

> "Art. 32.2. Todo argüido se **presume inocente até o trânsito em julgado da sentença de condenação,** devendo ser julgado no mais curto prazo compatível com as garantias da defesa."

---

3 Declaração dos Direitos do Homem e do Cidadão, art. 9º.

4 Declaração Universal dos Direitos do Homem, art. 11, I.

5 Convenção Europeia dos Direitos do Homem, art. 6º, n. 2.

6 Convenção Americana sobre Direitos Humanos, art. 8º, 1.

7 Declaração Americana dos Direitos e Deveres do Homem, art. 26.

Tendo sido signatário da Convenção Européia dos Direitos do Homem, oficialmente denominada "**Convenção para a Proteção dos Direitos do homem e das Liberdades Fundamentais**", Portugal ratificou referido Pacto através da Lei 65, de 13/10/1978, declarando a aceitação da jurisdição do Tribunal Europeu de Direitos do Homem - TEDH, para os assuntos relativos à interpretação e aplicação da Convenção (art. 64),[8] sem que tenha tal Tribunal jamais questionado a amplitude da garantia da presunção de inocência estabelecida pela Constituição Portuguesa.

No mesmo sentido, a vigente **Constituição Italiana,** promulgada em 22/12/1947:

> "Art. 27 - A responsabilidade penal é pessoal.
> **O imputado não é considerado réu até condenação definitiva.**"

Também a Alemanha, igualmente subscritora da Convenção Européia dos Diretos do Homem, traz regra clara e inequívoca no sentido da exigência do trânsito em julgado, no vigente **CPP Alemão**, §449:

> "**As sentenças penais não são executáveis, enquanto não transitarem em julgado.**"

Como por demais sabido, o Brasil, **com a Constituição de 1988**, também estabeleceu e de forma proibitiva que ninguém seja considerado culpado **até o trânsito em julgado** de sentença penal condenatória, e foi signatário da Convenção Americana sobre Direitos Humanos (Costa Rica, 1969), incorporada ao ordenamento jurídico pátrio, através do Decreto Legislativo nº 27, de 26/05/1992, após ser promulgada pelo Decreto Presidencial 678, de 06/11/1992, conforme permissivo constitucional, inserto no § 2º, do art. 5º, *verbis:*

> "Os direitos e garantias expressos nesta Constituição **não excluem** outros decorrentes do regime e dos princípios por ela adotados, **ou dos tratados internacionais em que a República Federativa do Brasil seja parte.**"

8 BATISTI, Leonir. PRESUNÇÃO DE INOCÊNCIA, Apreciação Dogmática e nos Instrumentos Internacionais e Constituições do Brasil e Portugal, Curitiba: Juruá, 2009, p. 35/36.

Por conseguinte, na matéria em discussão, no diálogo das fontes do direito nacional com o internacional, deve sempre prevalecer a interpretação mais favorável aos direitos e garantias assegurados, máxime quando expressos de forma mais garantista na Carta Magna, havendo de ser invocado também o consagrado **Princípio da Primazia da Constituição**.

3. O ARGUMENTO DA "LEI DA FICHA LIMPA"

É sabido, ainda, que a **Constituição brasileira**, no mesmo Título II, quando trata no Capítulo IV, "**DOS DIREITOS POLÍTICOS**", também exigiu o "**trânsito em julgado**" para perda ou suspensão desses direitos, nos precisos termos do **art. 15, incisos I e III**:

> "**Art. 15. É vedada a cassação de direitos políticos, cuja perda ou suspensão só se dará nos caos de:**
>
> **I** - cancelamento da naturalização por **sentença transitada em julgado;**
>
> **III - condenação criminal transitada em julgado**, enquanto durarem seus efeitos;

Por conta disso, costuma-se invocar a declaração de constitucionalidade pelo STF (por maioria, ressalte-se) de dispositivos da Lei Complementar 135/2010, conhecida como "Lei da Ficha Limpa", que passou a considerar inelegíveis não somente os que forem condenados por decisão transitada em julgado, mas também por decisão proferida por órgão judicial colegiado.

Mesmo com todo respeito que merecem as decisões da Suprema Corte, todavia ainda não estando convencido da constitucionalidade da LC 135/2010, sobretudo pelos fundamentos do voto divergente do decano do STF, Ministro Celso de Mello, é forçoso reconhecer a existência de uma diferença abissal entre não considerar de vida pregressa irreprovável para efeitos de ter seu nome sufragado pelos cidadãos, ou seja, possuir capacidade eleitoral passiva, aquele condenado por decisão colegiada ainda não transitada em julgado, e mandar para o cumprimento *"provisório"* de pena nas masmorras das prisões brasileiras quem ainda não pode ser considerado culpado pela Carta Magna.

4. O CPP FASCISTA DE 1941 X CONSTITUIÇÃO DEMOCRÁTICA DE 1988.

É preciso ter presente que o Código de Processo Penal ainda em vigor no Brasil foi instituído por um Decreto-Lei (Decreto-Lei N. 3.689, de 03/10/1941) do então Presidente Getúlio Vargas, em pleno "Estado Novo", sob a égide da "Constituição outorgada de 1937", declaradamente inspirado na reforma do processo penal da Itália de Mussolini e do seu Ministro Alfredo Rocco!

Basta lembrar alguns "princípios" expressos na sua "Exposição de Motivos", redigida pelo Ministro Francisco Campos: "Não se pode continuar a contemporizar com pseudodireitos individuais em prejuízo do bem comum. Devemos reduzir ao mínimo as nulidades, 'um meandro técnico por onde se escoa a substância do processo e se perdem tempo e a gravidade da justiça'".

Nesse contexto, mesmo a restrição à aplicação do in dubio pro reu e a permissão do julgamento ultra petitum ("É restringida a aplicação do in dubio pro reu. (...) Não é consagrada a irrestrita proibição do julgamento ultra petitum.") não destoavam da essência daquela famigerada constituição autoritária.

Por essa razão histórica, não é de se estranhar que, apesar de transcorridos mais de 40 anos e que muitas das suas disposições autoritárias tenham sido revogadas, ainda se encontrem no vigente Código de Processo normas que representam resquícios da sua inspiração inquisitorial.

Desse modo, quando da promulgação da Constituição Democrática de 1988, natural que houvesse um grande choque cultural, ideológico e normativo pelo seu rompimento com o modelo autoritário do vetusto CPP.

Assim encontrava-se, por exemplo, o art. 594 que exigia a prisão para apelar, a não ser que o réu fosse primário e de bons antecedentes (Lei 5.941/73), mas que logo passou a ter sua validade questionada, tanto pela doutrina, como na jurisprudência, pela incompatibilidade com os princípios democráticos da Constituição, dentre eles, a presunção de inocência, embora somente tenha sido revogado, expressamente, pela Lei 11.719/2008.

Em sentido semelhante, existia o art. 393, revogado pela Lei 12.403/2011, e o art. 637, permitindo a execução da pena antes do trânsito em julgado ("O recurso extraordinário não tem efeito suspensivo, e uma vez arrazoados pelo recorrido os autos do traslado, os originais baixarão à primeira instância, para a execução da sentença."), ainda não revogado expressamente, mas, evidentemente, não recepcionado pela Constituição, por entrar em frontal colisão com o Postulado do Estado de Inocência até o trânsito em julgado da sentença penal condenatória.

Ressalte-se, que, contraditoriamente, revelando dar maior valor ao patrimônio do que mesmo à liberdade, este mesmo CPP de 1941 exige o trânsito em julgado da sentença penal condenatória para que se possa promover sua execução no juízo cível, para efeito de reparação do dano que nasce do delito, nos termos do seu art. 63. Se não, confira-se:

> "Art. 63. **Transitada em julgado a sentença condenatória**, poderão promover-lhe a **execução, no juízo cível, para o efeito da reparação do dano**, o ofendido, seu representante legal ou seus herdeiros."

Relevante observar, ainda, que, pouco antes da promulgação da atual Constituição, a reforma da parte geral do Código Penal (Lei 7.209/84) e a nova Lei de Execução Penal (Lei 7.210/84) estabeleceram o "**trânsito em julgado da sentença condenatória**", para execução de qualquer sanção penal, **seja uma simples pena de multa ou restritiva de direitos**:

> **Art. 50/CP: "A multa deve ser paga dentro de 10 (dez) dias depois de transitada em julgado a sentença.** A requerimento do condenado e conforme as circunstâncias, o juiz pode permitir que o pagamento se realize em parcelas mensais."
>
> **Art. 51/CP**: "**Transitada em julgado a sentença condenatória**, a multa será considerada dívida de valor, aplicando-se-lhes as normas da legislação relativa à dívida ativa da Fazenda Pública, inclusive no que concerne às causas interruptivas e suspensivas da prescrição."
>
> **Art. 105/LEP**: "**Transitando em julgado a sentença** que aplicar pena privativa de liberdade, se o réu estiver ou vier a ser preso, o Juiz ordenará a expedição de guia de recolhimento para a execução."
>
> **Art. 147/LEP**: "**Transitada em julgado a sentença** que aplicou a pena restritiva de direitos, o Juiz da execução, de ofício ou a requerimento do Ministério Público, promoverá a execução, podendo, para tanto, requisitar, quando necessário, a colaboração de entidades públicas ou solicitá-la a particulares."

> **Art. 160/LEP**: "**Transitada em julgado a sentença condenatória**, o Juiz a lerá ao condenado, em audiência, advertindo-o das consequências de nova infração penal e do descumprimento das condições impostas."
>
> **Art. 164/LEP**: "**Extraída certidão da sentença condenatória com trânsito em julgado**, que valerá como título executivo judicial, o Ministério Público requererá, em autos apartados, a citação do condenado para, no prazo de 10 (dez) dias, pagar o valor da multa ou nomear bens à penhora."

De igual forma, até mesmo o vigente Código de Processo Penal Militar, instituído pelo Decreto-Lei 1.002 de 1969, não discrepa quanto à exigência do trânsito em julgado da sentença para a sua execução, independentemente de tratar-se de pena privativa de liberdade, ou de reforma, suspensão do exercício de função ou exclusão das forças armadas:

> **Art. 592/CPPM**: "**Somente depois de passada em julgado**, será exeqüível a sentença."
>
> **Art. 594. Transitando em julgado a sentença** que impuser pena privativa da liberdade, se o réu já estiver preso ou vier a ser preso, o auditor ordenará a expedição da carta de guia, para o cumprimento da pena.
>
> **Art. 604.** O auditor dará à autoridade administrativa competente conhecimento da **sentença transitada em julgado**, que impuser a pena de reforma ou suspensão do exercício do posto, graduação, cargo ou função, ou de que resultar a perda de posto, patente ou função, ou a exclusão das forças armadas.

Portanto, não fosse o princípio da primazia da Constituição, o próprio sistema processual penal exige o trânsito em julgado para a execução da pena, independente do recurso ter efeito suspensivo ou não, de modo que, enquanto a decisão condenatória for passível de modificação, não constituirá título exequível.

5. REPERCUSSÃO DO NOVO CPC

Não se pode negar que a Lei 8038/90, que instituiu normas procedimentais para os processos e recursos perante o Superior Tribunal de Justiça e o Supremo Tribunal Federal, o fez tendo por base o processo civil e não o penal, declarando, no § 2º, do seu art. 27, que os recursos extraordinário e especial seriam recebidos no efeito devolutivo.

Tanto assim que os **arts. 13 a 18, 26 a 29 e 38 da Lei 8.038/90,** incluso, portanto, o citado art. 27, **foram revogados pelo novo Código de Processo Civil (Lei 13.105/2015)**, que deu outra disciplina à matéria recursal, estabelecendo como regra geral os recursos não terem efeito suspensivo, **mas prevendo a possibilidade de suspensão da eficácia da decisão recorrida por decisão do relator,** ***"se da imediata produção de seus efeitos houver risco de dano grave, de difícil ou impossível reparação, e ficar demonstrada a probabilidade de provimento do recurso"*** **(parágrafo único, do art. 995, da lei 13.105/2015)** e **o art. 1029, § 5º**, disciplinou o pedido de concessão de efeito suspensivo ao recurso extraordinário ou especial.

Atualmente, até mesmo pela sistemática do processo civil, a execução penal poderá ser suspensa, sendo que, na seara criminal, sempre estaria presente, por óbvio, *"o risco de dano grave, de difícil ou impossível reparação"*, restando ao Relator do recurso proceder a uma análise perfunctória da viabilidade de provimento do recurso interposto, não fosse a presunção constitucional da inocência um obstáculo intransponível à execução provisória da pena.

Por oportuno, registre-se que a Súmula 267 do STJ, cujo enunciado[9] foi elaborado com base no revogado art. 27 da Lei 8.038/90, sempre colidiu frontalmente com o preceito constitucional da presunção de inocência até o trânsito em julgado de sentença penal condenatória (art. 5º, LVII, CF/88).

6. A ABSORÇÃO DA PRESUNÇÃO DE INOCÊNCIA NOS ÚLTIMOS 30 ANOS DA CONSTITUIÇÃO: POSIÇÃO DO STF

Limitar-se-á este trabalho à análise do postulado da presunção de inocência a sua indissociável correlação com a execução da pena antes do trânsito em julgado, mesmo não se desconhecendo outros relevantes efeitos da sua aplicação, como, v.g., a atribuição do ônus da prova, quando somente dever haver condenação, **se provada a culpa do acusado para além de qualquer dúvida razoável.**

9 A interposição de recurso, sem efeito suspensivo, não obsta a expedição de mandado de prisão.

É fato histórico que a mudança cultural não ocorre logo após a promulgação de uma Constituição, sobretudo Cidadã e Democrática como a brasileira de 1988, como efeito automático do começo da sua vigência, fazendo-se necessário um tempo para a transição do autoritarismo para a democracia.

Assim foi que alguns intérpretes da Constituição quiseram mitigar o princípio da presunção de inocência, adotado pela primeira vez em texto constitucional pátrio, aduzindo que, pela forma como foi redigido, tratava-se, na verdade, de princípio da "não culpabilidade" e não da inocência, como se essa divergência semântica alterasse sua aplicação.

Essa inócua discussão encontra-se totalmente ultrapassada, a partir de quando o Brasil incorporou a Convenção Americana sobre Direitos Humanos (Costa Rica, 1969) ao ordenamento jurídico pátrio, como já visto, através do Decreto Legislativo nº 27, de 26/05/1992 e o Decreto Presidencial 678, de 06/11/1992, e nela se encontra a presunção de inocência lançada nos inequívocos termos: "*Toda pessoa acusada de delito tem direito a que se* ***presuma sua inocência*** *enquanto não se comprove legalmente sua culpa.*"

Como sabido, a chamada "*execução antecipada da pena*" somente foi declarada inconstitucional pelo plenário do STF em 2009, por sete votos a quatro, ao julgar o HC 84.078 de relatoria do grande Min. Eros Grau, com a seguinte Ementa:

> HABEAS CORPUS. INCONSTITUCIONALIDADE DA CHAMADA "EXECUÇÃO ANTECIPADA DA PENA". ART. 5º, LVII, DA CONSTITUIÇÃO DO BRASIL. DIGNIDADE DA PESSOA HUMANA. ART. 1º, III, DA CONSTITUIÇÃO DO BRASIL. 1. O art. 637 do CPP estabelece que "[o] recurso extraordinário não tem efeito suspensivo, e uma vez arrazoados pelo recorrido os autos do traslado, os originais baixarão à primeira instância para a execução da sentença". A Lei de Execução Penal condicionou a execução da pena privativa de liberdade ao trânsito em julgado da sentença condenatória. A Constituição do Brasil de 1988 definiu, em seu art. 5º, inciso LVII, que "ninguém será considerado culpado até o trânsito em julgado de sentença penal condenatória". 2. Daí que os preceitos veiculados pela Lei n. 7.210/84, além de adequados à ordem constitucional vigente, sobrepõem-se, temporal e materialmente, ao disposto no art. 637 do CPP. 3. **A prisão antes do trânsito em julgado da**

condenação somente pode ser decretada a título cautelar. 4. A ampla defesa, não se a pode visualizar de modo restrito. Engloba todas as fases processuais, inclusive as recursais de natureza extraordinária. Por isso a execução da sentença após o julgamento do recurso de apelação significa, também, restrição do direito de defesa, caracterizando desequilíbrio entre a pretensão estatal de aplicar a pena e o direito, do acusado, de elidir essa pretensão. 5. Prisão temporária, restrição dos efeitos da interposição de recursos em matéria penal e punição exemplar, sem qualquer contemplação, nos "crimes hediondos" exprimem muito bem o sentimento que **EVANDRO LINS** sintetizou na seguinte assertiva: **"Na realidade, quem está desejando punir demais, no fundo, no fundo, está querendo fazer o mal, se equipara um pouco ao próprio delinqüente".** 6. A antecipação da execução penal, ademais de incompatível com o texto da Constituição, apenas poderia ser justificada em nome da conveniência dos magistrados --- não do processo penal. **A prestigiar-se o princípio constitucional, dizem, os tribunais [leia-se STJ e STF] serão inundados por recursos especiais e extraordinários e subseqüentes agravos e embargos, além do que "ninguém mais será preso". Eis o que poderia ser apontado como incitação à "jurisprudência defensiva", que, no extremo, reduz a amplitude ou mesmo amputa garantias constitucionais. A comodidade, a melhor operacionalidade de funcionamento do STF não pode ser lograda a esse preço.** 7. No RE 482.006, relator o Ministro Lewandowski, quando foi debatida a constitucionalidade de preceito de lei estadual mineira que impõe a redução de vencimentos de servidores públicos afastados de suas funções por responderem a processo penal em razão da suposta prática de crime funcional, o STF afirmou, por unanimidade, que o preceito implica flagrante violação [art. 2º da Lei n. 2.364/61, que deu nova redação à Lei n. 869/52] do disposto no inciso LVII do art. 5º da Constituição do Brasil. Isso porque --- disse o relator --- "a se admitir a redução da remuneração dos servidores em tais hipóteses, estar-se-ia validando verdadeira antecipação de pena, sem que esta tenha sido precedida do devido processo legal, e antes mesmo de qualquer condenação, nada importando que haja previsão de devolução das diferenças, em caso de absolvição". Daí porque a Corte decidiu, por unanimidade, sonoramente, no sentido do não recebimento do pre-

> ceito da lei estadual pela Constituição de 1.988, afirmando de modo unânime a impossibilidade de antecipação de qualquer efeito afeto à propriedade anteriormente ao seu trânsito em julgado. **A Corte que vigorosamente prestigia o disposto no preceito constitucional em nome da garantia da propriedade não a deve negar quando se trate da garantia da liberdade, mesmo porque a propriedade tem mais a ver com as elites; a ameaça às liberdades alcança de modo efetivo as classes subalternas.** 8. Nas democracias mesmo os criminosos são sujeitos de direitos. Não perdem essa qualidade, para se transformarem em objetos processuais. São pessoas, inseridas entre aquelas beneficiadas pela afirmação constitucional da sua dignidade (art. 1º, III, da Constituição do Brasil). É inadmissível a sua exclusão social, sem que sejam consideradas, em quaisquer circunstâncias, as singularidades de cada infração penal, o que somente se pode apurar plenamente quando transitada em julgado a condenação de cada qual. Ordem concedida.
>
> (STF - HC: 84078 MG, Relator: Min. EROS GRAU, Data de Julgamento: 05/02/2009, Tribunal Pleno, Data de Publicação: DJe-035 DIVULG 25-02-2010 PUBLIC 26-02-2010 EMENT VOL-02391-05 PP-01048)

Sete anos depois, ao negar o Habeas Corpus (HC) 126.292 na sessão do dia 16/02/16, o Supremo Tribunal Federal (STF), também por maioria de votos (7x4), considerou que a possibilidade do início da execução da pena após a confirmação da sentença em segundo grau não ofende o princípio constitucional da presunção de inocência.

A decisão foi proferida em sede de HC, impetrado contra decisão do Superior Tribunal de Justiça (STJ) que indeferiu pedido de liminar em HC. O caso envolveu um simples ajudante-geral condenado à pena de 5 anos e 4 meses de reclusão pelo crime de roubo qualificado. Portanto, em nada se aproxima do tão propalado "*crime de colarinho branco*" ou contra a administração pública. A defesa se insurgiu contra a expedição de mandado de prisão pelo Tribunal de Justiça de São Paulo (TJ-SP) antes do trânsito em julgado da decisão condenatória, fundando sua impugnação na afronta à jurisprudência do Supremo Tribunal Federal, que condicionava a execução da pena ao trânsito em julgado, ressalvada a possibilidade de prisão preventiva, e também no princípio da presunção de inocência (art. 5º, LVII, CF). O acórdão teve a seguinte Ementa:

> CONSTITUCIONAL. HABEAS CORPUS. PRINCÍPIO CONSTITUCIONAL DA PRESUNÇÃO DE INOCÊNCIA (CF, ART. 5º, LVII). SENTENÇA PENAL CONDENATÓRIA CONFIRMADA POR TRIBUNAL DE SEGUNDO GRAU DE JURISDIÇÃO. EXECUÇÃO PROVISÓRIA. **POSSIBILIDADE**. 1. A execução provisória de acórdão penal condenatório proferido em grau de apelação, ainda que sujeito a recurso especial ou extraordinário, não compromete o princípio constitucional da presunção de inocência afirmado pelo artigo 5º, inciso LVII da Constituição Federal. 2. Habeas corpus denegado. (HC 126292, Relator(a): Min. TEORI ZAVASCKI, Tribunal Pleno, julgado em 17/02/2016, PROCESSO ELETRÔNICO DJe-100 DIVULG 16-05-2016 PUBLIC 17-05-2016).

Embora o Supremo tenha afirmado a mera possibilidade, os Tribunais passaram obrigatoriamente a executar a pena, logo após a decisão de 2ª instância, sem qualquer análise acerca da *necessidade* de antecipação do cárcere.

Em 11/11/2016, **no mesmo caso**, analisando o ARE 964.246, que teve repercussão geral reconhecida, o Plenário Virtual do Supremo Tribunal Federal (STF), por maioria, reafirmou jurisprudência no sentido de que é possível a execução provisória do acórdão penal condenatório proferido em grau recursal, mesmo que estejam pendentes recursos aos tribunais superiores.

Na oportunidade, sustentou-se que:

> "É nesse juízo de apelação que, de ordinário, fica definitivamente exaurido o exame sobre os fatos e provas da causa, com a fixação, se for o caso, da responsabilidade penal do acusado. É ali que se concretiza, em seu sentido genuíno, o duplo grau de jurisdição, destinado ao reexame de decisão judicial em sua inteireza, mediante ampla devolutividade da matéria deduzida na ação penal, tenha ela sido apreciada ou não pelo juízo de origem. Ao réu fica assegurado o direito de acesso, em liberdade, a esse juízo de segundo grau, respeitadas as prisões cautelares porventura decretadas".

7. O ART. 283 E AS AÇÕES DIRETAS DE CONSTITUCIONALIDADE (ADCS 43 E 44)

A Lei 12.403, de 04 de maio de 2011, que alterou dispositivos do CPP, relativos à prisão processual, fiança, liberdade provisória e demais medidas cautelares, deu nova redação ao art. 283, reproduzindo os textos dos incisos LVII e LXI, do art.5º da CF, a seguir transcritos:

> LVII - ninguém será considerado culpado até o trânsito em julgado de sentença penal condenatória;
>
> LXI – ninguém será preso senão em flagrante delito ou por ordem escrita e fundamentada de autoridade judiciária competente, salvo nos casos de transgressão militar ou crime propriamente militar, definidos em lei;
>
> Art. 283. Ninguém poderá ser preso senão em flagrante delito ou por ordem escrita e fundamentada da autoridade judiciária competente, em decorrência de sentença condenatória transitada em julgado ou, no curso da investigação ou do processo, em virtude de prisão temporária ou prisão preventiva.

Como visto no início deste artigo, a presunção de inocência nasceu relacionada à prisão, sendo que a nova redação do citado art. 283 fez apenas a junção de dois dispositivos constitucionais presentes como incisos do mesmo art. 5º da Constituição!

Mesmo assim, diante da dificuldade da Suprema Corte em absorver o princípio da presunção de inocência na amplitude dos termos da Constituição, o art. 283 foi objeto de duas Ações Diretas de Constitucionalidade (ADCs 43 e 44), ainda não julgadas definitivamente pelo Supremo. Não obstante, já houve decisão indeferindo cautelar, em 05/10/2016, utilizando-se de interpretação conforme a última posição do STF, no sentido de possibilitar a execução provisória da pena, antes do trânsito em julgado, a fim de declarar que o artigo 283 do Código de Processo Penal não impede o início da execução da pena após condenação em segunda instância. Assim concluiu a ementa:

> "Declaração de constitucionalidade do art. 283 do Código de Processo Penal, com interpretação conforme a Constituição, assentando que é coerente com a Constituição o principiar de execução criminal quando houver condenação assentada em

segundo grau de jurisdição, salvo atribuição expressa de efeito suspensivo ao recurso cabível".

É imprescindível distinguir as prisões processuais (temporária e preventiva) da prisão como pena, sanção, uma vez que devem ser absolutamente diferentes nas suas funções e fundamentos!

Isto posto, é pacífico que a presunção de inocência não impede a decretação da prisão antes do trânsito em julgado, **como medida cautelar**, desde que submetida à comprovação do *periculum libertatis* e do *fumus comissis delicti*!

Totalmente diversa é a prisão como execução antecipada da pena, decorrente de decisão condenatória de 2ª instância, ainda sujeita a recurso e, portanto, não transitada em julgado, baseada em um juízo de culpa, quando se cria a figura esdrúxula do "*culpado provisório*", com todas as suas nefastas consequências.

Ressalve-se, doutro lado, que a utilização da prisão preventiva por "*garantia da ordem pública*", relacionando-a à exemplaridade, credibilidade do sistema penal, defesa social e outras funções próprias da pena como sanção, viola flagrantemente a presunção de inocência!

Ademais disso, convém ter presente que todos os já citados artigos da Lei de Execução Penal que condicionam o cumprimento de qualquer sanção penal ao trânsito em julgado de sentença condenatória jamais foram considerados inconstitucionais.

8. DUPLO GRAU DE JURISDIÇÃO, CELERIDADE PROCESSUAL E SENSAÇÃO DE IMPUNIDADE

É inegável, diante da clareza do seu texto, que a Constituição estabeleceu, sem submeter a nenhum nível de degradação, o alcance da presunção de inocência até o trânsito em julgado da decisão condenatória. Sendo evidente que, se a decisão é passível de recurso, mesmo que seja extraordinário e/ou especial, nos quais não se admite o reexame da prova, ainda não houve o trânsito em julgado.

Com efeito, as estatísticas utilizadas como argumento de que só um percentual reduzido de recursos especial e extraordinário são conhecidos e providos, com a devida vênia, servem apenas para repensar as barreiras jurídicas criadas para não conhecimento destes recursos, tanto que a Defesa tem se valido muitas vezes do *Habeas Corpus*, cujo percentual de provimento já é bastante superior, não podendo ser, sob fundamento algum, desprezado.

Além disso, há de se considerar *"o congestionadíssimo e disfuncional sistema judiciário brasileiro, no qual tramitam atualmente cerca de 100 milhões de processos a cargo de pouco mais de 16 mil juízes, obrigados, inclusive, a cumprir metas de produtividade fixadas pelo Conselho Nacional de Justiça - CNJ"*, como bem ressaltou o Min. Lewandowski, no seu voto no HC 152. 752/PR.

Portanto, parte-se do pressuposto, muitas vezes falso, de que as causas são amplamente debatidas em 2ª instância, com reexame aprofundado da prova e aplicação do direito, para se defender a execução provisória da pena logo após a condenação em segundo grau.

Vale lembrar que o STF também julgou procedente a Ação Direta de Inconstitucionalidade (ADIN nº 1.127-8) que, dentre outros, impugnava o inciso IX, do art.7º, do Estatuto da OAB (Lei 8.906/94), que conferia ao advogado o direito de sustentar oralmente as razões de qualquer recurso ou processo, nas sessões de julgamento, **após o voto do relator**[10], entendendo que se tratava de matéria da competência privativa dos tribunais (art. 96, I, a, CF/88), malgrado tenham sido vencidos os Min. Marco Aurélio e Sepúlveda Pertence.

Não há de se negar que a intervenção do advogado, **após o voto do relator**, possibilitaria maior debate da causa, contribuindo para evitar erros de fato e de direito, até porque as decisões seriam efetivamente fundamentadas, cumprindo preceito da própria constituição (art. 93, IX, CF), o que acabaria por impactar na redução dos recursos para os tribunais superiores.

Como se não bastasse, dentre as 10 medidas denominadas de Combate à Corrupção propostas pelo Ministério Público Federal, mas que se aplicam a todos os crimes, está a de extinguir a figura do Desembargador Revisor nas Apelações Criminais e abolir os Embargos Infringentes e de Nulidade.

Como cediço, esses embargos são oponíveis quando houver divergência entre os Desembargadores: se o objeto da divergência for sobre o mérito, embargos infringentes, se recair sobre matéria processual, em-

10 (...) "sustentar oralmente as razões de qualquer recurso ou processo, nas sessões de julgamento, após o voto do relator, em instância judicial ou administrativa, pelo prazo de quinze minutos, salvo se prazo maior for concedido."

bargos de nulidade. Opostos os embargos, o julgamento passa para as Câmaras Criminais reunidas, com sorteio de novo relator, ensejando um maior debate sobre a divergência surgida entre os julgadores.

No mesmo sentido, a existência do Desembargador Revisor na apelação implica que outro Julgador, que não somente o Relator, irá também reexaminar, sobretudo, a matéria fática, tendo reais condições de divergir, não apenas do voto como, inclusive, do Relatório elaborado pelo Desembargador Relator.

Sem o Revisor, o julgamento da apelação ficará, ainda mais do que hoje, nas mãos do Relator, isto porque, para o necessário debate, outro julgador somente terá reais condições de divergir do voto do relator se pedir vista dos autos, o que, em regra, não ocorre.

Sem Revisor, sem divergências, sem embargos infringentes e de nulidade, os julgamentos em 2ª instância serão, na prática, monocráticos, com rodízio de julgador, o que já ocorre em muitos casos atualmente.

Ora, para que discutir, debater, se isso pode atrasar o julgamento, quando o que importa agora é se chegar logo a decisão de segundo grau e, se for condenatória, colocar de imediato o "*culpado provisório*" na cadeia, para, somente assim, ele não usar de recursos protelatórios!

Como assim? Só porque já está preso não irá recorrer mesmo que as chances de êxito do seu recurso sejam mínimas? Conformar-se-á com a prisão?

Ora, a execução provisória da pena, logo após a condenação em 2ª instância, não impede a interposição dos recursos previstos em lei. A defesa tem por dever valer-se de todos os meios legais permitidos em prol do acusado, utilizando-se de todos os recursos possíveis.

Lamentavelmente, já há, no próprio STF, quem defenda a execução da pena a partir da decisão de primeira instância no caso do Júri, sob alegação de que suas decisões são soberanas.

Mesmo considerando a natural repercussão dos crimes dolosos contra a vida, que são da competência do Júri, nada justifica a execução antecipada da pena, logo após a decisão de primeira instância dos jurados, pois a invocada soberania dos seus veredictos não impede recurso de apelação, não somente visando a sua anulação, como também a realização de outro Júri, se a decisão for manifestamente contrária à prova dos autos.

A soberania do Júri, ao revés, deveria impedir que a acusação recorresse sob o fundamento da decisão ter sido manifestamente contraria à prova dos autos, pois o Tribunal, ao assim declarar, teria que mandar o réu a outro Júri, sendo que, neste novo julgamento, se houvesse condenação (*como costuma ocorrer até mesmo pela influência dessa decisão)*, resultariam dois Júris igualmente soberanos e conflitantes, não se sabendo dizer até hoje, porque o segundo Júri deve prevalecer sobre o primeiro.

Convém ter presente, ainda, que, não obstante a coisa julgada e a soberania dos veredictos, a Revisão Criminal, *admitida no Brasil, bem assim na maioria dos países, somente "pro reu", como corolário imediato da "plenitude de defesa", assegurada em nossa Constituição inclusive antes mesmo da soberania dos veredictos (alínea "a", do Inciso XXXVIII, do art. 5º da CF/88)*, permite não apenas a rescisão, como também a reforma da decisão condenatória do Júri, evidenciando, a não mais poder, que a soberania dos veredictos foi consagrada em homenagem ao direito de Liberdade e não ao contrário!

Ressalte-se que, com relação ao número alarmante de homicídios cometidos no Brasil (mais de 60 mil por ano), pesquisa do CNMP[11], de 2012, mostra que 78% dos inquéritos monitorados pela Meta 2 da Estratégia Nacional de Justiça e Segurança Pública foram arquivados por impossibilidade de se chegar aos autores, principalmente em função do longo tempo decorrido entre o fato criminoso e o trabalho de revisão dos inquéritos. Há, no País, Estados em que somente 4% dos homicídios são **denunciados,** de modo que o índice de condenações efetivas é ainda menor[12].

Como se vê, a questão da impunidade não está em se observar a presunção de inocência!

Efetivamente, a Justiça no Brasil deve ser mais célere, como, inclusive, promete a Constituição ao prever a "*duração razoável do processo*", e a demora excessiva nos julgamentos acaba por criar uma "*sensação de impunidade*"; todavia, outras medidas podem e devem ser adotadas que não violem a Carta Magna.

Assim, se o objetivo da execução antecipada for evitar a extinção da punibilidade pelo decurso do tempo, poder-se-á criar por lei nova causa interruptiva da prescrição, como a interposição dos recursos especial e/

---

11 Conselho Nacional do Ministério Público (CNMP). Estratégia Nacional de Segurança Pública, Meta 2: A impunidade como alvo- Diagnóstico da investigação de homicídios do Brasil. Brasília, 2012. p. 47. Disponível em: <<https://goo.gl/47oMv1>>.

12 Fórum Brasileiro de Segurança Pública. 11º Anuário Brasileiro de Segurança Pública", 2017. Disponível em: <<https://goo.gl/NPwJdt>>.

ou extraordinário, a título de exemplo, afastando o argumento do descrédito do sistema penal pela impunidade.

Falar-se em impunidade em um País com a terceira população carcerária do mundo, com mais de 700 mil presos, soa no mínimo desproporcional. No Brasil de hoje, pune-se muito e pune-se mal!

Colimando impor um freio ao crescente encarceramento cautelar, a Lei 12.403/2011, que deu nova redação ao já citado art. 283, do CPP, estabeleceu várias medidas cautelares diversas da prisão, mas, lamentavelmente, ainda hoje o Brasil mantém o vergonhoso percentual de mais de 40% dos presos provisórios, sem julgamento.

O problema do aumento da criminalidade é por demais complexo!

Vários países onde os presídios estão ficando ociosos vivenciam uma significativa redução dos índices de criminalidade.

Portugal, por exemplo, que traz na sua Constituição a presunção de inocência **até o trânsito em julgado da sentença de condenação**, é hoje um dos lugares mais seguros do mundo.

É certo que o CPP português restringe, em matéria penal, alguns recursos de decisão de 2º grau, como se vê em seu art. 400, quando se tratar de acórdãos em processo por crime a que seja aplicável pena de multa ou pena de prisão não superior a cinco anos[13].

Critério semelhante poderia ser admitido no Brasil, restrito aos processos por crime cuja pena de prisão não exceda a 04 anos (passível de substituição por penas alternativas), para não ser admitido recurso extraordinário para a Suprema Corte.

Destarte, admite-se mudança na legislação infraconstitucional no sentido de aumentar o debate em segunda instância, facilitar o acesso à Suprema Corte em casos de crimes graves e limitar, ou mesmo impedir, em infrações penais de menor gravidade. O que não se pode tolerar, com a devida vênia, é a violação a uma garantia fundamental como a presunção de inocência, sob a alegação de se combater à corrupção endêmica enfronhada nos meios governamentais, aproveitando-se da justa indignação da nação brasileira.

---

13 CPP de Portugal, art. 400, n. 1, Letra "e": Decisões que não admitem recurso: 1 – Não é admissível recurso: [...] e) De acórdãos proferidos, em recurso, pelas relações que apliquem pena não privativa de liberdade ou pena de prisão não superior a 5 anos.

9. CONCLUSÃO: ESTATÍSTICAS DE APRISIONAMENTO, SELETIVIDADE PENAL E SEPARAÇÃO DOS PODERES

A Constituição da República diz que "**NINGUÉM** será considerado culpado, até o trânsito em julgado de sentença penal condenatória" (Art. 5º, LVII, CF/88).

Portanto, seja amigo ou inimigo, adversário ou correligionário político, rico ou pobre, empresário ou operário, todos indistintamente devem ser presumidos inocentes até o trânsito em julgado da decisão condenatória!

Não passa de um sofisma se afirmar que a execução antecipada da pena logo após o esgotamento dos recursos em 2ª instância iria atingir muito mais aqueles processados por crimes de corrupção, os políticos e empresários, alçados ao posto de *inimigos.*

Apesar dos inegáveis avanços na democratização do Direito Penal, de modo que ninguém hoje está imune ou acima da lei penal, a seletividade do sistema criminal ainda persiste.

Como se verifica dos últimos dados do INFOPEN, **do total de prisões (726.000), somente 1.595 (mil quinhentos e noventa e cinco), ou seja, 0.21% decorreram de crimes contra a administração pública (peculato, concussão ou corrupção passiva) ou crimes de particulares contra a administração pública** (corrupção ativa, contrabando e descaminho).

Com efeito, o que se tem por previsível é que a população carcerária continuará sendo alimentada por acusados de crimes estabelecidos na Lei 11.343/2006 (hoje, 28% do total de presos), roubo e furto (37% do total)[14].

Segundo dados coletados pelo Núcleo Especializado de Situação Carcerária da Defensoria Pública do Estado de São Paulo (NESP-DPSP) e amplamente difundidos pela mídia[15], desde 2016 até abril de 2018, somente no Estado de São Paulo, mais de treze mil pessoas foram levadas à penitenciária por força da mudança da jurisprudência do STF, para cum-

---

14 Dados retirados do Levantamento Nacional de Informações Penitenciárias: INFOPEN. Atualização – junho/2016. Brasília: Ministério da Justiça e Segurança Pública. Departamento Penitenciário Nacional, 2017.

15 https://www1.folha.uol.com.br/cotidiano/2018/06/apos-decisao-de-segunda-instancia-justica-manda-prender-14-mil-pessoas.shtml.

primirem antecipadamente suas penas, mesmo sem o trânsito em julgado das suas condenações.

Com sua consciência de grande jurista, profeticamente já advertira o Ministro Eros Grau que "**a ameaça às liberdades alcança de modo efetivo as classes subalternas**".

Essa "*relevantíssima conquista histórica da cidadania em face do Estado*", como se referiu à presunção constitucional de inocência, no seu brilhante voto no HC 152.752/PR, o Min. Celso de Mello, "*transcende a figura pessoal da parte interessada*".

Não há dúvida que o legislador constituinte originário erigiu o postulado da presunção de inocência à garantia fundamental a ser respeitada até o trânsito em julgado da decisão condenatória, de modo que sua violação fere a separação dos Poderes da República e gera uma grave crise de insegurança jurídica, quando a Corte Suprema, a quem o mesmo legislador constituinte incumbiu a defesa da Constituição, vulnera uma das suas cláusulas pétreas!

Por tudo exposto, e para por fim a essa sinfonia inacabada, independente de pressões midiáticas ou interesses político-partidários, é imperioso que o Supremo Tribunal Federal volte a examinar essa tormentosa questão, essencial a um Estado Democrático de Direito, julgando definitivamente as Ações Diretas de Constitucionalidade 43 e 44.

NOTA DE ATUALIZAÇÃO

As citadas Ações Diretas de Constitucionalidade 43, 44 e também a 54, **na linha do quanto exposto no artigo acima,** foram julgadas procedentes pelo STF, **por seis votos a cinco**, (vencidos os Ministros Edson Fachin, Alexandre de Moraes, Roberto Barroso, Luiz Fux e Carmen Lúcia) em Acórdão publicado em 07/11/2019, quando foi declarada a constitucionalidade do artigo 283 do Código de Processo Penal, na redação dada pela Lei nº 12.403, de 4 de maio de 2011, nos termos do voto do relator Min. Marco Aurélio, com a seguinte Ementa:

> PENA – EXECUÇÃO PROVISÓRIA – IMPOSSIBILIDADE – PRINCÍPIO DA NÃO CULPABILIDADE. Surge constitucional o artigo 283 do Código de Processo Penal, a condicionar o início do cumprimento da pena ao trânsito em julgado da sentença penal condenatória, considerado o alcance da garantia versa-

da no artigo 5º, inciso LVII, da Constituição Federal, no que direciona a apurar para, selada a culpa em virtude de título precluso na via da recorribilidade, prender, em execução da sanção, a qual não admite forma provisória.

APÊNDICE 1: LEGISLAÇÃO CITADA.

Constituição da República Federativa do Brasil de 1988:

Art. 5º Todos são iguais perante a lei, sem distinção de qualquer natureza, garantindo-se aos brasileiros e aos estrangeiros residentes no País a inviolabilidade do direito à vida, à liberdade, à igualdade, à segurança e à propriedade, nos termos seguintes: [...]

LVII - ninguém será considerado culpado até o trânsito em julgado de sentença penal condenatória;

[...]

LXI - ninguém será preso senão em flagrante delito ou por ordem escrita e fundamentada de autoridade judiciária competente, salvo nos casos de transgressão militar ou crime propriamente militar, definidos em lei; [...]

§ 2º Os direitos e garantias expressos nesta Constituição não excluem outros decorrentes do regime e dos princípios por ela adotados, ou dos tratados internacionais em que a República Federativa do Brasil seja parte.

§ 3º Os tratados e convenções internacionais sobre direitos humanos que forem aprovados, em cada Casa do Congresso Nacional, em dois turnos, por três quintos dos votos dos respectivos membros, serão equivalentes às emendas constitucionais. (Incluído pela Emenda Constitucional nº 45, de 2004).

Art. 15. É vedada a cassação de direitos políticos, cuja perda ou suspensão só se dará nos casos de:

I - cancelamento da naturalização por sentença transitada em julgado; [...]

III - **condenação criminal transitada em julgado,** enquanto durarem seus efeitos;

Art. 60. A Constituição poderá ser emendada mediante proposta: [...]

§ 4º Não será objeto de deliberação a proposta de emenda tendente a abolir: [...]

IV - os direitos e garantias individuais.

Art. 93. Lei complementar, de iniciativa do Supremo Tribunal Federal, disporá sobre o Estatuto da Magistratura, observados os seguintes princípios: [...]

IX - todos os julgamentos dos órgãos do Poder Judiciário serão públicos, e fundamentadas todas as decisões, sob pena de nulidade, podendo a lei limitar a presença, em determinados atos, às próprias partes e a seus advogados, ou somente a estes, em casos nos quais a preservação do direito à intimidade do interessado no sigilo não prejudique o interesse público à informação; (Redação dada pela Emenda Constitucional nº 45, de 2004)

Art. 96. Compete privativamente:

I - aos tribunais:

a) eleger seus órgãos diretivos e elaborar seus regimentos internos, com observância das normas de processo e das garantias processuais das partes, dispondo sobre a competência e o funcionamento dos respectivos órgãos jurisdicionais e administrativos;

Código de Processo Penal (Decreto-Lei 3.689/41):

Art. 63. **Transitada em julgado a sentença condenatória**, poderão promover-lhe a execução, no juízo cível, para o efeito da reparação do dano, o ofendido, seu representante legal ou seus herdeiros.

Art. 283. Ninguém poderá ser preso senão em flagrante delito ou por ordem escrita e fundamentada da autoridade judiciária competente, em decorrência de sentença condenatória transitada em julgado ou, no curso da investigação ou do processo, em virtude de prisão temporária ou prisão preventiva. (Redação dada pela Lei nº 12.403, de 2011).

Art. 393. São efeitos da sentença condenatória recorrível: (Revogado pela Lei nº 12.403, de 2011).

I - ser o réu preso ou conservado na prisão, assim nas infrações inafiançáveis, como nas afiançáveis enquanto não prestar fiança;

II - ser o nome do réu lançado no rol dos culpados.

Art. 594. O réu não poderá apelar sem recolher-se à prisão, ou prestar fiança, salvo se for primário e de bons antecedentes, assim reconhecido na sentença condenatória, ou condenado por crime de que se livre solto. (Redação dada pela Lei nº 5.941, de 22.11.1973) (Revogado pela Lei nº 11.719, de 2008).

Art. 637. O recurso extraordinário não tem efeito suspensivo, e uma vez arrazoados pelo recorrido os autos do traslado, os originais baixarão à primeira instância, para a execução da sentença.

Código Penal (Decreto-Lei 2.848/40):

Art. 50 - A multa deve ser paga dentro de 10 (dez) dias **depois de transitada em julgado a sentença**. A requerimento do condenado e conforme as circunstâncias, o juiz pode permitir que o pagamento se realize em parcelas mensais.

Art. 51 - **Transitada em julgado a sentença condenatória**, a multa será considerada dívida de valor, aplicando-se-lhes as normas da legislação relativa à dívida ativa da Fazenda Pública, inclusive no que concerne às causas interruptivas e suspensivas da prescrição. (Redação dada pela Lei nº 9.268, de 1º.4.1996)

Lei de Execução Penal (Lei 7.210/84):

Art. 105. **Transitando em julgado a sentença** que aplicar pena privativa de liberdade, se o réu estiver ou vier a ser preso, o Juiz ordenará a expedição de guia de recolhimento para a execução.

Art. 147. **Transitada em julgado a sentença** que aplicou a pena restritiva de direitos, o Juiz da execução, de ofício ou a requerimento do Ministério Público, promoverá a execução, podendo, para tanto, requisitar, quando necessário, a colaboração de entidades públicas ou solicitá-la a particulares.

Art. 160. **Transitada em julgado a sentença condenatória**, o Juiz a lerá ao condenado, em audiência, advertindo-o das conseqüências de nova infração penal e do descumprimento das condições impostas.

Art. 164. Extraída certidão da **sentença condenatória com trânsito em julgado**, que valerá como título executivo judicial, o Ministério Público requererá, em autos apartados, a citação do condenado para, no prazo de 10 (dez) dias, pagar o valor da multa ou nomear bens à penhora.

Código de Processo Penal Militar (Decreto-Lei 1.002/69):

Art. 592. **Somente depois de passada em julgado, será exeqüível a sentença.**

Art. 594. **Transitando em julgado a sentença** que impuser pena privativa da liberdade, se o réu já estiver preso ou vier a ser preso, o auditor ordenará a expedição da carta de guia, para o cumprimento da pena.

Art. 604. O auditor dará à autoridade administrativa competente conhecimento da **sentença transitada em julgado,** que impuser a pena de reforma ou suspensão do exercício do posto, graduação, cargo ou função, ou de que resultar a perda de posto, patente ou função, ou a exclusão das forças armadas.

Lei 8.038/90:

Art. 27 - Recebida a petição pela Secretaria do Tribunal e aí protocolada, será intimado o recorrido, abrindo-se-lhe vista pelo prazo de quinze dias para apresentar contra-razões.(Revogado pela Lei n º 13.105, de 2015)(Vigência) [...]

§ 2º - Os recursos extraordinário e especial serão recebidos no efeito devolutivo.(Revogado pela Lei n º 13.105, de 2015)(Vigência)

Código de Processo Civil (Lei 13.105/2015):

Art. 995. Os recursos não impedem a eficácia da decisão, salvo disposição legal ou decisão judicial em sentido diverso.

Parágrafo único. A eficácia da decisão recorrida poderá ser suspensa por decisão do relator, se da imediata produção de seus efeitos houver risco de dano grave, de difícil ou impossível reparação, e ficar demonstrada a probabilidade de provimento do recurso.

Art. 1.029. O recurso extraordinário e o recurso especial, nos casos previstos na Constituição Federal, serão interpostos perante o presidente ou o vice-presidente do tribunal recorrido, em petições distintas que conterão: [...]

§ 5º O pedido de concessão de efeito suspensivo a recurso extraordinário ou a recurso especial poderá ser formulado por requerimento dirigido:

I - ao tribunal superior respectivo, no período compreendido entre a publicação da decisão de admissão do recurso e sua distribuição, ficando o relator designado para seu exame prevento para julgá-lo; (Redação dada pela Lei nº 13.256, de 2016)(Vigência)

II - ao relator, se já distribuído o recurso;

III - ao presidente ou ao vice-presidente do tribunal recorrido, no período compreendido entre a interposição do recurso e a publicação da decisão de admissão do recurso, assim como no caso de o recurso ter sido sobrestado, nos termos do art. 1.037.(Redação dada pela Lei nº 13.256, de 2016)(Vigência)

Art. 1.072. Revogam-se: [..]

IV - os arts. 13 a 18, 26 a 29 e 38 da Lei no 8.038, de 28 de maio de 1990;

Lei 8.906/94 (Estatuto da Advocacia e a Ordem dos Advogados do Brasil):

Art. 7º São direitos do advogado: [...]

IX - sustentar oralmente as razões de qualquer recurso ou processo, nas sessões de julgamento, após o voto do relator, em instância judicial ou administrativa, pelo prazo de quinze minutos, salvo se prazo maior for concedido; (Vide ADIN 1.127-8)(Vide ADIN 1.105-7)

Constituição da República Portuguesa:

ARTIGO 32.º (Garantias de processo criminal)

1. O processo criminal assegura todas as garantias de defesa, incluindo o recurso.

2. **Todo o arguido se presume inocente até ao trânsito em julgado da sentença de condenação**, devendo ser julgado no mais curto prazo compatível com as garantias de defesa.

Código de Processo Penal Português:

Artigo 400.º Decisões que não admitem recurso.

1 - Não é admissível recurso: [...]

e) De acórdãos proferidos, em recurso, pelas relações que apliquem pena não privativa de liberdade ou pena de prisão não superior a 5 anos;

Constituição da República Italiana:

Art. 27: A responsabilidade penal é pessoal.

O imputado não é considerado réu **até condenação definitiva**.

As penas não podem comportar tratamentos contrários ao senso de humanidade e devem visar à reeducação do condenado.

Não é admitida a pena de morte.

Código de Processo Penal Alemão (Strafprozeßordnung - StPO/1950):

§449: Vollstreckbarkeit

Strafurteile sind nicht vollstreckbar, bevor sie rechtskräftig geworden sind.

("§449: Exequibilidade. As sentenças penais não são executáveis, enquanto não transitarem em julgado.")

APÊNDICE 2: CONVENÇÕES CITADAS.

Declaração dos Direitos do Homem e do Cidadão (Paris, 1789), art. 9º:

Tout homme ètant presume innocent, s'il é jugé indispensable de l'arreter, toute rigueur qui ne serait pas necessaire pour s'assurer de ça personne doit être sévérement reprimé par la loi. (Todo homem deve ser presumido inocente, e se for indispensável detê-lo, todo rigor que não seja necessário {para submeter a pessoa}, deve ser severamente reprimido por lei).

Declaração Universal dos Direitos do Homem (Paris, 10/12/1948), art. 11:

Toda pessoa acusada de um ato delituoso tem o direito de ser presumida inocente até que a sua culpabilidade tenha sido provada de acordo com a lei, em julgamento público, no que lhe tenham sido asseguradas todas as garantias necessárias à sua defesa.

Convenção Européia dos Direitos do Homem (Roma, 1950), art. 6º, item 2:

Qualquer pessoa acusada de uma infracção presume-se inocente enquanto a sua culpabilidade não tiver sido legalmente provada.

Pacto Internacional sobre Direitos Civis e Políticos (Nova York, 1966), art. 14, segunda parte:

Toda pessoa acusada de um delito terá direito a que se presuma sua inocência enquanto não for legalmente comprovada sua culpabilidade, conforme a lei.

Declaração Americana dos Direitos e Deveres do Homem, art. 26:

Parte-se do princípio de que todo acusado é inocente, até que se prove sua culpabilidade. Toda pessoa acusada de um delito tem direito de ser ouvida em uma forma imparcial e pública, de ser julgada por tribunais já estabelecidos de acordo com leis preexistentes, e de que se lhe não inflijam penas cruéis, infamantes ou inusitadas.

Convenção Americana sobre Direitos Humanos (Costa Rica, 1969), art. 8º, 2, primeira parte:

Toda pessoa acusada de delito tem direito a que se presuma sua inocência enquanto não se comprove legalmente sua culpa.

Carta Africana dos Direitos do Homem e dos Povos (Nairóbi, Quênia, 1981), art. 7º, n. 1, letra "b":

1. Toda a pessoa tem direito a que a sua causa seja apreciada. Esse direito compreende:

b) O direito de presunção de inocência, até que a sua culpabilidade seja estabelecida por um tribunal competente;[...].

CRIMES HEDIONDOS, A NOVA LEI[1]

1. Após longo período de exceção, finalmente, em 05/10/88, o povo brasileiro, através de seus legítimos representantes, promulgou a atual Carta Magna, que irá reger e disciplinar a nova ordem jurídica, política, econômica e social.

Consoante o contido logo no seu "Preâmbulo", a Constituição fora promulgada "para instituir um Estado Democrático, destinado a assegurar o exercício dos direitos sociais e individuais, *a liberdade*": ...

Sob a influência dos novos tempos, quando se entende que o oxigênio da Democracia é o ar puro da liberdade, os nossos constituintes preocuparam-se em tratar dos "Dos Direitos e Garantias Fundamentais" no início da Carta, no "Título II" e, mais especificamente, "Dos Direitos e Deveres Individuais e Coletivos", no "Capítulo 1", art. 5º, nos seus Setenta e Sete (77) incisos e, considerando-os intocáveis, não permite que esses direitos sejam abolidos, nem mesmo através de Emenda à Constituição, conforme expresso no § 4º, IV, do art. 60. Só para comparar, a Constituição anterior dispunha sobre os "Direitos e Garantias Individuais" lá no art. 153, com apenas 36 parágrafos.

Dos Setenta e Sete (77) incisos do art. 5º, depreende-se que o valor supremo que visam resguardar é o Homem, como ser individual e único, tutelando a liberdade, como o bem maior à realização dos ideais e anseios da pessoa humana.

Contudo, dentre aqueles incisos, encontramos o XLIII asseverando que:

> "*a lei considerará crimes inafiançáveis e insuscetíveis de graça ou anistia a prática da tortura, o tráfico ilícito de entorpecentes e drogas afins, o terrorismo e os definidos como crimes hediondos*, por eles respondendo os mandantes, os executores e os que, podendo evitá-los, se omitirem;" (grifos nossos).

2. No dia 26 de julho do ano em curso, regulamentando o art. 59, inc. XLIII, foi publicada a Lei n. 8 .072, de 25/07 /90, dispondo sobre os crimes hediondos e determinando outras providências.

---

1 Fasc. de Ciênc. Penais. Porto Alegre, v .3, n.4, p. 24-28, out./nov./dez., 1990.

No art. 1º considera hediondos, tentados ou consumados, os crimes de:

a) Latrocínio (art. 157, § 3º, *in fine*);

b) Extorsão qualificada pela morte (art. 158, § 2º);

c) *Extorsão mediante seqüestro e na forma qualificada* (art. 159, *caput* e seus§§ 1º, 2º e 3º);

d) Estupro (art. 213, *caput* e sua combinação com o art. 223, *caput* e parágrafo único);

e) Atentado Violento ao Pudor (art. 214 e sua combinação com o art. 223, *caput* e § único);

t) Epidemia com resultado morte (art. 267, § 1 '?);

g) Envenenamento de água potável ou de substância alimentícia ou medicinal. qualificado pela morte (art. 270, combinado com o art. 285), todos do Código Penal;

h) Genocídio (arts. 1º, 2º e 3º da Lei 2.889,01/10/56.

3. No art. seguinte (art. 2º), determina sejam esses crimes e aqueloutros previstos no inciso XLIII, insuscetíveis de "anistia, graça e indulto; fiança e *liberdade provisória*".

Entretanto, o Inc. XLIII da atual Constituição, como norma que indica a forma de produção de outra norma, diz tão somente que *"a lei considerará inafiançáveis e insuscetíveis de graça ou anistia"*...

Trata-se de exceção que a Constituição faz a si mesma e, por conseguinte, não é dado ao legislador ordinário ampliar e estender uma exceção constitucional, sabido que, pela mais elementar regra de hermenêutica, as exceções devem ser interpretadas restritivamente.

Portanto, não pode o legislador proibir, v.g., a concessão de liberdade provisória, naqueles crimes, por falta de previsão e, consequente, autorização constitucional.

4. Sabemos todos que a liberdade provisória é benefício legal previsto no art. 310, § único do Cód. de Proc. Penal, a que tem direito o agente, quando o juiz verificar, pelo auto de prisão em flagrante, que ele praticou o fato nas condições do art. 23, I, II e III do Cód. Penal, ou quando verificar a inocorrência de qualquer das hipóteses que autorizam a prisão preventiva.

Dessa forma, o que se pretende com a nova lei, é que o agente, preso em flagrante por um daqueles crimes, permaneça trancafiado durante todo o desenrolar do processo, sem se levar em consideração os aspectos subjetivos, ainda que seja primário, com profissão definida, residência fixa e bons antecedentes.

Tivesse solto, e o juiz não poderia decretar-lhe a prisão preventiva, na falta de requisitos para tanto. Todavia, preso em flagrante, por que não lhe conceder liberdade provisória, quando presentes os pressupostos legais?

Desde quando se presume a periculosidade pelo artigo de lei que se tem como infringido?

A nossa Lei Maior, ao contrário, presume-lhe a inocência, até que seja considerado culpado pelo "*trânsito em julgado de sentença penal condenatória*, (art. 5º, LVII).

Por essas razões, afigura-se-nos inconstitucional a maneira rude e cruel como a Lei 8.072 quer que se trate um presumido inocente.

Tanto que, contraditoriamente, encontramos o § 2º do art. 29 da nova lei, exigindo, em caso de sentença condenatória, que o juiz decida, fundamentadamente, se o réu poderá apelar em liberdade.

O absurdo é manifesto! O legislador exige do juiz que decida, já tendo proferido sentença condenatória, se o réu poderá apelar em liberdade e lhe proíbe conceder liberdade provisória antes da sentença condenatória. Na sua exigência, o respeito ao princípio constitucional da presunção de inocência, e, na sua proibição, a ofensa ao mesmo princípio.

5. Nos demais arts. da nova lei, constatamos a exasperação das penas cominadas aos crimes hediondos, um maior rigor quanto ao seu cumprimento, exigindo-se seja cumprida em regime fechado, somente permitindo o livramento condicional se cumprida mais de dois terços da pena e se o apenado não for reincidente específico em crimes dessa natureza.

Preocupou-se, demasiadamente, o legislador em agravar a situação dos que, porventura, praticarem alguns daqueles crimes, (v.g., *extorsão mediante seqüestro*), que cometeu a imperdoável omissão de não definir "a prática da tortura" como crime autônomo, cominando-lhe pena, uma vez que a tortura, até o momento, somente está prevista como qualificadora, no homicídio doloso (CP, art. 121, § 2º, III), e como agravante (CP, art. 61, II, d).

Por isso, a tortura, isto é, o suplício, o tormento, a exasperação do sofrimento da vítima por atos de inútil crueldade, continua não sendo crime, até quando inexista lei assim definindo-a e cominando-lhe pena, sabendo-se que "não há crime sem lei anterior que o defina", "nem pena sem prévia cominação legal".

Diga-se o mesmo em relação *ao terrorismo*, igualmente referido no inciso constitucional que se pretendeu regulamentar.

Destarte, cabia a nova lei tipificar "a prática da tortura" e "o terrorismo" como crimes, em face da determinação constitucional. Entretanto, lamentavelmente, não o fez.

Tarefa sua, que também não cumpriu, foi a de definir como todos aqueles crimes serão praticados na forma omissiva, prevista, de maneira dúbia e confusa, na parte final do Inc. XLIII, para se evitar graves e irreparáveis injustiças.

Todos esses "senões", entendemos seja o resultado do imediatismo na atividade legislativa e do inegável caráter emocional e sensacionalista contido na nova lei.

Desse modo, o preceito constitucional, no tocante a esses relevantes aspectos, fica, ainda, na dependência de futuro trabalho legislativo.

6. Esta lei surgiu, sem dúvida, como exigência da sociedade insegura e alarmada com o crescimento dos índices da criminalidade e o surgimento de suas novas espécies.

Sob explosão natural, própria do homem, menos quanto ao delinquente, porém, mais contra a importância de se evitar crimes, estão ressurgindo ideias como o hipercriminalização, a punição retributiva, penas mais drásticas, incluindo até a pena de morte, renascendo como novo o que já velho e ultrapassado, dirigido, morbidamente, em direção ao nada.

O problema da criminalidade é por demais complexo. O delito, como fenômeno bio-sócio-econômico-político, extrapola e muito a esfera jurídica. Observam os estudiosos que a maior ou menor necessidade de repressão está diretamente relacionada a maior ou menor injustiça social que a ordem jurídica encerra.

Se visitarmos as nossas penitenciárias chegaremos ã errônea conclusão de que só os pobres delínquem.

É preciso não se ignorar que a evolução histórica do Direito Penal e da Criminologia vinha ocorrendo em sentido oposto, ou seja, abrandando-se e substituindo-se a pena de prisão (reclusão e detenção) por outras alternativas, como as penas restritivas de direitos, a multa, prestação de serviços à comunidade, limitação de fim de semana.

Conquistas como o SURSIS, livramento condicional, liberdade provisória, prisão albergue, denotam o desejo de se evitar a contaminação e promiscuidade do meio prisional.

O Estado não consegue conviver com um índice desesperador de 75% de reincidência, segundo recentes estatísticas.

Observa-se, contudo, que, algumas daquelas conquistas do Direito Penal, deram-se, paradoxalmente, quando vivíamos sob um regime ditatorial, levando-nos a pensar que aqueles governos, por utilizarem-se de outros métodos, não precisavam recorrer ao Direito Penal, como forma de controlar os cidadãos.

De modo algum, se quer transformar o direito penal em "direito premial", na expressão de BETIIOL, mas tão-somente aplicar a pena na medida em que seja *necessária e útil*.

O que não se quer é correr o risco de transformarem o Direito Penal em poderoso instrumento de pressão sobre os pobres e os humildes, usando-se a Polícia, a Justiça e a Prisão como estratégias mantenedoras de uma ordem social injusta.

A propósito, a nova lei está sendo cognominada "Lei Antissequestro", crime do qual são vítimas as famílias abastadas.

Cumpre, por fim, registrar a denúncia do insigne Prof. **ÁLVARO MAYRINK DA COSTA**, da "utilização político-ideológica da delinquência, quando se desvia a atenção da massa, alardeando através de campanhas publicitárias a insegurança, estimulando-se o medo e a tensão, a fim de poder justificar o máximo de controle do Estado sobre os cidadãos e o reforço do aparelho repressivo".

NOTA DE ATUALIZAÇÃO:

A jurisprudência teve, incialmente, uma resistência em reconhecer a inconstitucionalidade da proibição da concessão de liberdade provisória nos crimes hediondos, defendida pioneiramente neste artigo publicado logo após a edição da hedionda lei, tendo sido esta polêmica questão definitivamente resolvida com o surgimento da Lei 11.464, 28 de março de 2007,[2] que deu nova redação ao inciso II, do seu art. 2º, mantendo apenas a inafiançabilidade, excluindo a proibição de "*liberdade provisória*", além de prever, expressamente, a possibilidade de o réu apelar em liberdade em caso de sentença condenatória, conforme dicção do parágrafo 3º do art. 2º da Lei 8.072/90.

2 **LEI Nº 11.464, DE 28 DE MARÇO DE 2007.**O PRESIDENTE DA REPÚBLICAFaço saber que o Congresso Nacional decreta e eu sanciono a seguinte Lei: Art. 1º O art. 2o da Lei no 8.072, de 25 de julho de 1990, passa a vigorar com a seguinte redação: (...)"Art. 2º Os crimes hediondos, a p´ratica da tortura, o tráfico ilícito de entorpecentes e drogas afins e o terrorismo são insusceptíveis de:(...)II - fiança. § 1º A pena por crime previsto neste artigo será cumprida inicialmente em regime fechado. § 2º A progressão de regime, no caso dos condenados aos crimes previstos neste artigo, dar-se-á após o cumprimento de 2/5 (dois quintos) da pena, se o apenado for primário, e de 3/5 (três quintos), se reincidente. (revogado pela Lei 13.964/2019)§ 3º Em caso de sentença condenatória, o juiz decidirá fundamentadamente se o réu poderá apelar em liberdade. § 4º A prisão temporária, sobre a qual dispõe a Lei no 7.960, de 21 de dezembro de 1989, nos crimes previstos neste artigo, terá o prazo de 30 (trinta) dias, prorrogável por igual período em caso de extrema e comprovada necessidade." (NR) Art. 2º Esta Lei entra em vigor na data de sua publicação. Brasília, 29 de março de 2007; 186º da Independência e 119º da República.

INOVAÇÕES CONSTITUCIONAIS NO PROCESSO PENAL[1]

1. CONSIDERAÇÕES INICIAIS: SEM MEDO DE PENSAR!

Se nós observarmos a história do homem, veremos que caminhamos para a afirmação de nossa individualidade.

O homem da antiguidade sentia-se parte do cosmo. Seus vínculos eram com o todo natural e social.

Sabemos que o homem é um ser livre, na medida em que é desprogramado biologicamente. E nisto consiste o princípio natural da liberdade, distinguindo o homem do animal.

E, por ser naturalmente livre, o homem, na sua individualidade, sente o desejo e a necessidade do exercício pleno desta liberdade, para que possa se preservar como um ser único, biográfico, pessoal e irrepetível.

Na luta pela sua liberdade, o homem utiliza-se da tecnologia, para libertar-se das limitações que lhe são impostas pela natureza, recorre à psicanálise, para livrar-se de si mesmo e, ainda, haverá de trilhar os caminhos da Democracia, para o homem libertar-se do próprio homem.

Assim, assistiremos à história da emancipação do homem.

Esta, acreditamos, foi a inspiração maior dos nossos constituintes, ao elaborarem a atual Carta Magna de 1988, visando instituir um Estado Democrático, após sairmos de um longo e tenebroso período, durante o qual pouco ou nenhum valor era dado a pessoa humana.

Com a nova Carta Política, conquistamos muito em termos de Direitos Fundamentais, alargou-se a esfera da autonomia pessoal. Também é verdade que ao individual foi acrescido o social, na medida em que diz respeito ao indivíduo e o preserva como pessoa.

Sob esta ótica, tentaremos analisar os reflexos da nova Constituição no âmbito do Processo Penal.

Inúmeras foram as inovações, coma não poderia deixar de ser, por ter a nova Carta erigido a liberdade como o valor supremo da sociedade e ser o Processo Penal, justamente, o instrumento da sua garantia.

---

1 Palestras - Encontro de Juízes em Camaçari. Publicado pela EPAN - Escola de Preparação e Aperfeiçoamento de Magistrados da Bahia, Salvador, 1991.

Antes de mais nada, não devemos esquecer que o Código de Processo Penal vigente fora editado em 1941, através do Dec.-lei 3.689/41, quando vivíamos num regime de opressão.

Este é, portanto, um momento para grandes reflexões.

E, como bem sintetiza BOBBIO, toda a história das reflexões do homem, sobre a vida em sociedade, é ressaltada pela construção de "Grandes Dicotomias".

Refiro-me a relação dicotómica entre PENSAR e CONHECER, proveniente de KANT.

Se houve tempo suficiente para se CONHECER as normas constitucionais, agora e o momento de pararmos para PENSAR.

Não pensar protege as pessoas dos riscos do exame crítico e da dúvida, gerando, no entanto, perigosas consequências.

Sem medo dos riscos de pensar, passemos a analisar as principais inovações constitucionais no Processo Penal, abordando o seguinte esquema:

I) Inovações Constitucionais Referentes a Coerção;

II) Inovações Constitucionais Relacionadas ao Inquérito Policial;

III) Grandes Modificações Referentes a Ação Penal;

IV) Da Inadmissibilidade das Provas Obtidas Ilicitamente;

V) O Princípio Constitucional da Presunção de Inocência.

2. INOVAÇÕES CONSTITUCIONAIS REFERENTES À COERÇÃO

Abordando o primeiro tópico, as inovações constitucionais referentes a coerção, encontramos a norma contida no art. 52, inciso LXI, visando proteger a liberdade da prisão, nos seguintes termos:

"Ninguém será preso senão em flagrante delito ou por ordem escrita e fundamentada de autoridade judiciária competente, salvo nos casos de transgressão militar ou crime propriamente militar, definidos em lei".

Qual ou quais, então, as inovações decorrentes deste inciso?

Basicamente, são duas; é preciso, pois, fazer a distinção.

A primeira grande inovação diz respeito ao problema da admissibilidade ou não das prisões para averiguação. Isto porque a Constituição anterior, apenas, utilizava o termo "autoridade competente" e não continha a palavra "Judiciária". Por isso, na sua vigência, uma lei ordinária podia atribuir a outras autoridades, que não a Judiciária (como, v.g., a autoridade policial), a legitimidade, a competência para decretar a prisão para averiguação. O que implicaria em prisão por ordem escrita de autoridade, diversa da autoridade judiciária. E isso ocorreu. Ocorreu com a Lei Federal 7.180/83 (Lei de Segurança Nacional), que permitia a autoridade policial encarregada das investigações dos crimes contra a Segurança Nacional decretar a prisão do indiciado por até trinta dias.

É claro que, com o advento da nova Constituição, não mais se permite este tipo de prisão, por não ser emanada por ordem escrita e fundamentada de autoridade judiciária competente.

Os reclamos dos delegados, ainda bem que, não foram acolhidos na nova Carta.

O que temos, hoje, em conformidade com a nova Carta Política, é a Lei 7.960/89 regulamentando a prisão temporária. E, como não poderia ser diferente, esta prisão somente pode ser decretada pelo juiz, tendo prazo determinado de cinco dias. É verdade que o delegado pode representar por essa prisão e o promotor pode requerê-la, mas jamais poderão decretá-la.

A Constituição Federal vedou a decretação de prisão que não seja por ordem escrita e fundamentada do juiz, ressalvando, apenas, os casos de transgressão militar ou crime propriamente militar, definidos em lei.

Nos casos do Direito Militar, podem ocorrer prisões que não sejam emanadas de autoridade judiciária. O encarregado do IPM (Inquérito Policial Militar) pode decretar a prisão do indiciado, também, pelo prazo determinado de 30 dias, conforme o art. 18 do Código de Processo Penal Militar.

Atualmente, portanto, só não se observa a exigência de ordem escrita e fundamentada da autoridade judiciária competente, na ressalva feita em relação aos crimes e as transgressões militares, no caso de flagrante delito (por razões óbvias) e, mais, ainda, num terceiro caso, quando houver necessidade da decretação das chamadas "Medidas de Defesa do Estado": Estado de Defesa e Estado de Sítio, quando se permite prender sem mandado judicial, desde que se observe o disposto nos arts. 135 e segs. da Constituição Federal.

Um outro aspecto de grande importância a respeito da coerção é a indagação que se faz, se, com a exigência da ordem escrita e fundamentada do juiz (da autoridade judiciária competente), ainda permanece a prisão administrativa? Ou seja, a prisão administrativa fora revogada pela nova Constituição?

Antes de respondermos a esta indagação, é necessário se estabelecer o limite do conceito da prisão administrativa. Por que isso? Perque o nosso CPP adota um sentido amplo para a prisão administrativa, e a doutrina, quase toda, segue a linha do Código, como, v.g., BASILEU GARCIA, para quem a prisão administrativa engloba: a prisão administrativa propriamente dita, a prisão civil e a prisão disciplinar.

A prisão administrativa propriamente dita era aquela emanada de autoridade administrativa, tendo em vista salvaguardar o interesse público. Através dessa prisão compulsória, pretendia-se que o funcionário remisso ou omisso em entrar para os cofres públicos com o dinheiro a seu cargo fosse compelido a fazer o que, livremente, não faria. Dita prisão serviria, igualmente, coma meio coercitivo de fazer voltar o estrangeiro a serviços a que se obrigou.

Estes eram os objetivos principais da prisão administrativa, no seu conceito restrito.

No conceito amplo, a prisão administrativa compreende, também, a prisão civil, que resguarda o interesse particular: é a prisão do depositário infiel e do inadimplente de pensão alimentícia.

E, ainda, adotando a definição de BASILEU GARCIA, a prisão administrativa compreende, também, a prisão disciplinar. No que concerne a esta espécie de prisão, convém se fazer algumas distinções.

Comumente, comete-se um erro de pensar que a prisão disciplinar se circunscreve ao âmbito da Justiça Militar, pela falsa ideia de que disciplina só deve haver para os militares.

Já se disse, com propriedade, que a disciplina está para os militares como a independência para os juízes. Contudo, o juiz pode, exercendo o seu poder de coerção processual, ou melhor, podia em tempos atrás, decretar prisão disciplinar. Vejamos em que casos:

No caso do art. 219 do CPP, o juiz podia decretar a prisão, por até 15 dias, da testemunha faltosa e, de acordo com o art. 771, § 1, podia, também, decretar a prisão do infrator da medida de segurança exílio local.

A prisão da testemunha faltosa fora revogada pela Lei 6.416, de 24/05/77, que introduziu grandes modificações no tocante a coerção.

A prisão pela infração da medida de segurança exílio local, por sua vez, fora revogada pela Lei 7.209/84, com a reforma da parte geral do

Código Penal. Porque, como os senhores sabem, com a reforma da parte geral do CP, aboliu-se o sistema denominado duplo-binário. Atualmente, sistema é o vicariante, no qual aplica-se pena ou medida de segurança. E mais, as medidas de segurança foram reduzidas a duas: internamento em hospital de custódia e tratamento ambulatorial.

Portanto, é erro se dizer que a nova Carta revogou esses casos de prisão disciplinar decretada pelo juiz. É um erro porque eles desapareceram, come nós constatamos, antes da nova Constituição. Na verdade, a Constituição não proíbe que tais casos de prisão, inclusive, ressurjam. Eles poderão ressurgir, uma vez que a exigência constitucional é que a prisão, não sendo em flagrante e não sendo nos casos de transgressões militares, somente se dê por ordem escrita e fundamentada do juiz.

Pelo exposto, conclui-se, sem dúvida, que a nova Carta Magna revogou apenas a prisão administrativa propriamente dita.

Não se deve esquecer que essa modalidade de prisão era aplicada imediatamente e antes da prévia apuração da efetiva responsabilidade, o que a tornava incompatível com a nova ordem jurídica.

Ainda sabre o problema da coerção, encontramos alguns incisos do art. 5º da Constituição, tratando desse tema:

> LXII - "a prisão de qualquer pessoa e o local onde se encontre serão comunicados imediatamente ao juiz competente e a família do preso ou a pessoa por ele indicada";
>
> LXIV - "o preso tem direito à identificação dos responsáveis por sua prisão ou por seu interrogatório policial";
>
> LXV - "a prisão ilegal será imediatamente relaxada pela autoridade judiciaria";
>
> LXVI - "ninguém será levado a prisão ou nela mantido, quando a lei admitir a liberdade provisória, com ou sem fiança";

Infelizmente, na prática, estas normas não estão sendo observadas. Foi um cuidado do legislador constituinte para se evitar o que estava, frequentemente, ocorrendo: alguém era preso e simplesmente desaparecia. Não se sabia quem prendeu, quem fez o interrogatório e a prisão não era comunicada ao juiz.

Pelo menos agora, estas normas foram alçadas à categoria de norma constitucional, resta-nos lutar para que, na prática, elas sejam obedecidas.

3. INOVAÇÕES CONSTITUCIONAIS RELACIONADAS AO INQUÉRITO POLICIAL

Neste item, analisaremos as inovações constitucionais relacionadas ao inquérito policial, que podem ser resumidas em duas: a problemática da identificação criminal do indiciado e da incomunicabilidade do preso.

Sabre a primeira delas, devemos observar a história da identificação dos delinquentes, para verificarmos como vem sendo feita a evolução.

Todos sabemos que, na Idade Média, adotava-se o método da mutilação (cortavam-se braços, etc.) para identificar-se um criminoso. Posteriormente, houve uma evolução, e passou-se para o "ferro em brasa", até quando, para alívio de muitos, surgiu o método da fotografia e do retrato falado. Contudo, estes métodos mostraram-se, de logo, insuficientes, falhos, por diversas razões, que todos nós já sabemos.

Em meados do século passado, na França, BERTILLON, que já tinha criado o "retrato falado", revolucionou com o processo de identificação denominado "Antropometria". Método pelo qual todos aqueles que delinquissem passavam pelo Laboratório de BERTILLON. Eram tomadas diversas medidas do corpo e anotadas no prontuário do delinquente, para que, se ele tornasse a delinquir, se submetesse, novamente, ao laboratório, fazendo-se a confrontação.

Na época, este processo foi de grande valia, contudo, com o elevado índice de criminalidade, mostrou-se insuficiente, lento e impraticável.

A partir da observação de que, na Índia e no Japão, selava-se ou assinava-se documentos com a impressão de dedos, com os estudos desenvolvidos por VUCETICH, chegou-se ao atual método da Datiloscopia, conhecido vulgarmente como "tocar piano com os dedos sujos".

Este método, bem apelidado pelo povo, como "os dos pianistas de dedos sujos", foi previsto no inciso VIII do art. 6º do CPP, sendo que o Brasil foi o primeiro país a adotar, oficialmente, o processo datiloscópico, como meio de identificação.

Assim, no art. 6º, inc. VIII, do CPP, dentre as providências que a autoridade policial deve adotar no curso do inquérito, logo que tiver conhecimento da pratica da infração penal, encontramos:

> "Ordenar a identificação do indiciado pelo processo dactiloscópico, se possível, e fazer juntar aos autos sua folha de antecedentes".

Quando da decretação do atual Código, ilustres comentadores, como ESPÍNOLA FILHO e ARY FRANCO, entenderam, com acerto, que o CPP, no inc. VIII do art. 6º, não exigia a identificação criminal de todo indiciado. Não. Apenas daqueles que não fossem identificados civilmente.

Entendiam os citados doutrinadores que, exigir-se a identificação criminal do indiciado já identificado civilmente, seria um verdadeiro constrangimento ilegal. Sem dúvida, seria um vexame, uma humilhação, que abateria muito a dignidade daquele que, apenas, estaria figurando como indiciado no inquérito. Todos nós sabemos o sentido da palavra indiciado no inquérito, não é no sentido técnico-jurídico de prova indireta, indicio. É, simplesmente, no sentido comum, vulgar, de suspeito. E um suspeito não deve passar pelo vexame, pela humilhação de ser tratado como se fosse um delinquente, um perigoso delinquente, um delinquente comum.

Na ocasião, o Tribunal de Justiça do Rio de Janeiro chegou mesmo a conceder Habeas Corpus, considerando que, naqueles casos, a identificação configurava um verdadeiro constrangimento ilegal.

Entretanto, em sentido oposto, o assunto foi objeto da Súmula 568 do STF, com o seguinte teor:

> "A identificação criminal não constitui constrangimento ilegal, ainda que o indiciado já tenha sido identificado civilmente".

Na realidade, essa Súmula tinha endereço certo. Ela surgiu, observem seus termos, para que não mais se concedesse Habeas Corpus, como se estava concedendo. Mas ela não chegava a dizer que a regra passava a ser a identificação criminal, tão-somente, abria uma possibilidade de se fazer a identificação criminal, ainda que o indiciado já tivesse sido identificado civilmente.

No entanto, a interpretação errônea dessa Súmula, levou ao entendimento de que a regra era a de que todos aqueles que figurassem coma indiciados no inquérito seriam compelidos a "tocar piano".

Dessa forma, até o advento da nova Constituição, a autoridade policial determinava, como um ato corriqueiro, que todo e qualquer indiciado passasse por aquele vexame e constrangimento.

Grandes transformações ocorreram a respeito, com o art. 511, inc. LVIII, da nova CF:

> "O civilmente identificado não será submetido à identificação criminal, salvo nas hipóteses previstas em lei".

Apesar da clareza do texto constitucional, alguns autores insistem em dizer que a identificação criminal permanece como antes, por não ter aquele inciso eficácia imediata e plena. Pode não ter eficácia plena, mas imediata a própria Constituição é quem diz, no § 12 do art. 52:

> "As normas definidoras dos direitos e garantias fundamentais tem aplicação imediata".

E, se é para ter aplicação imediata, como a própria Constituição determina, mas não uma eficácia plena, por não ter uma lei regulamentando o inciso, qual seria, então, a eficácia desse dispositivo?

Ora, permanece a eficácia proibitiva do inciso LVIII, porque esta é plena, até quando surja uma lei que ressalve as hipóteses em que se poderá proceder a identificação criminal, mesmo daqueles já identificados civilmente.

Esta, entendo, seja a melhor forma de interpretar o dispositivo, no contexto liberal da nova Constituição, que, inclusive, presume a inocência do indiciado.

Outra evolução constitucional, que merece ser ressaltada, é a que se refere a incomunicabilidade do preso.

Hoje, a incomunicabilidade do preso foi, absolutamente, rejeitada pela nova Carta Magna.

O art. 21, § 12, do CPP, regulamentava a decretação da incomunicabilidade do preso, que só podia ser determinada pelo juiz e pelo prazo máximo de três dias.

Com o surgimento do Estatuto da OAB (art. 89, 111, da Lei 4.215/63), podemos dizer que a incomunicabilidade se tornou relativa, pois, ainda que incomunicável, o advogado podia se comunicar pessoal e reservadamente com o preso.

Atualmente, com a nova Constituição, não há dúvida que foi, absolutamente, vedada a incomunicabilidade do preso, porque mesmo em situações anormais da vida social, quando há a necessidade da decretação do estado de defesa ou do estado de sítio, tendo em vista fatores sociais ou naturais, ainda assim, a Constituição, no art. 136, § 3º, IV, traz, expressamente, a vedação:

"É vedada a incomunicabilidade do preso".

Imaginem os senhores que, durante a vigência do estado de defesa, pode até se prender sem mandado judicial, mas proíbe-se, absoluta e peremptoriamente, a incomunicabilidade do preso.

4. GRANDES MODIFICAÇÕES REFERENTES À AÇÃO PENAL

Um outro tópico, em torno do qual a Constituição modificou bastante, é o referente à ação penal.

No Capítulo referente ao Ministério Público, o art. 129, I, da Constituição, estabeleceu a seguinte regra:

> Art. 129 - "São funções institucionais do Ministério Público:
> Inc. I - promover, privativamente, a ação penal publica, na forma da lei".

Com tal dispositivo, a Constituição revogou os arts. 26 e 531 do CPP, bem como o art. 1º da Lei 4.611/65, que permitiam, em caso de contravenção ou dos crimes de homicídio e lesão corporal culposos, à autoridade judicial ou policial baixar portaria, dando início ao processo.

A Doutrina, antes mesmo da nova Carta, já se insurgia contra aqueles procedimentos, considerando-os verdadeira extravagância, excrescência ou aberração jurídica.

Permitir-se ao juiz dar início aqueles processos é ofender o princípio da jurisdição, "nemo judex sine actore", isto é, "não há juiz sem autor".

Além de comprometer a imparcialidade do julgador, representava uma monstruosidade de lógica, pois o juiz postulava a si mesmo, ele perguntava para ele mesmo responder.

Em relação ao delegado, havia ofensa a outro princípio da jurisdição, qual seja, o do juiz natural.

A autoridade policial, quando baixava uma portaria naqueles casos, já dava início ao processo na delegacia, ou seja, ela, mesmo não sendo juiz, praticava atos jurisdicionais.

Portanto, tal forma de proceder ofendia o princípio do juiz natural, pelo qual todos nós temos direito a um JUIZ pré-constituído pela lei.

Inobstante essas relevantes razões, logo que foi promulgada a nova Carta, o mestre HELIO TORNAGHI, em parecer, sustentou que, ainda, permaneciam aquelas situações anômalas. Para o mestre, o que a Constituição assevera é que cabe ao Ministério Público "promover, privativamente, a ação penal publica, na forma da lei", é, para ele, "na forma da lei", e da Lei 4.611/65 e do CPP, permanecendo inalterada a legislação.

Data vênia, foi um lamentável equívoco de interpretação.

Observe-se que as razões de ordem histórica, que justificaram o aparecimento daquelas anomalias jurídicas, desapareceram. Na época, não tínhamos, como hoje, um Ministério Público estruturado e preparado.

Vale salientar que a opinião do mestre TORNAGHI é isolada. A maioria dos doutrinadores dele diverge.

Para nós, trata-se, simplesmente, de uma questão de leitura: "Promover, privativamente, a ação penal publica, na forma da lei".

Com a inserção do advérbio privativamente, não pode haver dúvida do monopólio da ação penal pública pelo Ministério Público. "Na forma da lei" significa que a lei determinará o modo pelo qual, privativamente, o promotor irá promover a ação penal pública, que não poderá ser proposta de qualquer forma.

Atualmente, deverá ser na forma do art. 41 do CPP, através da denúncia.

Para CELSO RIBEIRO BASTOS, a inserção do advérbio "privativamente" traz para a redação do dispositivo uma vontade do constituinte que se encontra fora da competência da lei - transgredi-la. Em outro dizer, a esta caberá, tão somente, ditar o "modus operandi" pelo qual o Ministério Público exercerá, em caráter privado, o monopólio da ação penal pública.

A Constituição, no art. 5º, inc. LIX, ressalvou a única exceção ao monopólio da ação penal pública pelo Ministério Público. Trata-se da ação penal privada subsidiária da pública, que poderá ser intentada pelo ofendido ou pelo seu representante legal, com oferecimento de queixa-crime, se o Ministério Público não oferecer denúncia no prazo de lei.

A ação penal privada subsidiária já se encontrava prevista tanto pelo Código Penal, como pelo Código de Processo Penal. No entanto, houve necessidade de ser contemplada no novo texto constitucional, para que não fosse revogada pelo art. 129, I, que estabeleceu o monopólio da ação penal pública pelo Ministério Público, uma vez que somente a Constituição pode excepcionar a si mesma.

Outra inovação, ainda começando a ser discutida, é a respeito da garantia expressa no art. 52, inc. LIII, verbis:

> "Ninguém será processado nem sentenciado senão pela autoridade competente".
>
> Discute-se sobre a extensão deste inciso. Teria ele revogado o art. 567 do CPP?
>
> Art. 567 - "a incompetência do juízo anula somente os atos decisórios, devendo o processo, quando for declarada a nulidade, ser remetido ao juiz competente".

Pergunta-se: com a nova Constituição, está este artigo revogado? ou, mais precisamente, ab-rogado ou derrogado?

Pelo fato de a Constituição ter consagrado o direito de se ser processado e sentenciado, somente, pela autoridade competente, alguns doutrinadores estão chegando ao ponto de afirmarem que o art. 567 foi ab-rogado, ou seja, nenhum ato processual deverá ser aproveitado, quando for decretada a incompetência do juízo.

Para nós, há um certo exagero nesta interpretação, pois o princípio contido no inciso LII não é absoluto.

E, mesmo sem entrar na difícil problemática das nulidades, convém ter presente o famoso princípio francês sobre as nulidades, segundo o qual "não há nulidade sem prejuízo".

Dessa forma, baseado nesse princípio, entendemos que, quando for declarada a nulidade do processo, pela incompetência do juízo, deve-se, sempre, aproveitar os atos ordinatórios, e os probatórios, quando não causar prejuízo.

5. DA INADMISSIBILIDADE DAS PROVAS OBTIDAS ILICITAMENTE

O item IV versa sobre "a inadmissibilidade das provas obtidas ilicitamente".

Ao proibir, no processo, as provas obtidas por meios ilícitos, nada mais fez o legislador constituinte do que consagrar, como norma constitucional, princípio já defendido pela Doutrina e acolhido pela Jurisprudência.

Tendo que escolher entre o elevado interesse da Justiça e o respeito às garantias individuais, mais uma vez, optou pela última alternativa.

Não admitiu, com razão, que, para se desvendar um crime, cometa-se outro: torture-se para se obter a confissão; utilize-se de meios torpes, coma a gravação clandestina, perguntas sugestivas no ato do interrogatório, e tantos outros, como a narcoanálise, a hipnose, etc.

Antes da Constituição de 1988, no processo penal, imperava a liberdade na produção e admissibilidade das provas. O art. 155 do CPP assegurava essa liberdade, ressalvando, apenas, a prova do estado da pessoa, em relação a qual dever-se-ia observar as restrições da lei civil.

Outra restrição encontrava-se no capítulo concernente a prova documental (art. 233), quando já não se admitiam, em juízo, as cartas particulares, interceptadas ou obtidas por meios criminosos.

Todavia, esse princípio, também, não é absoluto. Na própria Constituição, há um abrandamento, uma exceção ao princípio da inadmissibilidade das provas obtidas por meios ilícitos.

No art. 5º, inc. XII, que resguarda a inviolabilidade do sigilo da correspondência e das comunicações telegráficas, de dados e das telefônicas, encontramos uma ressalva em relação as comunicações telefônicas. Em relação a elas, a Constituição permite, nas hipóteses e na forma da lei (ainda não temos a lei), por ordem judicial (prestigiando, mais uma vez, os juízes), que se interceptem as comunicações telefônicas (faça-se a "ausculta telefônica"), desde que seja para fins de investigação criminal ou instrução processual penal.

Observe-se que essa exceção, somente, há de se verificar na área criminal, não se poderá estende-la ao processo civil, por não ser possível interpretar extensivamente uma exceção.

Ressalte-se, por oportuno, que, nos dias atuais, a forma mais comum e usual das pessoas se comunicarem é por via do telefone.

Então, a lei deverá surgir, regulamentando essa ressalva, em consonância com os princípios que regem a nova Carta Política.

ALCINO FALCAO justifica essa proteção as correspondências, no seu sentido genérico, como meio de comunicação, por entender que elas podem ser tidas como modo de projeção espiritual da própria pessoa, como o domicílio pode ser considerado como um modo de projeção espacial da pessoa (comparava ele).

A respeito da inviolabilidade do domicílio, há, também, uma grande inovação constitucional, pela necessidade sentida de se tentar evitar as constantes invasões de casas residenciais, realizadas por alguns delegados, quando empreenderam "buscas e apreensões" nos bairros pobres.

Com a nova Constituição, somente se permite a inviolabilidade do domicílio na forma do art. 5º, inc. XI.

À noite, sem o consentimento do morador, só em casos de graves ou grandes perigos: em casos de flagrante delito, de desastre ou para prestar socorro.

Durante o dia, além, é claro, daquelas hipóteses em que se permitem a noite, somente pode haver a violação do domicílio por determinação judicial, obedecendo-se todas as formalidades que deverão revestir o ato de arrombamento da porta.

Na prática, estamos constatando que essa inovação não está surtindo o efeito desejado pelo legislador constituinte.

Ainda, com relação à forma de produção das provas, vamos analisar um assunto que diz respeito, muito de perto, aos juízes e, hoje, também, aos delegados: o interrogatório.

Com efeito, a nova Constituição diz, expressamente, que a autoridade policial devera proceder ao interrogatório policial e não, simplesmente, "ouvir o indiciado", para que não se tenha dúvida que no interrogatório, seja policial ou judicial, haverá de se observar todas as formalidades exigidas em juízo.

Antes de se discutir a inovação constitucional no tocante ao interrogatório, é importante constatar-se ser o interrogatório, atualmente, muito mais meio de defesa do que de prova.

Fosse meio de prova, deveria passar pelo crivo do contraditório, sob pena de se postergar o princípio do contraditório.

Fosse meio de prova, e a lei de imprensa não o teria tornado facultativa, nem a lei eleitoral o teria dispensado.

Portanto, o interrogatório, hoje, deve ser entendido muito mais como meio de defesa do que como meio de prova.

Nesse sentido, foi que a nova Carta, no inciso LXIII do art. 5, consagrou o direito ao silêncio pleno.

Dessa forma, entendemos não ser mais possível ao juiz aplicar as chamadas "sanções ao silêncio".

Todos sabemos que, no momento inicial do interrogatório, o juiz, de acordo com o art. 186, advertia o interrogado: "O senhor pode ficar calado, mas o seu silencio poderá ser interpretado em seu prejuízo". Ou seja: "Fale, porque, se não falar, haverá uma presunção de prejuízo".

O CPP, no art. 191, ainda exigia que se consignassem as perguntas que foram formuladas e ficaram sem respostas. O rigor era tamanho que o art. 198 do CPP chega a dizer que: "O silencio do acusado não importara confissão, mas poderá constituir elemento para a formação do convencimento do juiz".

Imaginem só que presunção não era aquela, a ponto de haver necessidade de um artigo, dizendo que não importava em confissão. Para o CPP, "quem cala consente".

A Constituição, tendo assegurado o direito ao silêncio pleno, entendemos que revogou as "sanções ao silêncio", elas não poderão mais persistir. Senão, de nada adiantaria a nova Carta ter consagrado o direito ao silêncio pleno.

Não se deve esquecer, também, que, modernamente, a boa doutrina processual penal vê o interrogatório apenas como meio de defesa.

E, sendo meio de defesa, caberá tão-somente ao acusado julgar, ser o árbitro, de acordo com a sua consciência, se lhe é conveniente falar ou calar. Se se calar, nenhuma sanção ou presunção deverá ter o juiz, pelo seu silêncio, apenas o interrogado terá deixado de exercer o direito de se defender no interrogatório, nada mais.

6. O PRINCÍPIO CONSTITUCIONAL DA PRESUNÇÃO DE INOCÊNCIA

Por último, o item V do nosso esquema, que trata de um dos temas mais importantes e polêmicos da nova Constituição, que, na nossa opinião, maior número de artigos do CPP revogou: o princípio constitucional da presunção de inocência.

Há mais de cem anos, esse princípio foi expresso no Preâmbulo da Constituição Francesa.

Como decorrência dos ideais da Revolução Francesa, tal princípio passou a ser absorvido pelo pensamento jurídico-liberal de todo mundo civilizado, até que, em 1948, foi proclamado pela Declaração Universal dos Direitos Humanos, da ONU, da qual o Brasil foi um dos países subscritores.

Foi, também, acolhido pela Convenção do Conselho da Europa. Está presente, da mesma forma, na Constituição italiana. Serviu de base para orientar, na América Latina, a "Unificação da Legislação Processual Penal".

Encontra-se, expressamente, consignado no CPP alemão, no § 449, nos seguintes termos:

> "As sentenças penais não são executáveis, enquanto não transitarem em julgado".

E, com a nova Constituição, pela primeira vez, foi consagrado este princípio no art. 52, inc. LVII, que proclama:

> "Ninguém será considerado culpado até o trânsito em julgado de sentença penal condenatória".

E, agora, será que não haverá alteração alguma no nosso ordenamento jurídico?

Será que tudo não vai passar de mais um ato de diplomacia, de demagogia, como a subscrição do Brasil a Declaração Universal dos Direitos Humanos?

Uma mera exposição de princípios?

Temos que interpretar esse princípio, de acordo com o tempo em que vivemos, em que respiramos novas ares, é o tempo da democracia, do encontro com a liberdade tão desejada e por tanto tempo tão distante.

Já se disse que o juiz vive e opera de acordo com o seu clima. E é de acordo com o clima atual que se irá interpretar aquele inciso, para não chegarmos a triste e inaceitável conclusão de que, logo na nossa Lei Maior, existem palavras inúteis.

Assim foi que, WEBER MARTINS BATISTA, em palestra proferida na PUC de Porto Alegre, em 25/10/88, logo em seguida a promulgação da nova Carta, defendeu a tese de que, com o princípio da presunção de inocência, "não mais serão efeitos da sentença penal condenatória recorrível, ser o réu preso nem seu nome ser lançado no rol dos culpados".

Ainda em Porto Alegre, no VIII Encontro dos Tribunais de Alçada, o Dr. RANULFO VIEIRA, juiz do Tribunal de Alçada do Rio Grande do Sul, defendeu a mesma tese.

Antes mesmo da nova Carta Política, alguns doutrinadores já se insurgiam contra o rigor da norma draconiana do art. 594 do CPP. Dentre eles, MAGALHAES NORONHA entendia ser um verdadeiro absurdo se fazer depender a possível reforma da sentença de uma condição que já é execução de pena.

Vamos analisar, ainda que aligeiradamente, o art. 594, para saber se ele permanece ou foi revogado. E, sendo revogado, quantos outros artigos do CPP não serão, porque guardam a mesma razão legal.

O art. 594 do CPP exigia a prisão para apelar, ou seja, para apelar o sentenciado deveria recolher-se à prisão.

O rigor desta norma foi atenuado com a Lei 5.941/73, que permitiu ao primário e de bons antecedentes apelar em liberdade. Também, aquele que prestasse fiança poderia apelar em liberdade. No entanto, para o acusado reincidente ou que não tivesse bons antecedentes, continuava a exigência de se recolher à prisão para apelar.

Será que essa norma é afrontosa à Constituição?

Ora, não é uma incoerência o CPP permitir a concessão de liberdade provisória, mesmo ao reincidente ou ao que não tiver bons antecedentes, conforme o parágrafo único do art. 310, e exigir seu recolhimento à prisão para poder apelar?

O próprio sistema processual penal repele o art. 594. Para que não houvesse incoerência, o juiz teria que decretar, obrigatoriamente, a prisão preventiva do reincidente e do que não tivesse bons antecedentes.

Apesar de tudo, há aqueles que, presos, ainda, a um passado que não nos traz saudade, tentam justificar a prisão decorrente do art. 594, com o fundamento da existência de uma presunção legal de fuga.

Ora, a Constituição presume a inocência, por não ter, ainda, transitado em julgado a sentença penal condenatória. Não pode, portanto, a lei presumir a fuga, pois estaria, necessariamente, presumindo a culpa, entrando em choque, colidindo com a presunção constitucional de inocência.

E que presunção legal de fuga é essa trazida pelo CPP?

Ora, o reincidente, por exemplo, condenado a uma pena de três anos, a lei presume que ele irá fugir. Entretanto, para a lei, o primário poderia ser condenado a pena de até 20 anos ou mais, e não iria fugir, tão-somente, por ser primário. Mero preconceito contra o reincidente!

Portanto, não é possível se aceitar o argumento da presunção legal de fuga. Além do mais, desde quando, para fugir, se precisa apelar?

O nosso CPP já contém uma norma rigorosa no art. 595, não revogada pela nova Constituição, que permanece coma um freio a possíveis fugas. Por ela, se o réu condenado fugir depois de haver apelado, será declarada deserta a apelação, e não, apenas, sobrestada.

Para se continuar exigindo a prisão, diz-se, ainda, que, se ela não se justifica por uma presunção legal de fuga, justifica-se por uma presunção de periculosidade.

Data venia, aí, comete-se um erro, parte-se de uma premissa falsa, porque não existe, entre nós, presunção de periculosidade para o reincidente. Só existe esta presunção, hoje, para os amentais.

Os que não absorveram, ainda, o espirito da nova Carta Política, entendem que a prisão, naqueles casos, deve ser mantida, por se tratar de execução provisória de pena. Exceção provisória de pena, com o princípio constitucional da presunção de inocência, é o maior absurdo!

Primeiro, porque se vai executar a pena do reincidente ou do que não tiver bons antecedentes e não se vai executar, provisoriamente, a pena do primário.

Segundo, porque prende-se, previamente, para depois, quando for julgada a apelação, constatar-se se a prisão se justificava ou não.

Defendemos a tese de que não podem ser mais efeitos da sentença penal condenatória recorrível, ser o réu preso, nem seu nome lançado no rol dos culpados.

Ao defendermos esta tese, não queremos ser donos da verdade, mas, com certeza, somos uns dos perseguidores dela.

TOURINHO FILHO, inclusive, tem excelente artigo, somente sobre este tema, publicado na COAD.

DAMASIO DE JESUS, também, defende a mesma tese, fazendo, apenas, uma ressalva de que o princípio da presunção de inocência não chega a revogar a prisão preventiva. É óbvio que a prisão preventiva, ou seja, a prisão a título de cautela persiste. De tal forma que, se o acusado já estava preso, por essa medida cautelar, antes da sentença, claro que, para apelar, não vai ser solto. De idêntico modo, nada impede que se decrete a prisão preventiva, se for o caso, após a sentença penal condenatória recorrível (por exemplo, se o sentenciado começa a desfazer-se dos seus bens).

O princípio da presunção de inocência não exclui a prisão preventiva, antes eles se completam para dar um todo harmônico ao ordenamento jurídico.

Por conseguinte, no nosso entender, a Constituição revogou o art. 594 e, por consequência, revogou, também, os arts. 393, I, II, 585 e 408,

§ 2º. Este último trata da prisão decorrente da pronúncia. O absurdo, no particular, seria ainda maior, pois a pronúncia é decisão meramente processual. O CPP é atécnico quando a denomina "sentença de pronúncia".

Revogados, igualmente, restam os arts. 637, 669, I, ambos do CPP, por extensão dos efeitos daquele princípio aos recursos extraordinário e especial.

Na Lei Antitóxico (Lei 6.368176), fora revogado o art. 35, que exigia a prisão do traficante para interpor a apelação.

Entretanto, para alguns doutrinadores, a única consequência dessa novidade constitucional é se deixar de lançar o nome do réu no rol dos culpados. Nenhuma mais.

Data venia, essa interpretação é uma nonada.

Não representaria grande inovação ou inovação alguma.

Já em 1981, o Tribunal de Justiça de São Paulo havia baixado um provimento determinando que o nome do réu não fosse mais lançado no rol dos culpados, antes, mas somente depois do trânsito em julgado da sentença penal condenatória. No Rio Grande do Sul, antes da Constituição, já se estava observando essa regra.

Destarte, não se pode dizer que a única alteração teria sido aquela. Mas, afinal, o que valeria, para quem está sendo processado criminalmente, ser o seu nome lançado ou não em algum rol?

Esta, certamente, não é uma inovação que justifique aquele princípio ter sido posto no texto constitucional. Quem está insatisfeito com o princípio constitucional da presunção de inocência e com suas consequências vai ter que aguardar, ainda, um bom tempo para tentar modificá-lo, uma vez que todos os incisos do art. 59, segundo o art. 60, § 49, IV da Constituição, não poderão ser objeto de emenda constitucional. Este fato denota o valor e a importância daqueles princípios e daquelas garantias.

7. CONCLUSÃO

Por tudo que foi até aqui exposto, os senhores, com certeza, puderam constatar que toda a tônica da nova Constituição gravita em torno de um só tema: a Liberdade.

O legislador constituinte entendeu que a eficiência da presunção penal precisava encontrar um limite no respeito às garantias individuais, no respeito, enfim, à dignidade humana.

Temos, sem dúvida, uma Constituição liberal, fruto dos anseios libertários de uma nação que não aceita ser oprimida.

Como dito na introdução desse tema, já era o momento de nós pensarmos a Constituição, não somente conhecer, mas também não somente pensar: pensar para agir, agir em defesa dos direitos fundamentais por ela assegurados.

Tarefa gigantesca que deve ser empreendida pela sociedade como um todo, por ser uma tarefa essencialmente política.

No entanto, mais do que qualquer pessoa na sociedade, o JUIZ tem a responsabilidade maior de ser, ele próprio, a garantia da Constituição, na difícil e espinhosa missão de realizar a Justiça, especialmente na área criminal.

Na verdade, dependemos mais da Justiça do que da Lei, muito mais do Juiz do que do Legislador, pois, o bom Juiz sempre encontra, no ordenamento jurídico, meios de fazer Justiça.

E é isso que nós esperamos de "V. Exas", principalmente dos novos Juízes, que ingressam nesta difícil e bonita carreira com todo o entusiasmo e com as naturais apreensões.

Sabendo todos, por fim, que a Constituição, por ser liberal, e, também, o expositor, permitem as opiniões contrárias, conquanto que, também, por uma exigência constitucional, elas sejam fundamentadas.

INTERCEPTAÇÕES TELEFÔNICAS[1]

Texto que serviu de suporte a palestra proferida no "Curso de Extensão em Direito Penal e Processual", em 22/11/96, promovida pelo Ministério Público do Estado da Bahia.

1. ÂMBITO E ALCANCE DA NOVA LEI

A Constituição Federal, no art. 5º, inc. XII, dispõe:

> "XII - e inviolável o sigilo da correspondência e das comunicações telegráficas, de dados e das comunicações telefônicas, salvo, no último caso, por ordem judicial, nas hipóteses e na forma que a lei estabelecer para fins de investigação criminal ou instrução processual penal;"

A exceção ao princípio da inviolabilidade, relativa as comunicações telefônicas, foi submetida aos seguintes requisitos: ordem judicial; para fins de investigação criminal ou instrução processual penal e nas hipóteses e na forma que a lei estabelecer.

Quanto ao último requisito (nas hipóteses e na forma que a lei estabelecer) a doutrina se dividiu sobre a recepção e possibilidade de utilização do Código de Telecomunicações (Lei n° 4.117/62, art. 57, II, "e").

Até quando, em 30/06/93, o Plenário do Supremo Tribunal Federal firmou posição, em sede de **habeas corpus**, por ampla maioria (l0x1), afirmando a impossibilidade de interceptações telefônicas, mesmo com autorização judicial, em face da "inexistência da lei que tornara viável a quebra do sigilo, dado que o inciso XII do art. 5º não recepcionou o art. 57, II, e, da Lei n° 4.117, de 1962, a dizer que não constitui violação de telecomunicação o conhecimento dado ao juiz competente, mediante requisição ou intimação deste. E que a Constituição, no inciso XII, do art. 5º, subordina a ressalva a uma ordem judicial, nas hipóteses e na forma estabelecida em lei"[2].

---

1 Revista do IAB – Instituto dos Advogados da Bahia, Edição Especial do 1º Centenário de Fundação, 1897/1997, p. 79-91.

2 STF. HC n° 69.912-0 - RS, Rel. Min. SEPÚLVEDA PERTENCE, DJU 26.11.93, pp. 25.531/2.

Definida a necessidade da lei, em face da não recepção do Código Brasileiro de Telecomunicação, surge, em 24/07/96, a Lei n° 9.296, regulamentadora do inciso XII, parte final, do art. 52 da Constituição Federal.

Uma questão previa se impõe: fixar o âmbito e o alcance da nova Lei, de vez que ela apenas se refere a "interceptação de comunicações telefônicas, de qualquer natureza" (art.1º).

A expressão afigura-se imprópria, pois não se pretende interceptar, interromper o fluxo da comunicação telefônica, mas ouvir, autorizado, a conversação, sem interromper, recolhendo as palavras.

Entretanto, a denominação se acha aceita e consagrada, o *Cod. di Proc. Penale Italiano* já a mencionava (arts. 266 a 271). Contudo, mais adequada a expressão usada pelo *Cod. de Proc. Penal Português*: "Das escutas telefônicas" (arts.187 e 188).

Questão polêmica é saber se estão no âmbito da nova lei a gravação realizada por um dos interlocutores, sem conhecimento do outro.

O Pleno do Supremo Tribunal Federal tem decidido, ainda que por maioria, pela inadmissibilidade do laudo de gravação de conversa telefônica realizada nas circunstancias acima referidas, porque obtida por meios ilícitos.[3]

No seu voto, salientou o Min. CELSO DE MELLO, "a gravação de conversação com terceiros, feita através de fita magnética, sem o conhecimento de um dos sujeitos da relação dialógica, não pode ser contra este utilizada pelo Estado em juízo, uma vez que esse procedimento - precisamente por realizar-se de modo sub-reptício - *envolve quebra evidente de privacidade, sendo, em consequência, nula a eficácia jurídica da prova coligida par esse meio*. O fato de um dos interlocutores desconhecer a circunstância de que a conversação que mantem com outrem está sendo objeto de gravação atua, em juízo, como causa obstativa desse meio de prova. O reconhecimento constitucional do direito à privacidade (CF, art. 5º, X) desautoriza o valor probante do conteúdo de fita magnética que registra, de forma clandestina, o diálogo mantido com alguém que venha a sofrer a persecução penal do Estado. A gravação de diálogos privados, quando executada com total desconhecimento de um dos partícipes, apresenta-se eivada de absoluta desvalia, especialmente quando

3 STF, Ação Penal n° 307-3 - DF, Rel. Min. ILMAR GALVÃO, DJ 13/10/95.

o órgão da acusação postula, com base nela, a prolação de um decreto condenatório".[4]

A doutrina, por seu turno, adotando o princípio da proporcionalidade **pro reo**, tem admitido a conduta da pessoa que grava sub-repticiamente sua conversa com terceiro para demonstrar sua própria inocência, entendendo-se que a ilicitude e eliminada por causas de justificação legais da antijuridicidade, como a legítima defesa.

Por conseguinte, o novo diploma legal deve abranger aquelas gravações, sob pena delas não servirem para sustentar, por si sós, uma condenação.

De outro lado, afigura-se, manifestamente, inconstitucional, a extensão a interceptação do fluxo de comunicações em sistemas de *informática e telemática*, concedida pelo § único do art. 1º, com reflexo no art. 10.

Não há que se confundir comunicação telefônica de por linha telefônica!

A Constituição assegura nos incisos anteriores ao ora sob comento, a vida privada, o respeito a intimidade, a inviolabilidade da casa (incs. X e XI do art. 5º), e, especificamente, no inc. XII, a inviolabilidade do sigilo da correspondência e das comunicações telegráficas, de dados e das comunicações telefônicas, abrindo uma exceção apenas no último caso, leia: comunicações telefônicas.

Pelo próprio espírito do qual está impregnada a Constituição e pela mais elementar norma de hermenêutica, não há como se interpretar uma exceção extensivamente.

Ademais, nem mesmo nos estados de Defesa e de Sítio, quando se permite restrições relativas ao sigilo de correspondência, de comunicação telegráfica e telefônica, admite-se violação de comunicação de dados[5].

2. CABIMENTO

A forma negativa dada ao art. 2º revela-se inadequada para se disciplinar uma exceção.

---

4 STF, voto proferido na Ação Penal n° 307-3 - DF, Ementário n° 1.804-11, 13/10/95.

5 art. 136, § I0, I, b e c, c/c o art. 139, III, da CF.

Leva ao paradoxo de se pensar ser a interceptação a regra e o seu não cabimento a exceção!

Como toda medida cautelar, está a interceptação telefônica, submetida ao *fumus boni juris*, no caso, "indícios razoáveis da autoria ou participação em infração penal" (art. 2º, I).

O que significa fundada suspeita da autoria ou participação, não a mera possibilidade, mas a probabilidade, pressupondo, logicamente, já se tenha inquérito policial instaurado.

E, ainda, a imprescindibilidade, consubstanciada em ser "o único meio de prova disponível" (art. 2º, II), o que deverá ser demonstrado quando do pedido (art.4º, *caput*).

No inciso III, do art. 2º, o legislador não se houve bem em admitir a interceptação para todas as infrações punidas com reclusão, sendo demasiadamente abrangente e, doutra pane, excluindo todos os outros delitos não apenados com reclusão, limitou desarrazoadamente o seu raio de incidência.

Tratando de lei restritiva de direito fundamental, ainda que autorizada pela Lei Maior, sua exagerada abrangência pode levar a inconstitucionalidade, violando o princípio da proporcionalidade ou da justa medida, como denuncia ANTONIO MAGALHA.ES GOMES FILHO[6].

Vale-se o ilustre doutrinador das lições de CANOTILHO, segundo o qual, uma lei restritiva, mesmo quando adequada e necessária, pode ser inconstitucional, quando adote cargas coativas de direitos, liberdades e garantias desmedidas, desajustadas, excessivas ou desproporcionadas em relação aos resultados obtidos[7].

Melhor seria tivesse o legislador adotado as soluções estrangeiras, baseando-se nos modelos alemão e italiano, como no projeto capitaneado pela Professora ADA PELLEGRINI GRINOVER, transcrito na sua obra "Novas Tendencias do Direito Processual"[8], que preferiu especificar os crimes em que a interceptação seria possível.

As legislações alemã e italiana levam em consideração a *excepcional gravidade de certos crimes ou sua forma particular de execução.*

---

6 Boletim IBCCRIM/Agosto/96, p.14.

7 CANOTILHO J.J., Direito Constitucional, 6 ed., Coimbra, Almedina, 1993, p. 617.

8 Forense Universitária, 1990, pp. 430/435.

Na Espanha, segundo informação autorizada de ALFONSO SERRANO MAILLO, Professor da UNED-MADRI, quase todos os casos de interceptação são relativos ao tráfico de drogas[9].

Na própria exposição de motivos, que acompanhou o projeto convertido em lei, firmada pelo Ministro da Justiça NELSON JOBIM, esta consignado que a interceptação telefônica é "*medida indispensável à investigação de certos crimes que vem intranquilizando os habitantes das grandes cidades*" e por isso torna-se imperiosa a edição de lei ordinária "*a fim de aparelharem-se a polícia e a Justiça para combatera criminalidade mais grave, de alta incidência, nos dias atuais*".

Sob outro prisma, pela particular forma de execução, devia-se ter admitido a interceptação nas contravenções do jogo do bicho ou nos crimes de ameaça ou injuria praticados por telefone, só para exemplificar.

Conforme assentado no início deste artigo, convém ter presente que a gravação executada por um interlocutor, sem o conhecimento do outro, não constitui meio de prova lícito para uma decisão condenatória, podendo servir, apenas, como meio de defesa.

De mais a mais, resta inviabilizada a escuta levada a efeito por terceiro, estranho a conversação, em casos que tais.

O § único do art. 2º sob análise exige seja descrita com clareza a situação objeto da investigação, inclusive com a indicação da qualificação dos investigados, salvo impossibilidade manifesta, devidamente justificada.

Louve-se a regra, não a ressalva, que pode dar margem a se burlar o requisito contido no inciso I, "indícios razoáveis da autoria ou participação em infração penal", a menos que se restrinja a ressalva à qualificação dos investigados, permitindo-se quando houver "esclarecimentos pelos quais se possa identifica-los", à semelhança do que ocorre no art. 41 do CPP.

3. LEGITIMIDADE

A interceptação das comunicações telefônicas somente poderá ser determinada pelo juiz ("*ordem judicial*"), de ofício ou a requerimento da autoridade policial, na investigação criminal e do representante do

9 "Valor de las Escuchas Telcfônicas coma Prueba en le Sistema Espanol. Nulidad de la Prueba obtenida ilegalmente", Revista Brasileira de Ciências Criminais, ano 4, n°15, jul/set, 96, p. 16.

Ministério Público, na investigação criminal e na instrução processual penal (art. 3º, I e II).

Não se sabe porque não se deu legitimidade a vítima para se pleitear a interceptação, mormente quando modernamente ela cada vez mais e chamada a integrar a relação processual penal.

Tampouco ao réu, nos casos, **v.g.**, em que se tenha indícios da vítima estar influenciando as testemunhas de acusação, comprometendo a apuração da verdade material, objetivo maior do processo penal.

4. EXECUÇAO: FORMA E MOMENTO

O art. 4º, **caput**, reafirma a necessidade de no pedido se demonstrar a imprescindibilidade da medida para apuração da infração penal, com indicação dos meios a serem empregados.

No seu § 1º admite-se, excepcionalmente, o pedido verbal, condicionando, entretanto, sua concessão a redução a termo. Permissão que visa, evidentemente, dar maior celeridade e, consequentemente, mais eficácia à interceptação.

Por oportuno, vale ressaltar que a nossa Constituição exige ordem Judicial prévia, diferente da lei italiana que permite o sistema da verificação posterior da legalidade (CPP-Italiano, art. 267.2).

No particular, o sistema da previa ordem judicial está mais de acordo com a realidade do nosso País.

O § 2º fixa o *prazo máximo* de 24 horas para o juiz decidir o pedido.

No art. 5º, estabelece-se o *prazo máximo* de 15 dias de duração da diligencia, renovável por igual período. De onde se conclui que sua execução, em hipótese alguma, poderá exceder a 30 dias.

No mais, o art. 5º é redundante, tanto ao exigir seja a decisão fundamentada, sob pena de nulidade, princípio consagrado pelo inc. IX, do art. 93 da Carta Magna, quanta ao condicionar a renovação a comprovação da indispensabilidade do meio de prova.

Deferido o pedido, os procedimentos de interceptação serão conduzidos pela autoridade policial, ciente o Ministério Público para, querendo, acompanhar a sua realização (art. 6º).

Em caso de gravação, deverá ser determinada a sua transcrição, devendo a autoridade policial encaminhar o resultado da interceptação ao juiz, acompanhado de auto circunstanciado, contendo o resumo das operações (§§ 1º, 2º e 3º, do art. 6º).

A interceptação correrá em autos apartados, preservando-se o sigilo das operações, que somente poderão ser apensados imediatamente antes do relatório da autoridade, quando se tratar de inquérito policial ou na conclusão do processo ao juiz para despacho decorrente do disposto nos arts. 407, 502 ou 538 do CPP (art. 5º e § único).

Como se sabe, o art. 407 é aplicável ao procedimento especial do júri, quando já oferecidas as alegações, os autos são conclusos ao presidente do Tribunal do Júri, para a denominada "decisão de pronúncia" e, de forma semelhante, no procedimento ordinário perante juiz singular, na fase do art. 502, os autos são conclusos ao juiz, para sentença.

Inaplicável à espécie o art. 538, específico do procedimento sumário, não adotado para os delitos apenados com reclusão, tratando-se de evidente erro tipográfico.

Embora com previsão constitucional, a realização da interceptação telefônica durante o curso do processo tem sido bastante questionada.

Como se admitir a colheita de uma prova, durante o processo, com o conhecimento de apenas uma das partes (o Ministério Público), insciente o acusado?

E os princípios do contraditório, da ampla defesa e igualdade das partes, que compõem o devido processo penal, assegurados, com primazia, pela Constituição Federal?

Dir-se-á: o conhecimento do acusado frustraria a eficácia da medida e o contraditório apenas fica diferido.

Não há dúvida de que o conhecimento do acusado é incompatível com a natureza da medida, mas a lei não disciplinou bem de que forma se exercitara esse "contraditório diferido", sobretudo, levando-se em conta que a referida apensação, como demonstrado, só se dará após as alegações, quando os autos já estarão conclusos para decisão.

Melhor seria não se permitir a interceptação com o processo já em curso, restringindo-a a fase da investigação criminal, onde não vigora o princípio do contraditório, mas sim o inquisitorial.

Ao demais, se já existem elementos suficientes para a deflagração do processo criminal, parece ser dispensável a interceptação, por não se constituir no único meio de prova.

A lei prevê a possibilidade da autoridade policial requisitar "serviços e técnicos especializados as concessionárias de serviços públicos" (art. 7º), para os procedimentos da interceptação, desde quando, é claro, seja preservado o sigilo, preocupação constante do novo texto legal (art. 1º, **caput**, parte final, art. 8º, caput e art. 10).

O art. 9º disciplina a forma de inutilização da gravação que não interessar a prova, o que se dará também por decisão judicial, durante o inquérito, a instrução processual ou após esta, em virtude de requerimento do Ministério Público ou da parte interessada. E o seu § único torna obrigatória a assistência do incidente pelo Ministério Público, facultando a presença do acusado ou de seu representante legal.

Poderá ocorrer que, no desenrolar da interceptação, venha a autoridade policial ter conhecimento de outros crimes, diversos daqueles que eram objeto da investigação.

Nesta hipótese, haverá necessidade de nova ordem judicial, novo mandado, descrevendo com clareza a nova situação objeto da investigação, indicando o investigado (§ único do art. 2º).

Os elementos acaso colhidos durante a diligencia original, somente poderão servir para o deferimento do novo pedido, sob pena de se permitir abusos em tema tão delicado.

5. NOVO TIPO PENAL (ART. 10)

O art. 10, visando coibir possíveis abusos, decorrentes da aplicação da nova lei, considera crime a realização de interceptação de comunicações telefônicas, *sem autorização judicial ou com objetivos não autorizados em lei.*

Ocorrerá o crime, portanto, mesmo quando se proceda interceptação em caso que seria cabível, mas não fora precedida da ordem judicial. Aqui, não se admite, peremptoriamente, a verificação posterior da legalidade.

Doutra parte, também haverá o crime, quando, mesmo com a autorização judicial, a interceptação se realizar fora dos casos permitidos por esta lei, atingindo todos os envolvidos que agiram com dolo, inclusive as autoridades.

De igual modo, haverá conduta típica quando se quebrar o segredo de justiça, assegurado pela nova lei, desde o seu art. 1º, quando da realização da interceptação.

A pena será de reclusão de dois a quatro anos e multa.

Com a nova figura penal, ficam revogados o art. 56, **caput** e § I da Lei 11° 4.117/62 (Código Brasileiro de Telecomunicações), bem como o art. 151, § 1º, II (parte final), do Código Penal.

6. INVIOLABILIDADE DO EXERCICIO DA ADVOCACIA

Quando se realiza a escuta em telefonema de alguém que está sendo investigado, naturalmente, não são ouvidas apenas as manifestações de seu pensamento, mas a de todas as outras pessoas que se utilizam da mesma linha telefônica ou através dela mantem contato.

Dessa forma, a quebra do sigilo telefônico atinge a intimidade e a liberdade de muitos cidadãos.

E se, durante a interceptação, for ouvida a conversa do investigado com o seu advogado?

Evidentemente, deverá prevalecer o sigilo profissional e a inviolabilidade do exercício da advocacia, consagrada no art.133 da Carta Magna.

Não teria sentido o Estado obrigar o advogado a guardar segredo profissional para depois imiscuir-se na conversa e dela valer-se para punir o cliente.

A prova obtida por esse meio deve ser considerada ilícita e imediatamente inutilizada, sendo totalmente imprestável, não podendo gerar frutos, pois de "árvore envenenada".

Lamentavelmente, o nosso diploma legal não tratou deste relevante aspecto.

Por conseguinte, vale ressaltar que o Código de Processo Penal Português (art. 187º, 3) proíbe, expressamente, a interceptação e a gravação de conversações ou comunicações entre o "arguido e seu defensor", somente permitindo, excepcionalmente, quando houver sérios indícios de o defensor haver participado da atividade criminosa. Nesse caso, ele não atua como profissional, mas como qualquer outro investigado.

7. REFLEXÃO

Como se percebe, a utilização desse meio de investigação, inobstante a permissão constitucional do art. 5º, XII, põe em risco garantias fundamentais de nossa Carta Magna.

Será eficaz essa forma de investigação a ponto de justificar a intervenção do Estado na vida íntima do cidadão, cerceando sua liberdade de expressão, através do meio de comunicação mais usado atualmente, o telefone?

Dados estatísticos dos EUA demonstram a imensa desproporção do pequeno número de condenações fundadas em provas obtidas via interceptação telefônica, em relação à enorme quantidade de pessoas atingidas por tais interceptações: cerca de cem condenações para cem mil pessoas atingidas.

Por fim, válido consignar o justo receio de que para se vencer a luta contra a propagandeada criminalidade, abdique-se da própria democracia.

PROCESSO PENAL CONSTITUCIONAL

1. INTRODUÇÃO

O título do presente artigo, "Processo Penal Constitucional", induz, inicialmente, a necessários esclarecimentos em torno da expressão utilizada e do seu real alcance no âmbito da dogmática jurídica.

O Direito Processual Constitucional não se confunde com o Direito Constitucional Processual. Enquanto o primeiro, nas palavras de ANDRÉ RAMOS TAVARES, "consiste, pois, no conjunto das normas que disciplinam a tutela jurisdicional específica da supremacia da Constituição"[1], o segundo indica o conjunto de normas processuais inseridas na Constituição Federal, a exemplo das regras sobre competência.

De acordo com MIGUEL CALMON[2], o Direito Processual Constitucional "resulta da extensão da normatividade constitucional ao processo e do abrigo constitucional de princípios e institutos processuais", tendo em vista que

> [...] a ação estatal deve se manifestar processualmente, o direito é produzido e compreendido/interpretado/aplicado processualmente, os direitos fundamentais são garantidos processualmente e, ainda, são passíveis de realização ou de limitação também processualmente.

ANTÔNIO SCARANCE FERNANDES[3] considera que, dentro do Direito Processual Constitucional, "o processo penal constitucional é um método de estudo do processo penal à luz da Constituição Federal".

Não se trata, portanto, de um mero "jogo de palavras" ou de uma simples diferença hierárquica no âmbito da pirâmide estabelecida por HANS KELSEN, senão de uma distinção substancial que pode levar a consequências jurídicas opostas.

---

1 Teoria Processual e Processo Constitucional Objetivo, p. 74.

2 O Direito Fundamental à Processualização: fundamento para uma Teoria Geral do Processo, p. 687

3 Processo Penal Constitucional, p. 21.

Todavia, tal dicotomia também poderia ser superada, na medida em que a própria Constituição Federal fosse considerada processual, em sua materialidade.

Neste diapasão, aduz WILLIS SANTIAGO GUERRA FILHO[4] que, entre Direito Processual Constitucional e Direito Constitucional Processual, haveria

> [...] um duplo movimento em sentidos opostos, nomeadamente, uma materialização do direito processual, ao condicioná-lo às determinações constitucionais, e, ao mesmo tempo, uma procedimentalização ou 'desmaterialização' do direito constitucional, na medida em que o processo se mostre indispensável para a realização da Lei Maior.

Há, na verdade, uma materialização do direito processual ao condicioná-la às determinações constitucionais e, ao mesmo tempo, uma procedimentalização do direito constitucional ao considerar a essencialidade do processo.

O processo poderá ser materializado no momento em que for entendido como um meio de realização existencial do direito e, no âmbito penal, como uma forma de solucionar o problema "das relações entre o Estado e a pessoa individual e da posição desta na comunidade", nas palavras de JORGE DE FIGUEIREDO DIAS[5].

Na Alemanha, se definia o processo penal como direito constitucional aplicado, já que não se pode negar a posição de lei fundamental da Constituição Federal, principalmente no âmbito de um Estado Democrático de Direito.

A predominância da Constituição, portanto, e dos seus princípios e normas gerais sobre processo, sem dúvida, justifica a existência de uma teoria geral do processo, apesar de ainda ser negada por alguns processualistas penais.

2. CONSTITUIÇÃO FEDERAL DE 1988

Feitas essas colocações didáticas, doutrinárias e até filosóficas, vejamos a contextualização histórica da Constituição de 1988.

---

4 Teoria Processual da Constituição, p. 27.

5 DIAS, Jorge de Figueiredo. Direito Processual Penal, p. 58-69.

Durante os trabalhos da Assembleia Constituinte, o cenário era de grande mobilização popular e efervescência política, pois a nação brasileira ansiava por liberdade, após mais de vinte anos de regime militar.

Assim, sob aplausos e entoando-se o hino nacional, em 05 de outubro de 1988, foi promulgada a nova Constituição brasileira - a Constituição Cidadã, na expressão do então Presidente da Câmara, o saudoso Deputado Ulisses Guimarães.

Essa era a Constituição que iria instituir um Estado Democrático de Direito, pautado na dignidade da pessoa humana, com o objetivo fundamental de constituir uma sociedade livre, justa e solidária.

Significativas foram as conquistas no âmbito do processo penal, destacando-se o direito ao silêncio - entendido de forma ampla como o direito a não autoincriminação -, a opção pelo sistema acusatório - ao se estabelecer a competência privativa do Ministério Público para promover a ação penal pública -, a inadmissibilidade no processo de provas obtidas por meios ilícitos e a consagração do princípio da presunção de inocência, até o trânsito em julgado de sentença penal condenatória.

Nada obstante tantas conquistas no âmbito constitucional, lamentavelmente, o Código de Processo Penal vigente foi promulgado em 1940, portanto, sob a égide da Constituição ditatorial de 1937, do Presidente Vargas, espelhada no fascismo italiano de Mussolini.

Daquela época até hoje, tantas Constituições já passaram e não temos um novo Código de Processo Penal.

O CPP sobrevive há mais de 60 anos, não apenas porque várias leis foram editadas numa tentativa de atualização, mas, sobretudo, porque vem sendo feito um esforço de interpretá-lo de acordo com a Constituição, daí a proposta do título desse artigo "Processo Penal Constitucional".

3. TENDÊNCIAS DAS LEIS PROCESSUAIS PENAIS NOS 20 ANOS DA CF/88

Durante a vigência da atual Constituição, ainda há muita incoerência e antinomias nas leis processuais penais, a ponto de LUÍS FLÁVIO GOMES[6], ao tratar das novas tendências do Processo Penal, dividi-lo em:

6 Estado Constitucional e Democrático de Direito e o Devido Processo Criminal.

a) devido processo penal; b) devido processo penal consensuado e c) indevido processo penal.

O devido processo penal seria adequado para combater a criminalidade de médio potencial ofensivo, no qual haveria um processo com as garantias tradicionais, acrescidas de outras decorrentes da aplicação de princípios constitucionais. Assim, por exemplo, proíbe-se que o réu revel, citado por edital e sem defensor constituído, seja processado e julgado à revelia, como forma de efetivação do princípio constitucional da ampla defesa, com a nova redação do art. 366, conferida pela Lei n°. 9.271/96.

O processo penal consensuado, que surgiu com a Lei n°. 9099/95, dispensa um tratamento diferenciado à denominada infração penal de menor potencial ofensivo, permitindo a transação penal, com base no art. 98 da Carta Magna.

Contudo, destoando dos princípios constitucionais, sob o pretexto de combater a criminalidade organizada ou de especial gravidade, temos o "indevido processo penal", o qual se constitui por leis como a de prisão temporária (Lei 7.960/89), de crime hediondo (Lei 8.072/90), de crime organizado (Lei 9.034/95), de interceptação telefônica (Lei 9.298/96) e de lavagem de dinheiro (Lei 9.613/98), dentre outras.

A Lei 7.960/89, que instituiu a prisão temporária, viola a constituição, na medida em que não se revista do caráter cautelar.

Como cediço, a prisão temporária surgiu para atender a uma antiga reivindicação dos delegados de polícia, que sempre lutaram pela "prisão para averiguação", sem, contudo, obter êxito.

Consoante sua exposição de motivos, a prisão temporária fazia-se necessária para combater a criminalidade mais grave, sobretudo nos grandes centros.

Trata-se de uma prisão pré-processual, a ser decretada pela autoridade judiciária competente, conforme exige a constituição, com base em uma representação da autoridade policial ou em um requerimento do Ministério Público.

Com efeito, a legitimidade constitucional da prisão processual ou pré-processual está relacionada à diferença das funções da prisão-pena (defesa social, exemplaridade, prevenção, retribuição), da prisão antes do trânsito em julgado de sentença penal condenatória (cautelar, portanto, condicionada à existência do *fumus boni iuris* e do *periculum libertatis*).

Se não há qualquer caráter cautelar na aludida modalidade de privação de liberdade, esta não guarda compatibilidade com os ideais de um Estado Democrático de Direito pautado na dignidade da pessoa humana.

Pelo art. 1º da Lei 7.960/89, caberá prisão temporária "I - quando imprescindível para as investigações do inquérito policial". Numa inversão de princípio, alegam alguns delegados que só poderão demonstram a real necessidade (imprescindibilidade) da prisão após sua efetivação, ou seja, prende-se para investigar e não se investiga para prender.

Na prática, principalmente nas recentes operações da policial federal, está havendo nítido abuso na decretação da temporária, utilizada, numa degeneração da sua função, de forma espetaculosa, para dar satisfação à sociedade.

O que é mais grave é sua utilização como forma de obter "confissões" ou "delações premiadas", interrogando-se o indiciado preso, humilhado, abatido moralmente, após o que é solto, ou, se não colaborou devidamente, pode ter convolada a prisão temporária em preventiva, comprometendo-se a garantia constitucional do direito ao silêncio.

Também não há necessidade de se prender o indiciado só porque não tem residência fixa ou por não fornecer elementos para sua identificação (art. 1º, II). Na última hipótese, bastaria ser submetido à identificação criminal e na primeira, obrigado a fornecer endereço onde poderia ser encontrado enquanto tivesse sendo investigado.

Por fim, o texto estrito da lei permite a prisão temporária quando houver suspeita de autoria ou participação do indiciado nos crimes elencados no inciso terceiro do art.1º, em frontal colisão com o princípio constitucional da presunção de inocência.

Por essas e outras razões, é que a constitucionalidade da Lei 7.960/89 está sendo questionada na Ação Direta de Constitucionalidade nº. 3360, ajuizada pelo Partido Social Liberal (PSL) e em vias de ser julgada pelo STF.

Na referida ADIN, o partido alega que, na Lei 7.960/89, haveria ofensa aos direitos fundamentais constitucionais, como a igualdade, a liberdade e a presunção de inocência (artigo 5º, incisos LIV, LVII, LXI, LXIII e LXVI da Constituição Federal).

Impugnando diretamente os arts. 1° e 2° da Lei Federal, o PSL requereu a suspensão liminar dos mesmos e, em seguida, a decretação da sua inconstitucionalidade. E, "em pedido subsidiário, o autor pede que o

Supremo dê à lei interpretação conforme a Constituição Federal, apontando como necessária para a decretação da prisão a reunião dos três requisitos legais previstos no artigo 1º da lei federal"[7].

Anote-se, ainda, que, o prazo da prisão temporária de 05 dias, prorrogável por igual período, no caso dos denominados crimes hediondos passa, absurdamente, para 30 dias, prorrogável por igual período, nos termos do parágrafo 3º do art. 2º, da Lei 8.072/90.

A propósito, um exemplo que bem elucida o caráter ideológico dessas leis processuais penais é extraído de uma análise comparativa relacionada à progressão de regime. Enquanto a Lei de Crimes Hediondos proibia a progressão de regime, a Lei dos Crimes de Tortura (Lei 9.455/97) - igualmente hediondos, nos termos do art. 5º, inc. XLIII, da CF – prevê essa progressão, em consonância com o princípio da individualização da pena, contemplado constitucionalmente (art. 5º, inc. XLVI).

Em 2006, o STF, no HC nº. 82.959, julgou inconstitucional o art. 2º, § 1º, da Lei nº. 8.072/90, em razão da sua incompatibilidade vertical com o princípio constitucional da individualização da pena.

Tal mudança de posição do STF motivou o surgimento da Lei 11.464/2007, dando nova redação ao mencionado art. 2º da Lei 8.072/90, de modo a permitir a progressão de regime nos denominados crimes hediondos, estabelecendo, contudo, o quorum diferenciado de 2/5 (dois quintos) da pena, se o apenado for primário, e de 3/5 (três quintos), se reincidente.

A Lei 9.034/95, editada para combater o crime organizado, é bastante polêmica em vários aspectos, por exemplo: a) não define, com a necessária segurança jurídica, o que seja uma "organização criminosa"; b) em violação ao sistema acusatório, o juiz participa da fase de investigação; c) há uma presunção de culpa antes do trânsito em julgado de sentença penal condenatória, quando não se permite liberdade provisória (art.7º), nem o direito do réu apelar em liberdade (art.9º).

No mesmo sentido, a Lei 9.613/98, que dispõe sobre os crimes de "lavagem de dinheiro", apresenta várias antinomias: permite o processo e julgamento à revelia, quando determina no seu art. 2º, §2º, que não se aplica o disposto no art. 366 do CPP, não permite a concessão de liberdade provisória (art. 3º) e, numa inversão desautorizada do ônus da

7 Disponível no site www.stf.gov.br. Acesso em 21 jul. 2008.

prova, condiciona a liberação dos bens, direitos e valores aprendidos e sequestrados, à comprovação da "licitude de sua origem" (art.4º, §2º).

Por seu turno, a lei de interceptação telefônica (Lei 9.296/96) foi por demais abrangente ao permitir a escuta telefônica para toda infração punida com reclusão (art. 2º, III), por ser um meio de prova que atinge profundamente a vida íntima do cidadão, cerceando sua liberdade de expressão, deveria ter sido reservado apenas para crimes de excepcional gravidade ou por sua forma particular de execução, como o fizeram as legislações alemã e italiana.[8]

Na Espanha, segundo informação autorizada de ALFONSO SERRANO MAÍLLO[9], quase todos os casos de interceptação telefônica são relativos ao tráfico de drogas.

No Brasil, após a edição da Lei 9.296/96 as interceptações telefônicas, além das informáticas e telemáticas, vêm sendo utilizadas de forma abusiva, em desacordo com a própria lei que a instituiu, que exige seja "o único meio de prova disponível" (art. 2º, II) e fixa o prazo de "15 dias de duração da diligência, renovável por igual período" (art. 5º).

O excessivo número de escutas telefônicas, calcula-se tenham sido mais de 400 mil só em 2007, autorizadas pelo juiz, a sua desarrazoada duração, em alguns casos por vários anos, a indevida divulgação do seu conteúdo pelos telejornais, levou, recentemente, o Partido Trabalhista Brasileiro (PTB) a ajuizar Ação Direta de Inconstitucionalidade (ADI) 4112 contra a referida Lei.

Na ação, o PTB pede a inconstitucionalidade de cinco dispositivos da lei, mas observa que toda a norma deve ser declarada ilegal se o STF "julgar melhor".

De acordo com o partido, a lei é incompatível com a Constituição Federal nos trechos que garantem a inviolabilidade da intimidade, da vida privada, do sigilo das correspondências e das comunicações telegráficas e telefônicas (artigo 5º, incisos X, XII, LIV, e LVI).

O primeiro dispositivo questionado pelo PTB é o parágrafo único do artigo 1º da lei, que permite a quebra de sigilo de dados de computadores (sistemas de informática) e de sistemas telemáticos. Para o partido, o

8 FARIA JR., César de. Interceptações telefônicas, p. 83.

9 MAILLO, Alfonso Serrano. "*Valor de lãs escuchas telefônicas como prueba en el sistema español*", p.16.

dispositivo "atentou contra a inviolabilidade do sigilo das comunicações no âmbito de processamento de dados"[10]

O PTB afirma que a Constituição Federal "garantiu a inviolabilidade do sigilo das comunicações privadas de uma maneira geral, excetuando apenas os das comunicações telefônicas"[11]. A agremiação acrescenta que, mesmo com relação a dados de sistemas telemáticos, "deve-se dizer que o texto constitucional só parece permitir a interceptação de ´comunicação telefônica` stricto sensu (ou seja, da voz), e não da ´comunicação via telefone` (compreendendo a telemática)"[12].

O segundo dispositivo questionado é o inciso III do artigo 2º da lei. O partido alega que a regra é genérica, viola o devido processo legal e não respeita o princípio da proporcionalidade.

"O legislador, de forma irrazoável, não indicou expressamente os casos em que a interceptação poderia ser possível"[13], alega o PTB. Por isso, a agremiação pretende que seja dado ao texto da lei uma interpretação conforme a Constituição para permitir que a interceptação telefônica somente seja possível para crimes considerados de especial gravidade e não para qualquer crime punido com reclusão.

O segundo e terceiro dispositivos impugnados são o caput e o inciso II do artigo 3º, que permitem que o juiz determine a interceptação telefônica "de ofício" e durante a "instrução processual penal". O partido afirma que, nessa parte, a norma compromete o "princípio da imparcialidade" e "cria a figura do ´juiz inquisidor`, inaceitável diante do processo acusatório adotado no Brasil"[14].

Por fim, o PTB contesta o parágrafo 2º, do artigo 4º da Lei, que dá ao juiz o prazo máximo de 24 horas para decidir sobre o pedido de interceptação. O partido que diz que a regra "visa, sem dúvida, impedir de modo indireto, por meio de um prazo desproporcional, que o magistrado tenha a possibilidade de sequer examinar os autos"[15].

---

10 Disponível no site www.stf.gov.br. Acesso em 20 jul. 2008.

11 Disponível no site www.stf.gov.br. Acesso em 20 jul. 2008.

12 Disponível no site www.stf.gov.br. Acesso em 20 jul. 2008.

13 Disponível no site www.stf.gov.br. Acesso em 20 jul. 2008.

14 Disponível no site www.stf.gov.br. Acesso em 20 jul. 2008.

15 Disponível no site www.stf.gov.br. Acesso em 20 jul. 2008.

Ao fazer um "breve histórico" da lei, o PTB argumenta que "os chamados grampos telefônicos se banalizaram e se multiplicaram por todo o país, gerando um efeito utilitarista e nocivo"[16]. Diz ainda que, por qualquer razão, as autoridades que investigam obtêm facilmente autorização judicial com o argumento de investigar prática criminosa.

Para o partido, o que teria de ser uma exceção, de que "deveria se lançar mão apenas em casos de extrema gravidade, virou incidente corriqueiro no foro criminal, mesmo quando esse instrumento é desnecessário"[17].

A ação tem pedido de liminar para que os dispositivos contestados sejam suspensos em virtude dos "tumultos" que a norma vem causando no país ou para que seja aplicado ao caso dispositivo da Lei das Adis que permite o julgamento de mérito da ação pelo colegiado do STF sem necessidade de análise da liminar[18].

Por tudo exposto, preocupa, sobremaneira, tenham sido editadas várias leis processuais penais, sob a vigência da Constituição democrática de 1988, que, no seu conjunto, reflete a ideologia do denominado "processo penal do inimigo".

3.1. BREVES CONSIDERAÇÕES ACERCA DO PROCESSO PENAL DO INIMIGO

Ao considerado "indevido processo penal" de LUIS FLÁVIO GOMES, denominamos "processo penal do inimigo", em Capítulo, publicado no Livro Leitura Complementares de Processo Penal[19], numa alusão ao que JAKOBS chamou de "direito penal do inimigo".

Naquela oportunidade, foi exposto que, a partir de 1985, em estudo sobre a *"Criminalización en el estadio prévio a la lesión de un bien jurídico"*, JAKOBS[20] começou a estabelecer a diferença entre o Direito Penal

16 Disponível no site www.stf.gov.br. Acesso em 20 jul. 2008.

17 Disponível no site www.stf.gov.br. Acesso em 20 jul. 2008.

18 Disponível no site: www.stf.gov.br. Acesso em 20 jul. 2008.

19 FARIA JR., César de. Jean Charles de Menezes e o Processo Penal do Amigo. In: MOREIRA, Rômulo de Andrade (org.). **Leituras Complementares de Processo Penal**. Salvador: JusPodivm, 2008, p.265-268.

20 JAKOBS, Gunther. *Criminalización en el estádio prévio a la lésion de un bien jurídico. Trad. De Enrique Peñaranda Ramos. Estúdios de derecho penal.* P.293-323. Madrid: Civitas, 1997.

do Cidadão, o qual preserva as esferas de liberdade, e o Direito Penal do Inimigo, que prioriza a proteção a bens jurídicos e trata o infrator como "não pessoa".

Em trabalho mais recente, o mesmo autor tedesco[21], invocando as teorias contratualistas do Iluminismo, aduziu que quem viola as normas do contrato social, por princípio e de forma reiterada, renuncia ao seu *status* de cidadão, da mesma forma que aquele que adere ao grupo criminoso (em vez da sociedade civil) e repudia a legitimidade do Estado em seu conjunto pratica uma "autoexclusão da personalidade", devendo, segundo ele, ser tratado como inimigo.

Os fenômenos político-criminais geradores do denominado Direito Penal do Inimigo, segundo CANCIO MELIÁ[22], são o Direito Penal Simbólico e o punitivismo, ambos produtos da expansão do Direito Penal nas sociedades pós-industriais.

Todavia, o professor espanhol critica a tese de JAKOBS acerca da pretensa autoexclusão da personalidade jurídica por parte do inimigo, na justa medida em que a personalidade jurídica é atribuída pelo Estado Democrático de Direito a todos os seres humanos, sendo irrenunciável, de tal forma que Direito Penal do Inimigo encerra uma contradição em termos, ao passo que Direito Penal do Cidadão, um pleonasmo.

JAKOBS sustenta sua posição, restringindo a aplicação do Direito Penal do Inimigo como Direito Penal de Emergência, defendendo sua aplicação aos terroristas, numa guerra refreada, de forma claramente delimitada, para se evitar que se prive o Direito Penal do Cidadão de suas qualidades imanentes à noção de Estado de Direito, o que, em sua opinião, seria menos perigoso do que se embutir no Direito Penal do Cidadão alguns dispositivos próprios do Direito Penal do Inimigo.

A referida polarização entre Direito Penal do Cidadão e Direito Penal do Inimigo permeia igualmente o Direito Processual Penal.

---

21 JAKOBS, Gunther. *Derecho penal del ciudadano y derecho penal del enemigo*. In: JAKOBS, Gunther; CANCIO MELIÁ, Manuel. ***Derecho penal del enemigo***. Madrid: Civitas, 2003, p. 19-56.

22 CANCIO MELIÁ, Manuel. *Derecho penal del enemigo y delitos de terrorismo: Algumas consideraciones sobre la regulacíon de lãs infracciones en matéria de terrorismo en el código penal español después de la LO 7/2000*. **Revista Peruana de Ciências Penales**, Lima, n. 9, p. 151-168, jun. 2003.

O grande paradoxo do Direito Processual Penal é ter duas finalidades precípuas que se entrechocam: eficácia na realização da justiça e proteção dos direitos fundamentais do cidadão. Ordenamento de liberdade *versus* ordenamento de segurança.

Nessa dicotomia, o Processo Penal do Inimigo traduz, em vez da atividade cognitiva baseada na imparcialidade do Estado Democrático de Direito, aquilo que LUIGI FERRAJOLI[23] denomina *"procedura decisionistica e inquisitória fondata sul principio, schiettamente politico, dell'amico/nemico"*. Segundo o autor peninsular, são características do Processo Penal do Inimigo a conotação partidária do acusador e do órgão jurisdicional e a transformação do processo penal em instrumento da *luta* contra a criminalidade organizada.

Em outro trabalho[24], o mesmo autor fala em uma crise de credibilidade do direito, como consequência da globalização, porque, apesar das muitas cartas constitucionais e declarações de direitos, os homens são, hoje, incomparavelmente, mais desiguais em essência devido às condições de indigência das quais são vítimas milhares de seres humanos.

Nesse contexto, WINFRIED HASSEMER[25] aduz que os fenômenos da modernização e da globalização vêm ameaçando maciçamente as clássicas garantias do processo penal, sendo que as reformas processuais penais "concentram-se nas últimas décadas somente na fase de investigação, isto é, naquela parte do processo em que se trata de instrumentos de controle".

Como já advertia BARATTA[26], os mecanismos discriminatórios na administração dos direitos fundamentais a favor de cidadãos "respeitáveis" e à custa dos excluídos (imigrantes, desempregados, indigentes, toxicômanos, jovens marginais, etc.) condicionam uma redução da segurança jurídica que, por sua vez, alimenta o sentimento de insegurança da opinião pública. O resultado é uma forma de estilização seletiva das

23 FERRAJOLI, Luigi. *Emergência penale e crisi della giurisdizione. Dei delitti e delle pene*, Bari, n. 2, p. 271-292, mag./ago. 1984.

24 FERRAJOLI, Luigi. *Criminalidad y globalização, trad. De M. Carbonell, em CRP- Claves de Razón Práctica*, n.152, 2005, p.20-25, esp. p. 20.

25 HASSEMER, Winfried. Processo penal e direitos fundamentais. Jornadas de direito processual penal e direitos fundamentais. Coimbra: Almedina, 2004, p. 15-25.

26 BARATTA, *El concepto actual de seguridad en Europa*. RCSP – Revista Catalana de Seguridad Pública, n. 8, 2001, p.19.

áreas de risco de violação dos direitos, onde a parte não está no todo, mas em lugar do todo ou, diretamente, contra o todo, entendido o todo como os direitos fundamentais de todas as pessoas.

O maior paradigma do Processo Penal do Inimigo é, na abalizada opinião de DIOGO MALAN[27], a *Ordem Militar Presidencial* estadunidense de 13/11/2001, a qual versa sobre a "Detenção, Tratamento e Julgamento de Alguns Não-cidadãos na Guerra contra o Terrorismo".

Trata-se de ato normativo, promulgado por força do notório atentado de 11 de setembro de 2001, ao qual podem ser submetidos indivíduos considerados suspeitos de qualquer tipo de envolvimento com o terrorismo, notadamente com a organização terrorista *Al Quaeda*, desde que seja considerado conveniente do ponto de vista dos interesses dos Estados Unidos da América.

Todos os indivíduos enquadrados no elástico conceito de *terroristas* são julgados por órgãos denominados *Comissões Militares*, cujos membros (julgadores, acusadores e defensores) são diretamente nomeados pelo Secretário de Defesa estadunidense, dentre oficiais integrantes das Forças Armadas.

Numa concentração absoluta de poderes, o Secretário de Defesa detém também competência legislativa, podendo editar ordens com vistas à regulamentação desse ato, quanto à matéria processual, havendo, ainda, a instituição de um reexame obrigatório de todas as decisões de mérito proferidas pelas Comissões Militares pelo próprio Presidente da República ou pelo Secretário de Defesa, caso designado por aquele.

Tal ato legislativo ressalva, expressamente, serem inaplicáveis aos suspeitos da prática de atos terroristas os princípios da lei e as regras probatórias do processo criminal ianque, não cabendo recurso por parte dos réus a qualquer tribunal civil, seja ele norte-americano, estrangeiro ou internacional.

Como visto, a Ordem Militar Presidencial outorga poderes praticamente ilimitados ao Secretário de Defesa: acumula o *poder legislativo* (ao criar órgãos jurisdicionais e normas processuais penais *ex post factum*), *executivo* (ao nomear todos os componentes dessas Comissões Militares e exercer as funções de autoridade penitenciária) e, finalmente, *judicial* (ao desempenhar o papel de instância revisora das decisões proferidas

27 MALAN, Diogo Rudge. Revista Brasileira de Ciências Penais, março/abril 2006, ano 14, nº 59, p.223-59. São Paulo: Editora Revista dos Tribunais.

pelo primeiro grau de jurisdição), tornando tal Ordem "um ato absolutamente único, ante a clássica tripartição de Poderes e o seu sistema de freios e contrapesos, que caracterizam qualquer Estado Democrático de Direito", como bem anota MARCO BOUCHARD[28].

Registre-se que, após cinco anos do atentado às torres gêmeas, a Suprema Corte dos EUA começou a reagir no tocante à contradição de se admitir o Processo Penal do Inimigo num Estado que se autoproclama Democrático e de Direito, ao decidir que também os suspeitos de terem praticado atos de terrorismo detidos pelo governo devem ser tratados de acordo com a Convenção de Genebra de 1949 sobre prisioneiros de guerra.

Veja-se o quanto se retrocedeu na história do Direito Penal e Processual Penal, a tal ponto que, aplicar as regras destinadas aos prisioneiros da Segunda Guerra Mundial, passou a ser uma garantia, uma "evolução".

De qualquer sorte, o procedimento aplicável aos suspeitos da prática de terrorismo nos Estados Unidos da América, bem como em outros países tidos democráticos, como a Inglaterra (que também adota medidas excepcionais de detenção governamental por tempo indefinido de estrangeiros suspeitos de terrorismo) são casos paradigmáticos de Processo Penal do Inimigo, visando à neutralização do suposto perigo que esses indivíduos representam, através da supressão de diversas garantias fundamentais, ao lado do Processo Penal do Cidadão, com todos os corolários lógicos da cláusula do "*due process of law*" aplicável a todos os demais cidadãos.

No mesmo diapasão, foi proposto pelo Governo Bush 45 (quarenta e cinco) dias após o 11 de setembro, sem que houvesse nenhuma consulta à população, o famigerado USA Patriot Act, aprovado pelo Senado dos Estados Unidos em 22.10.2001, cujo título Patriot - Provide Appopriate Tools Required to Intercept and Obstruct Terrorism (Fornecer Ferramentas Apropriadas para Interceptar e Obstruir o Terrorismo), já denota seu objetivo

Dentre as muitas previsões contidas no extenso "Ato Patriótico", destacam-se a elevação das penas nas ações de apoio a terroristas, crime que passou a ser considerado como federal, medidas rigorosas contra o bioterrorismo, contra imigrantes suspeitos de envolvimento em atos

28 BOUCHARD, Marco. Guantánamo: morte do processo penal e início do apocalipse. Trad. Eduardo Maia Costa. Revista do Ministério Público, n. 97, p. 61-72, Lisboa, jan./mar. 2004.

terroristas, controles mais amplos sobre a suspeita de lavagem de dinheiro e os bancos de fachada.

Dentre outras violações a direitos e garantias fundamentais, autorizou-se ao FBI, Polícia Federal dos EUA, a obter livre acesso a dados sigilosos, através das "cartas de segurança nacional", as denominadas NSLs, que atribuem a faculdade a tais agentes de vasculharem, sem qualquer autorização judicial, serviços telefônicos, bibliotecas públicas e internet, além da permissão de revista domiciliar, sem mandado de busca e apreensão, mesmo na ausência do proprietário ou locatário, escutas sem autorização judicial e a possibilidade de detenção sem mandado judicial, por tempo indeterminado, de suspeito de participar de atividades terroristas, e até mesmo de "testemunhas relevantes" seria válida para a legal e controvertida questão do combate ao terrorismo.

Conforme informa Cristiano German[29], diante da situação de choque e insegurança generalizada, apenas o senador democrata Russel Freingold teceu críticas públicas ao pacote antiterror, advertindo que a guerra contra o terror estará perdida, "sem dar-se um tiro sequer", quando forem sacrificadas as liberdades dos cidadãos americanos.

3.2. O DIREITO HUMANITÁRIO INTERNACIONAL

Outra tendência verificada nesses vinte anos da Constituição é a incorporação do denominado "Direito Humanitário Internacional" ao Direito Brasileiro, notadamente no que se refere às normas processuais penais de cunho constitucional.

A Constituição, desde seu texto original de 1988, expressamente prevê a incorporação pelo ordenamento jurídico pátrio de tratados internacionais em que o Brasil seja parte:

> Art. 5°. (...)
> §2°. Os direitos e garantias expressos nesta Constituição não excluem outros decorrentes do regime e dos princípios por ela adotados, ou dos tratados internacionais em que a República Federativa do Brasil seja parte.

29 DIREITO e tecnologias da informação. As Novas Leis de Segurança na Alemanha e nos Estados Unidos. Os efeitos para a comunidade local e global. **R. CEJ.** Brasília, n. 19, p.78-84, out/dez. 2002. (*online*).

Dos tratados e convenções internacionais firmados pelo Brasil, destacam-se o Pacto Internacional de Direitos Civis e Políticos (PIDCP, 1966) e a Convenção Americana sobre Direitos Humanos (CADH, 1969), mais conhecida como "Pacto de São José da Costa Rica".

A CADH foi promulgada entre nós através do Decreto Presidencial nº. 678, de 06/11/1992, sem nenhuma restrição (Decreto Legislativo nº 27 de 26/05/92), apenas com a seguinte declaração interpretativa:

> Art. 2°. O Governo do Brasil entende que os arts. 43 e 48, alínea d, não incluem o direito automático de visitas e inspeções *in loco* da Comissão Interamericana de Direitos Humanos, as quais dependerão da anuência expressa do Estado.

Registre-se, pela sua enorme relevância, que a CADH consagrou o princípio da presunção de inocência em toda sua plenitude, *verbis:*

> Art. 8º, 1, 1ª parte toda pessoa acusada de delito tem direito a que se presuma sua inocência enquanto não se comprova legalmente sua culpa.

A Reforma do Judiciário, consubstanciada através da Emenda Constitucional n°. 45/2002, deu maior relevo às normas de direito internacional humanitário, ao acrescentar o §3º, ao citado art. 5º da CF, dispondo que:

> §3°. Os tratados e convenções internacionais sobre direitos humanos que forem aprovados, em cada Casa do Congresso Nacional, em dois turnos, por três quintos dos votos dos respectivos membros, serão equivalentes às emendas constitucionais.

Deste modo, atualmente, o direito humanitário internacional incorpora-se ao direito interno, ou como Direito supra legal (conforme entendimento da doutrina e do próprio STF, nos termos do voto do Min. Gilmar Mendes, no RE 466.343-SP, Rel. César Peluso, j. 22.11.2006) ou como Emenda Constitucional, quando venha a ser observado o *quorum* de aprovação fixado no § 3º do art.5º da CF.

Em qualquer hipótese, vale destacar que as normas do direito humanitário internacional estarão sempre acima das leis, na escala vertical da pirâmide de validade, daí a importância do seu estudo, muitas vezes relegado a segundo plano.

No sentido da internacionalização do direito processual penal, fato representativo foi a criação do Tribunal Penal Internacional (TPI), por meio do Estatuto de Roma de 1998, com competência para os crimes de genocídio, contra a humanidade, de guerra (incluindo-se os de ordem sexual e o aliciamento de crianças como soldados) e de agressão (art. 5°).

Pelo Decreto n°. 4.388/2002, foi promulgado o Estatuto de Roma do Tribunal Penal Internacional, cujo texto foi aprovado, sem qualquer ressalva, pelo Congresso Nacional (Decreto Legislativo 112/2002). Em seguida, com a EC n°. 24/2002, o Brasil passou a se submeter à jurisdição do Tribunal Penal Internacional, nos termos do §4º, do art. 5º da CF.

Com efeito, o Brasil, além de se submeter à jurisdição do TPI, tem uma das juízas mais ativas do tribunal em Haia, a paulista SYLVIA HELENA DE FIGUEIREDO STEINER.

O TPI foi criado em 1998, com a adesão de 107 países, e é o primeiro sistema mundial de justiça permanente, diferente do Tribunal de Nuremberg, criado após a 2ª Guerra para julgar carrascos nazistas (1945), do Tribunal Criminal Internacional para a ex-Iugoslávia, criado durante a Guerra dos Bálcãs em 1993, que julgou o ditador sérvio Slobadan Milosevic, e do Tribunal criado em 1994, para sentenciar os culpados pelo genocídio de Ruanda.

Ressalte-se que países da importância dos Estados Unidos, China e Rússia ainda não aderiram ao TPI.

Contudo, o tribunal internacional vem funcionando, conquanto até agora somente tenha aberto processos em quatro países pobres da África, como Congo, Uganda, República Centro-Africana e Sudão.

O Promotor-Chefe do TPI, o argentino Luis Moreno Ocampo, em recente entrevista à Revista Veja[30], defende a atuação do tribunal naqueles países africanos, justificando que não tinham condições de fazer justiça por seus próprios meios. Esclareceu o citado promotor que nos casos do Congo, de Uganda e da República Centro-Africana, o TPI recebeu solicitações dos próprios países e, no caso do Sudão, foi o Conselho de Segurança da ONU quem solicitou a investigação em Darfur. Esta última

30 FAVARO, Thomaz. **A lição da Justiça**. Revista VEJA, p.11-15.

é a única forma do TPI investigar um crime num país que não tenha assinado o estatuto de Roma, como é o caso do Sudão.

O TPI demonstrou o alcance de sua jurisdição internacional, recentemente, ao determinar a prisão do presidente do Sudão, Omar Hassan Ahmad Al-Bashir, acusado de genocídio, pela morte de cerca de 300.000 pessoas, utilizando-se do exército nacional e das milícias armadas para atacar três grupos étnicos daquele país.

A importância da existência do Tribunal Penal Internacional está na proteção efetiva do denominado Direito Humanitário Internacional, com a garantia do "juiz natural", na medida em que se consolida como uma justiça internacional permanente.

4. SUBSTANTIVO PROCESSO PENAL

Na linha do que vem sendo exposto, a garantia fundamental do devido processo legal não pode mais ser compreendida apenas no sentido estrito da lei, mas da Constituição e do Direito Humanitário Internacional.

Por seu turno, o juiz legalista deve dar lugar ao juiz constitucionalista, passando-se do método meramente subsuntivo (formalista) para o ponderativo ("razoabilidade").

O devido processo não pode ser visto apenas como uma garantia procedimental, mas substancial. A cláusula do *subtantive process of law* prevista no art.5º, LIV, da CF consiste em que todos os atos públicos devem ser regidos pela **razoabilidade** ou **proporcionalidade**.

Em importante decisão do STF referente ao problema da *sedes materiae* do *princípio da proporcionalidade* em nossa Constituição, discutido por ocasião do julgamento de mérito das ADINs nº. 966-4 e 958-3, em 11 de maio de 1994, nas quais se debateu a constitucionalidade do art. 5º, e seus parágrafos, da Lei nº. 8.713, de 30 de setembro de 1993, que estabeleceu normas para as eleições gerais de 03 de outubro de 1994, assim se manifestou o Ministro Moreira Alves:

> A Constituição em seu art.5º, inciso LIV - e aqui trata-se de direitos não apenas individuais, mas também coletivos e aplica-se, inclusive, às pessoas jurídicas - estabelece que: ninguém será privado da liberdade ou de seus bens sem o devido processo legal.

> Processo legal, aqui, evidentemente, não é o processo da lei, senão a Constituição não precisava dizer aquilo que é o óbvio, tendo em vista, inclusive o inciso II do art.5º que diz: ninguém será obrigado a fazer ou deixar de fazer alguma coisa senão em virtude de lei.
> Esse princípio constitucional que tem a sua origem histórica nos Estados Unidos, lá é interpretado no sentido de abarcar os casos em que há falta de razoabilidade de uma norma. Por isso mesmo já houve quem dissesse que é um modo de a Suprema Corte americana ter a possibilidade de certa largueza de medidas para declarar a inconstitucionalidade de leis que atentem contra a razoabilidade.[31]

Com a Emenda Constitucional nº. 45/2004, tratando da Reforma do Judiciário, que acrescentou o inciso LXXVIII, ao art. 5º da Constituição de 1988, garantindo a "duração **razoável** do processo", tem-se uma referência também expressa à razoabilidade, *in verbis*:

> A todos, no âmbito judicial e administrativo, são assegurados a razoável duração do processo e os meios que garantam a celeridade de sua tramitação.

Para se traduzir o que é duração razoável do processo, há de se valer o intérprete do princípio da proporcionalidade. Assim, duração razoável será aquela que permita se atingir os fins do processo (adequação), sem comprometer a ampla defesa (necessidade), e sem delongas inúteis (proporcionalidade em sentido estrito).

No processo penal, a duração do processo pode ser considerada razoável se não for muito breve, a ponto de comprometer o pleno exercício da ampla defesa, e nem muito longa, de modo a levar à extinção da punibilidade pela prescrição.

4.1. *PRINCÍPIO DA PROPORCIONALIDADE E OS SEUS SUBPRINCÍPIOS*

O princípio da proporcionalidade é um parâmetro de valoração dos atos do poder Público para aferir se eles estão informados pelo valor superior inerente a todo ordenamento jurídico: a justiça.

31 DJU 24.05.94 - Rel. Min. Marco Aurélio.

Sendo mais fácil de ser sentido do que conceituado, o princípio se dilui em um conjunto de proposições que não o libertam de uma dimensão excessivamente subjetiva.

É razoável o que seja conforme à razão, supondo equilíbrio, moderação e harmonia, o que não seja arbitrário ou caprichoso, o que corresponda ao senso comum, aos valores vigentes em dado momento ou lugar. Há autores que recorrem ao direito natural como fundamento para a aplicação da regra da razoabilidade, embora possa ela radicar perfeitamente nos princípios gerais da hermenêutica.

Seja como for, é necessário estabelecer uma delimitação e conferir cunho normativo ao princípio da razoabilidade, para que ele não se esvazie de sentido, por excessivamente abstrato, ou que se perverta num critério para julgamento *ad hoc*.

Desse modo, deve-se levar em consideração os fatores invariavelmente presentes em toda ação relevante de criação do direito (os motivos, os fins e os meios), além dos valores fundamentais da organização estatal (ordem, segurança, paz, solidariedade, etc.). Em última análise: a justiça. A razoabilidade é a adequação de sentido que deve haver entre estes elementos.

Essa razoabilidade deve ser aferida, em primeiro lugar, dentro da lei. É a chamada razoabilidade interna, que diz respeito à existência de uma relação racional e proporcional entre seus motivos, meios e fins.

De outra parte, havendo razoabilidade interna da norma, é preciso verificar sua razoabilidade externa, isto é: sua adequação aos meios e fins admitidos e preconizados pelo texto constitucional.

A propósito, pronunciou-se o Tribunal Constitucional Federal da Alemanha, em 1971:

> O meio empregado pelo legislador deve ser adequado e exigível, para que seja atingido o fim almejado. O meio é adequado quando, com o seu auxílio, se pode promover o resultado desejado; ele é exigível quando o legislador não poderia ter escolhido outro igualmente eficaz, mas que seria um meio não-prejudicial ou portador de uma limitação menos perceptível a direito fundamental.

Na decisão do Tribunal alemão, verifica-se a presença de outro requisito qualificador da razoabilidade-proporcionalidade: a exigibilidade ou necessidade, conhecido como "princípio de menor ingerência possível", também denominado "proibição do excesso".

Há, ainda, um terceiro requisito, igualmente desenvolvido na doutrina alemã: proporcionalidade em sentido estrito. Cuida-se, aqui, de verificar a relação custo-benefício, entre os danos causados e os resultados a serem obtidos. Nas palavras de Canotilho, trata-se "de uma questão de 'medida' ou 'desmedida' para se alcançar um fim: pesar as desvantagens dos meios em relação às vantagens do fim"[32].

Assim é que do princípio da proporcionalidade se extraem os seguintes requisitos: a) da adequação, que exige que as medidas adotadas pelo Poder Público mostrem-se aptas a atingir os objetivos pretendidos; b) da necessidade ou exigibilidade, que impõe a verificação da inexistência de meio menos gravoso para atingimento dos fins visados; e c) da proporcionalidade em sentido estrito, que é a ponderação entre o ônus imposto e o benefício trazido, para constatar se é justificável a interferência na esfera dos direitos dos cidadãos.

No primeiro momento, é preciso verificar se o meio escolhido é apto, eficaz, para se alcançar o fim proposto. Esse é o denominado juízo de adequação.

Caso ultrapassado o juízo de adequação, passa-se ao exame da necessidade, analisando se, além da eficácia do meio utilizado, era o de menor restrição possível, em cotejo com outro igualmente eficaz. Entre dois males, deve-se optar pelo mal menor.

Conforme observa GILMAR MENDES[33] "apenas o que é adequado pode ser necessário, mas o que é necessário não pode ser inadequado." Sendo assim, concluiu-se que a necessidade pressupõe a adequação.

Mesmo considerando-se adequada a relação entre determinada restrição e o fim a que se destina, e reconhecendo-se não existir outro meio menos gravoso que pudesse atingir o mesmo resultado, haverá ainda de se perquirir se o meio utilizado encontra-se em razoável proporção com o fim perseguido, ou se o ônus imposto é demasiado. Este

---

32 CANOTILHO, J.J. Gomes. Direito Constitucional, 1986, p. 387-388.

33 MENDES, Gilmar Ferreira. A doutrina constitucional e o Controle de Constitucionalidade, como garantia da cidadania, necessidade de desenvolvimento de novas técnicas de decisão: possibilidade da declaração de inconstitucionalidade sem a pronúncia de nulidade no direito brasileiro. **Seleções jurídicas da COAD**, São Paulo, nº 8, p.15, jul. 1993.

terceiro e último juízo é denominado de proporcionalidade em sentido estrito e está ligado mais à ideia de justiça, de valoração, de ponderação de bens e equânime distribuição de ônus, envolvendo a otimização de possibilidades jurídicas, enquanto o da necessidade relaciona-se com possibilidades fáticas.

Em síntese, expõe WILLIS SANTIAGO GUERRA FILHO[34] que "uma medida é adequada, se atinge o fim almejado, exigível, por causar o menor prejuízo possível e finalmente, proporcional em sentido estrito, se as vantagens que trará superarem as desvantagens".

O princípio da proporcionalidade, como princípio fundamental informador dos demais, deverá ser utilizado como parâmetro do exame da constitucionalidade das demais leis. Deste modo, sempre que as leis processuais penais sejam incompatíveis com o aludido princípio, em qualquer dos seus critérios, não poderão ser observadas no âmbito de um Estado Constitucional de Direito.

5. CONCLUSÃO

Conforme detidamente exposto, não obstante a vigência de uma constituição garantidora dos direitos fundamentais, a difundida ideologia de combate à crescente criminalidade, máxime à organizada, fez surgir no Brasil um sistema penal discriminatório, à semelhança do defendido por Günther Jakobs, com a promulgação de leis notadamente contrárias aos princípios constitucionais.

Esse conjunto de leis caracterizadoras do processo penal do inimigo representa uma verdadeira afronta ao princípio do devido processo, compreendido na sua vertente material, pelo qual as leis devem ser elaboradas e interpretadas em consonância com a Constituição e o Direito humanitário internacional. Dessa forma, é imperioso compatibilizar os procedimentos do Processo Penal com as garantias constitucionais.

Por conseguinte, desde 1988, com a promulgação da Constituição Cidadã, deve haver uma leitura do Direito Processual à luz da Carta Política da República, o denominado Processo Penal Constitucional, não como novo ramo do direito, mas como um chamado à reflexão da supremacia da normatividade constitucional no processo, de modo a garan-

34 GUERRA FILHO. Willis Santiago. **Teoria Processual da Constituição**. São Paulo: IBDC, 2000.

tir a observância dos princípios e garantias constitucionais no direito aplicado.

O princípio da estrita legalidade, na sua versão liberal, desempenhou papel revelante no início da República, na era positivista, "pela lei, com a lei, dentro da lei, porque, fora da lei, não há salvação", para relembrar as notórias palavras do imortal Ruy Barbosa, representando a garantia contra o arbítrio e a prepotência.

Todavia, hoje, no pós-positivismo, com o neoconstitucionalismo, não pode o julgador se limitar ao critério meramente formalista-legalista, na busca da aplicação dos princípios e garantias constitucionais. Haverá de adotar o critério ponderativo, de modo a verificar se a lei não só possui compatibilidade horizontal (interna), como, sobretudo, se tem compatibilidade vertical (constitucional).

Não se deve perder de vista que, com a Constituição de 1988, a nação brasileira já repudiou o denominado Estado Policialesco, que saudosistas insistem em ressuscitar, a pretexto de eliminar o inimigo fabricado pelo sistema dominante, e instituiu o chamado Estado Constitucional e Democrático de Direito, baseado na dignidade da pessoa humana, com o objetivo fundamental de construir uma sociedade livre, justa e solidária.

REFERÊNCIAS

BARATTA, *El concepto actual de seguridad en Europa*. In: **RCSP - Revista Catalana de Seguridad Pública**, n. 8, 2001.

BOUCHARD, Marco. Guantánamo: morte do processo penal e início do apocalipse. Trad. Eduardo Maia Costa. **Revista do Ministério Público**, n. 97, jan./mar. Lisboa, 2004, p.61-72.

CANCIO MELIÁ, Manuel. *Derecho penal del enemigo y delitos de terrorismo: Algumas consideraciones sobre la regulacíon de lãs infracciones en matéria de terrorismo en el código penal español después de la LO 7/2000.* ***Revista Peruana de Ciências Penales, n.9, jun***. Lima: 2003, p.151-168.

CANOTILHO, José Joaquim Gomes. **Direito Constitucional**. Coimbra: Almedina, 1986.

DANTAS, Miguel Calmon. O Direito Fundamental à Processualização: Fundamento para uma Teoria Geral do Processo. In: DIDIER JR., Fredie; JORDÃO, Eduardo Ferreira (org.). **Teoria do Processo**: panorama doutrinário mundial. Salvador: Juspodivm, 2007.

FARIA JR., César de. Interceptações Telefônicas. **Revista do IAB**. Salvador: Nova Alvorada Edições Ltda., 1997, p.79-90.

_____. Jean Charles de Menezes e o Processo Penal do Amigo. In: MOREIRA, Rômulo de Andrade (org.). **Leituras Complementares de Processo Penal**. Salvador: JusPodivm, 2008, p.265-268.

FAVARO, Thomaz. A lição da Justiça. **Revista Veja**, ed.2070, a.41, n.29. São Paulo: Abril, 2008, p. 11-15.

FERNANDES, Antonio Scarance. **Processo Penal Constitucional**. 5.ed. rev., atual e ampl. São Paulo: RT, 2007.

FERRAJOLI, Luigi. *Criminalidad y globalização.* Tradução de M. Carbonell. In: ***CRP- Claves de Razón Práctica***, n.152, 2005, p.20-25.

_____. *Emergência penale e crisi della giurisdizione.* ***Dei delitti e delle pene***, n. 2, mag-ago. Bari: 1984, p. 271-292.

GERMAN, Cristiano. DIREITO e tecnologias da informação. As Novas Leis de Segurança na Alemanha e nos Estados Unidos. Os efeitos para a comunidade local e global. **R. CEJ**. Brasília, n. 19, p.78-84, out/dez. 2002. (*online).*

GOMES, Luiz Flávio. **Estado Constitucional e Democrático de Direito e o Devido Processo Criminal**. In: DIDIER JR., Fredie; JORDÃO, Eduardo Ferreira (org.). **Teoria do Processo**: panorama doutrinário mundial. Salvador: Juspodivm, 2007.

GUERRA FILHO, Willis Santiago. **Teoria Processual da Constituição**. São Paulo: IBDC, 2000.

HASSEMER, Winfried. Processo penal e direitos fundamentais. In: **Jornadas de direito processual penal e direitos fundamentais**. Coimbra: Almedina, 2004, p. 15-25.

JAKOBS, Günther. *Criminalización en el estádio prévio a la lésion de un bien jurídico.* Tradução de Enrique Peñaranda Ramos. In: ***Estúdios de derecho penal***. Madrid: Civitas, 1997, p.293-323.

_____. *Derecho penal del ciudadano y derecho penal del enemigo.* In: JAKOBS, Gunther; CANCIO MELIÁ, Manuel. ***Derecho penal del enemigo***. Madrid: Civitas, 2003, p.19-56.

MAILLO, Alfonso Serrano. *Valor de lãs escuchas telefônicas como prueba en el sistema español. Nulidad de la prueba obtenida ilegalmente.* **Revista Brasileira de Ciências Criminais**, a.4, n.15, jul/set. São Paulo: RT, 1996.

MALAN, Diogo Rudge. **Revista Brasileira de Ciências Penais**, mar./abr., a.14, n.59. São Paulo: Editora Revista dos Tribunais, 2006, p.223-259.

MENDES, Gilmar Ferreira. A doutrina constitucional e o Controle de Constitucionalidade, como garantia da cidadania, necessidade de desenvolvimento de novas técnicas de decisão: possibilidade da declaração de inconstitucionalidade sem a pronúncia de nulidade no direito brasileiro. **Seleções jurídicas da COAD**, São Paulo, nº 8, p.15, jul. 1993.

TAVARES, André Ramos. Teoria Processual e Processo Constitucional "Objetivo". In: DIDIER JR., Fredie; JORDÃO, Eduardo Ferreira (org.). **Teoria do Processo**: panorama doutrinário mundial. Salvador: Juspodivm, 2007.

PARTE II

CRÔNICAS PENAIS

A FRATERNIDADE E OS ENCARCERADOS[1]

O tema tão bem escolhido pela igreja católica para a Campanha da Fraternidade deste ano não deveria causar nem surpresa, nem polêmica como está causando.

Desde os primeiros tempos, no entendimento da Igreja, a pena deveria servir para a penitência, consistindo essa na "volta sobre si mesmo", com espírito de compunção, para reconhecer os próprios pecados (delitos), abominá-los e propor-se a não tornar a incorrer neles (isto é, não reincidir).

Ao que se tem notícia, a prisão, como pena, aparece no final do século XVI, quando na Holanda foi construída a primeira penitenciária para cumprimento de pena privativa de liberdade.

Contudo, a ideia de retribuição do mal e da vingança privada que a pena também visou substituir, aliada a fatores diversos, permitiu a prática de toda sorte de abusos contra os encarcerados, como se eles tivessem perdido não apenas a sua liberdade, mas a própria condição humana.

A situação é tão grave que hoje a pena, na prática, só se justifica pela sua eventual função intimidatória.

Doutro lado, as modernas teorias sobre a pena, como a da nova defesa social, adotam a mesma política criminal humanista pregada pela Igreja.

Entende-se que a sociedade apenas será defendida à medida que se proporcionar a adaptação do condenado ao meio social.

Deste ideal de reinserção social ou regeneração está impregnada a atual Lei de Execução Penal, elaborada em 1984 (Lei nº 7.210), tendo como um de seus objetivos "proporcionar condições para a harmônica integração social do condenado e do internado".

Este objetivo compreende a assistência e ajuda na obtenção dos meios capazes de permitir o retorno do apenado ao meio social em condições favoráveis para a sua integração.

Preconiza a citada Lei que o Estado deve recorrer à cooperação da comunidade como condição essencial para que seja alcançado o objetivo de facilitar a futura reinserção do condenado no meio social.

---

1 Boletim IAB - Jan/Fev. 1997.

Esta participação da sociedade se dá, dentre outras formas, através do "Conselho da Comunidade", de "Patronatos Particulares" e da assistência religiosa por sacerdotes ou leigos (art. 24).

Portanto, extremamente injusta e maldosa a acusação de que a Igreja, por meio desta Campanha da Fraternidade, estaria "tomando as dores do bandido contra a vítima", deixando à mostra o conflito latente entre o inconsciente coletivo e a ideologia filosófico-religiosa conscientemente esposada: aquele precisando dar vazão a impulsos agressivos, decorrentes de sentimentos de culpa e frustração, este impondo o princípio de que devemos amar ao próximo como a nós mesmos.

A GLOBALIZAÇÃO E O DIREITO[1]

O desenvolvimento tecnológico encurtando distâncias, aproximando países, facilitando as comunicações, de forma surpreendente e controlada, transformando o mundo numa verdadeira "aldeia", faz com que o processo de "globalização "se apresente como inevitável, dele não estando imune país algum, não sobrevivendo ao isolamento, como o ser humano fora da sociedade.

O mundo contemporâneo, antes dividido em capitalista e comunista, com a queda do muro de Berlim, em 1989, se mostra desapegado àquelas antigas ideologias. No processo de globalização, exige-se uma nova definição e alcance do Estado, devendo encolher em tamanho, para aumentar em eficiência, tornando-se mais ágil e abrindo espaço para a livre competição entre as empresas, sem limites de fronteiras.

O capital excessivamente concentrado deixa de ter pátria, passando a flutuar no mundo especulativo, de um país para outro, à procura exclusiva de mais lucro, gerando instabilidade, sobretudo nos denominados países emergentes, economicamente mais vulneráveis, não estando isento, contudo, das suas consequências, nem mesmo os Estados Unidos, como país mais capitalista do mundo.

Este novo modelo de Estado tem agravado a crise social, principalmente com o aumento do desemprego. Natural, pois, que criasse também uma criminalidade própria.

A tecnologia permitiu que as organizações criminosas ampliassem seu raio de atuação e diversificassem suas ações, máfias como a do narcotráfico, representam, em alguns países, um poder paralelo e, às vezes, mais forte que o do Estado.

A chamada delinquência econômica igualmente tende a aumentar, merecendo destaque à praticada pelas grandes empresas transnacionais e as cometidas no processo de privatização dos bens do Estado.

Como resposta a esta criminalidade, no Brasil tem surgido cada vez mais leis penais, na tentativa vã de conter os abusos decorrentes das novas relações econômicas, incriminando condutas, agravando penas.

---

1 Jornal A Tarde, 21/12/1998.

Contraditoriamente, à medida que o Estado diminui, aumenta-se o campo de incidência do Direito Penal, dando-se, na pressão dos acontecimentos, uma "solução" mágica e barata aos novos problemas, numa satisfação meramente simbólica à opinião pública. Com isso, cresce ainda mais a impunidade e as dúvidas quanto à função atual do Direito Penal.

Não se questiona a necessidade de atualização das leis penais, extinguindo e criando novos tipos legais, como um dos instrumentos de combate a delinquência econômica, repensando dogmas como o de que a pessoa jurídica não pode delinquir, mas de nada adiantará sem investimentos na área de segurança pública, que permitem a valorização dos policiais e a utilização da tecnologia mais avançada nas investigações, em benefício de toda a sociedade.

Deve-se, todavia, evitar o combate cego à criminalidade, sem enxergar a macroestrutura econômica que propicia o seu aumento, para que essa luta não se transforme em guerra, na qual sejam vulnerados os direitos e as garantias constitucionais, pondo em risco o próprio regime democrático.

RESPEITEM A MISSÃO DO ADVOGADO[1]

"Entra-me pela porta do escritório um homem cujo nome, idade, profissão, condição social, vida pregressa, ignoro completamente. Também para ele sou uma desconhecida; exclusão feita de meu nome e meu título profissional, não sabe quem eu seja na realidade: qual a minha exata maneira de pensar, de sentir, quais meus antecedentes pessoais e familiares, se estou ou não em condições de o compreender e ajudar. No entanto, essa criatura cuja existência física eu ignorava momentos antes, a um simples gesto meu autorizando-o a falar, se põe a narrar-me minudentemente sua vida, confessando-me o que jamais ousaria confessar ao pai, à esposa, a um padre ou mesmo a si próprio. Desnuda-me a alma, mostrando-me em toda sua miséria, sem me esconder uma ferida, uma chaga, um carcinoma. Leva-me até a intimidade de sua alcova matrimonial, e me permite defrontar o segredo de seu fracasso matrimonial. Ou então, cabeça baixa e olhar esquivo, explica-me como furtou, como falsificou um cheque, como se deixou corromper no exercício de função pública...". Outras vezes, enfim, afirma-se vítima de injusta acusação, revelando o temor de não poder provar convincentemente sua inocência posta em dúvida. E em todos esses casos exibe as provas que lhe socorrem ou lhe comprometem o direito, que o incriminam ou lhe amparam a absolvição. Sabe – embora não me conheça – que ainda que eu não lhe aceite a causa – jamais usarei dessas informações em seu prejuízo. Fornece-me documentos preciosos e únicos que são a chave de sua defesa ou que, ao contrário, constituem a prova material de sua culpa. Confia-me sem mesmo exigir um recibo e tem a certeza – sempre sem me conhecer – de que nem por todo ouro do mundo eu os sonegaria ou os deixaria cair nas mãos da parte adversa."

Esse trecho do discurso de Esther de Figueiredo Ferraz, falando como paraninfa da turma de bacharéis da Faculdade de Direito Mackenzie de 1962, revela a grandeza e beleza da profissão de advogado.

Entre o abrir e fechar de uma porta do nosso escritório, a homenagem que a cada um de nós e, consequentemente, à carreira que abraçamos, presta todo cliente que nos entrega o patrocínio de sua causa, é tão eloquente que bem se compreende o alcance da expressão de Voltaire

1 Jornal A Tarde, 15 de julho de 2004.

quando, referindo-se à sua verdadeira vocação, suspirou: "Eu quisera ser advogado, é a mais bela profissão deste mundo". Sem nenhum demérito aos outros ramos do direito, mas, na verdade, Voltaire referia-se à profissão de advogado criminal, em 1672, quando assumiu o patrocínio de Jean Calas.

A propósito, Francesco Carnelutti, mais conhecido como mestre do direito processual civil, revelou no seu livro "*Del miséria del processo penale*", que em nenhum momento se sentiu mais advogado do que naquele em que promoveu uma defesa criminal.

E se o abrir e fechar de uma porta não for a do escritório, mas a de uma prisão, onde se encontra o futuro cliente, que nos pede socorro e a quem nos cabe ouvi-lo, como poderemos bem exercer nossa profissão, garantindo a plenitude de defesa, se essa conversa não ocorrer em local apropriado e de maneira reservada?

Para o preso, que se sente só e desamparado, o advogado é o raio de luz, a janela de esperança que se abre, o único que verdadeiramente pode lhe trazer ajuda e ânimo, segundo as palavras e testemunho autorizados do pranteado Heleno Cláudio Fragoso, na sua "Advocacia da Liberdade".

Essa angustiante questão é levantada porque, lamentavelmente, em muitos casos, não se tem respeitado o direito constitucional do preso à assistência de advogado (art. 5º, LXIII, CF), e o deste de "comunicar-se com seus clientes, pessoal e reservadamente, mesmo sem procuração, quando estes se acharem presos, detidos ou recolhidos em estabelecimentos civis ou militares, ainda que considerados incomunicáveis, conforme assegurado no inciso III, do art. 7º, da Lei Federal 8.906/1994.

Algumas vezes tal se dá por falta de preparo de autoridades arbitrárias, todavia, em alguns presídios, aqui na Bahia, ainda que os dirigentes queiram observar os aludidos preceitos legais, não conseguem por falta de condições materiais, por não haver disponível local adequado aquele fim, que seria a sala dos advogados, muitas vezes sem condições de uso regular, sendo que, em alguns estabelecimentos, pela própria concepção da construção da referida sala.

Na última hipótese se enquadra, sem dúvida, a sala dos advogados do Presídio de Salvador, antiga Casa de Detenção, que ostenta o nome do saudoso criminalista Renato Reis, onde a "comunicação" do preso com seu advogado se dá através de um "guichê", uma espécie de "balcão", onde ficam separados por uma tela de aço, com pequenos orifícios inferiores à largura de um dedo mindinho, não permitindo ao advogado sequer vislumbrar a fisionomia do seu cliente, dificultando ou mesmo impedindo a apresentação de documentos, a simples assinatura de uma procuração, quando mais um aperto de mão. Lá existem três "guichês", o que enseja o atendimento simultâneo por até três advogados, sem que se preserve o sigilo das suas conservas.

Como se encontra, a aludida sala representa uma afronta à dignidade do advogado, um menosprezo à relevância da sua missão, esquecendo-se que, no seu ministério privado, o advogado presta serviço público e exerce função social, sendo indispensável à administração da justiça, conforme proclama a atual Carta Magna da República, pelo seu art. 133.

Vulnera direito do preso que ali se encontra aguardando julgamento, sendo, por princípio expresso na Constituição Federal, presumido inocente até que se prove o contrário, mediante sentença condenatória transitada em julgado. Viola uma das maiores conquistas da humanidade, a ampla defesa, que não pode ser plenamente exercida, sem que o acusado tenha condições efetivas de revelar a verdade dos fatos para seu advogado.

Doutro lado, a alegação de que assim procedem por medida de segurança não convence, de vez que basta uma revista no preso ao entrar na sala verdadeiramente dos advogados e uma outra ao sair, para se constatar de plano se algum advogado fez uso indevido das suas prerrogativas, para adoção imediata das providências legais.

A atual gestão da OAB na Bahia, tendo à frente seu dinâmico Presidente, Dinailton Oliveira, constatada a triste realidade acima descrita, certamente saberá adotar, através da comissão de defesa das prerrogativas dos advogados, as medidas cabíveis para que se façam, urgentemente, as necessárias reformas na mencionada sala, em respeito à grandeza da missão do advogado criminal.

A extraordinária figura de advogado que foi Ferdinand Labore, na defesa ardente de Alfred Dreyfus, por certo não teria enfrentado a ira do Estado-Maior do Exército francês, se não confiasse na inocência que seu cliente mesmo preso pode lhe assegurar, provando ter havido no famoso julgamento um dos maiores erros judiciários da humanidade, que se fez à sombra do direito com a aparência de justiça.

INVASÕES DE ESCRITÓRIOS DE ADVOCACIA, A QUEM INTERESSA?[1]

Escrevo este artigo para o público leigo em Direito que ficou confortado com as recentes invasões dos escritórios de advocacia pela polícia federal, divulgadas amplamente pela mídia, passando-se a sedutora ideia de que ninguém, nem lugar algum, estão imunes à ação da justiça.

Talvez o leitor pense que, pautando sua conduta de acordo com as leis, nunca precise de um advogado, da mesma forma que alguns acreditam que, levando uma vida saudável, jamais recorrerão a um médico.

Este pensamento, além de temerário, revela uma visão distorcida de que somente os culpados são investigados e processados, numa inversão absoluta do princípio da presunção de inocência.

Imagine, então, que a força da realidade o obrigue a consultar um advogado.

Seu primeiro contato seria, normalmente, por telefone.

Como você se comportaria sabendo que sua ligação poderia estar sendo gravada?

E, ao chegar ao escritório, com que segurança contaria sua história, revelaria seus segredos, deixaria seus documentos, sabendo que poderia chegar ao conhecimento da polícia, num cumprimento de eventual mandado de busca e apreensão?

Com essas indagações, o leitor já começa a sentir porque os escritórios de advocacia devem ser invioláveis, conforme assegurado pela Constituição Federal.

Não se trata, por conseguinte, de nenhum privilégio concedido à pessoa do advogado, mas apenas de garantir o sagrado direito de defesa, do contraditório, sem o qual não existe justiça.

A única exceção à regra da inviolabilidade dos escritórios de advocacia é quando o documento que constitui a prova material da existência do delito se acha em poder do defensor do acusado. Somente neste caso é possível a apreensão, precedida de mandado judicial de busca, determinado, específico, que deverá ser cumprido com toda cautela e

---

1 Jornal A Tarde, 13 de agosto de 2005.

discrição de modo a não causar mais transtornos do que os indispensáveis para o êxito da diligência. Tais requisitos devem ser igualmente observados em caso de busca e apreensão na casa de qualquer cidadão, sendo que a legislação penal, para efeitos de proteção, estende o conceito de "casa" de modo a abranger também compartimento não aberto ao público onde alguém exerce profissão ou atividade.

É evidente que, sendo em escritório de advocacia, deverá se adotar um cuidado especial para que não sejam apreendidos outros documentos, sobretudo dos demais clientes, que não fizeram parte do mandado de busca, quebrando-se ilegalmente o sigilo profissional, sem o qual impossível se torna o legítimo exercício da profissão.

Para que o leitor possa ter uma ideia do quanto é importante preservar o segredo profissional, saiba que se for revelado, sem justa causa, por quem dele tenha ciência em razão de função, ministérios, ofício ou profissão, é crime, sendo que o advogado tem o direito, que na verdade se converte em dever ético, de recusar-se a depor como testemunha sobre fato que constitua sigilo profissional, ainda quando autorizado ou liberado pelo próprio cliente.

Será que muitos dos que hoje estão no Poder já se esqueceram da corajosa atuação dos seus advogados, quando foram presos e processados durante o regime militar?

Essas breves reflexões são tecidas, na semana em que se comemora o dia do advogado, para que se veja a real dimensão desta emblemática questão, que não deve interessar só ao meio jurídico, mas a toda a sociedade, pois a invasão indiscriminada dos escritórios de advocacia representa uma violação ao próprio Estado Democrático de Direito, não sendo, portanto, difícil saber a quem interessa.

JEAN CHARLES DE MENEZES E O PROCESSO PENAL DO AMIGO[1]

Só a partir de 1985, em estudo sobre a *"Criminalización en el estadio prévio a la lesión de um bien jurídico"*, JACOBS[2] começou a estabelecer a diferença entre o Direito Penal do Cidadão, o qual preserva as esferas de liberdade, e o Direito Penal do Inimigo, que prioriza a proteção a bens jurídicos.

Em trabalho mais recente, o mesmo autor tedesco[3], invocando as teorias contratualistas do Iluminismo, aduziu que quem viola as normas do contrato social, por princípio e de forma reiterada, renuncia ao seu *status* de cidadão, da mesma forma que aquele que adere ao grupo criminoso, em vez da sociedade civil, e repudia a legitimidade do Estado em seu conjunto pratica uma "auto exclusão da personalidade", devendo, segundo ele, ser tratado como inimigo.

Os fenômenos político-criminais geradores do denominado Direito Penal do Inimigo, segundo **CANCIO MELIÁ**[4], são o Direito Penal Simbólico e o punitivismo, ambos produtos da expansão do Direito Penal nas sociedades pós-industriais. O professor espanhol critica a tese de **JACOBS** acerca da pretensa auto exclusão da personalidade jurídica por parte do inimigo, na justa medida em que a personalidade jurídica é atribuída pelo Estado Democrático de Direito a todos os seres humanos, sendo irrenunciável, de tal forma que Direito Penal do Inimigo encerra uma contradição em termos, ao passo que Direito Penal do Cidadão, um pleonasmo.

JACOBS sustenta sua posição, restringindo a aplicação do Direito Penal do Inimigo como Direito Penal de Emergência, defendendo sua

1 MOREIRA, Rômulo de Andrade (org.) Leituras Complementares de Processo Penal, Salvador: Juspodivm, 2008, p. 265-268.

2 JAKOBS, Gunther. *Criminalización en el estádio prévio a la lésion de um bien jurídico. Trad. De Enrique Peñaranda Ramos. Estúdios de derecho penal.* P.293-323. Madrid: Civitas, 1997.

3 JAKOBS, Gunther. *Derecho penal del ciudadano y derecho penal del enemigo.* In: JAKOBS, Gunther; CANCIO MELIÁ, Manuel. *Derecho penal del enemigo.* Madrid: Civitas, 2003, p. 19-56.

4 CANCIO MELIÁ, Manuel. *Derecho penal del enemigo y delitos de terrorismo: Algumas consideraciones sobre la regulacíon de lãs infracciones em matéria de terrorismo em el* código penal *español después de la LO 7/2000.* Revista Peruana de Ciências Penales, Lima, n. 9, p. 151-168, jun. 2003.

aplicação aos terroristas, numa guerra refreada, de forma claramente delimitada, para se evitar que se prive o Direito Penal do Cidadão de suas qualidades imanentes à noção de Estado de Direito, o que, em sua opinião, seria menos perigoso do que se embutir no Direito Penal do Cidadão alguns dispositivos próprios do Direito Penal do Inimigo.

A referida polarização entre Direito Penal do Cidadão e Direito Penal do Inimigo permeia igualmente o Direito Processual Penal.

O grande paradoxo do Direito Processual Penal é ter duas finalidades precípuas que se entrechocam: eficácia na realização da justiça e proteção dos direitos fundamentais do cidadão. Ordenamento de liberdade *versus* ordenamento de segurança.

Nessa dicotomia, o Processo Penal do Inimigo traduz, em vez da atividade cognitiva baseada na imparcialidade do Estado Democrático de Direito, aquilo que **LUIGI FERRAJOLI**[5] denomina *"procedura decisionistica e inquisitória fondata sul principio, schiettamente politico, dell'amico/nemico"*. Segundo o autor peninsular, são características do Processo Penal do Inimigo a conotação partidária do acusador e do órgão jurisdicional e a transformação do processo penal em instrumento da *luta* contra a criminalidade organizada. Em outro trabalho[6], o mesmo autor fala em uma crise de credibilidade do direito, como consequência da globalização, porque, apesar das muitas cartas constitucionais e declarações de direitos, os homens são, hoje, incomparavelmente, mais desiguais em essência devido às condições de indigência das quais são vítimas milhares de seres humanos.

Nesse contexto, **WINFRIED HASSEMER**[7] aduz que os fenômenos da modernização e da globalização vêm ameaçando maciçamente as clássicas garantias do processo penal, sendo que as reformas processuais penais "concentram-se nas últimas décadas somente na fase de investigação, isto é, naquela parte do processo em que se trata de instrumentos de controle."

---

5 FERRAJOLI, Luigi. *Emergência penale e crisi della giurisdizione. Dei delitti e delle pene*, Bari, n. 2, p. 271-292, mag./ago. 1984.

6 FERRAJOLI, Luigi. *Criminalidad y globalização, trad. De M. Carbonell, em CRP- Claves de Razón Práctica*, n.152, 2005, p.20-25, esp. p. 20.

7 HASSEMER, Winfried. Processo penal e direitos fundamentais. Jornadas de direito processual penal e direitos fundamentais. Coimbra: Almedina, 2004, p. 15-25.

Como já advertia **BARATTA,**[8] os mecanismos discriminatórios na administração dos direitos fundamentais a favor de cidadãos "respeitáveis" e a custa dos excluídos (imigrantes, desempregados, indigentes, toxicômanos, jovens marginais, etc.) condicionam uma redução da segurança jurídica que, por sua vez, alimenta o sentimento de insegurança da opinião pública. O resultado é uma forma de estilização seletiva das áreas de risco de violação dos direitos, onde a parte não está no todo, mas em lugar do todo ou, diretamente, contra o todo, entendido o todo como os direitos fundamentais de todas as pessoas.

O maior paradigma do Processo Penal do Inimigo é, na abalizada opinião de **DIOGO MALAN**[9], a *Ordem Militar Presidencial* estadunidense de 13/11/2001, a qual versa sobre a "*Detenção, Tratamento e Julgamento de Alguns Não-cidadãos na Guerra contra o Terrorismo*".

Trata-se de ato normativo, promulgado por força do notório atentado de 11 de setembro de 2001, ao qual podem ser submetidos indivíduos considerados suspeitos de qualquer tipo de envolvimento com o terrorismo, notadamente com a organização terrorista *Al Quaeda*, desde que seja considerado conveniente do ponto de vista dos interesses dos Estados Unidos da América.

Todos os indivíduos enquadrados no elástico conceito de *terroristas* são julgados por órgãos denominados *Comissões Militares*, cujos membros (julgadores, acusadores e defensores) são diretamente nomeados pelo Secretário de Defesa estadunidense, dentre oficiais integrantes das Forças Armadas.

Numa concentração absoluta de poderes, o Secretário de Defesa detém também competência legislativa, podendo editar ordens com vistas à regulamentação desse ato, quanto à matéria processual, havendo, ainda, a instituição de um reexame obrigatório de todas as decisões de mérito proferidas pelas Comissões Militares pelo próprio Presidente da República ou pelo Secretário de Defesa, caso designado por aquele.

Tal ato legislativo ressalva, expressamente, serem inaplicáveis aos suspeitos da prática de atos terroristas os princípios da lei e as regras probatórias do processo criminal ianque, não cabendo recurso por parte

---

8 BARATTA, *El concepto actual de seguridad en Europa*. RCSP – Revista Catalana de Seguridad *Pública, n. 8, 2001, p.19.*

9 MALAN, Diogo Rudge. Revista Brasileira de Ciências Penais, março/abril 2006, ano 14, nº 59, p.223-59. São Paulo: Editora Revista dos Tribunais.

dos réus a qualquer tribunal civil, seja ele norte-americano, estrangeiro ou internacional.

Como visto, a Ordem Militar Presidencial outorga poderes praticamente ilimitados ao Secretário de Defesa: acumula o *poder legislativo* (ao criar órgãos jurisdicionais e normas processuais penais *ex post factum)*, *executivo* (ao nomear todos os componentes dessas Comissões Militares e exercer as funções de autoridade penitenciária) e, finalmente, *judicial* (ao desempenhar o papel de instância revisora das decisões proferidas pelo primeiro grau de jurisdição), tornando tal Ordem "um ato absolutamente único, ante a clássica tripartição de Poderes e o seu sistema de freios e contrapesos, que caracterizam qualquer Estado Democrático de Direito", como bem anota **MARCO BOUCHARD**[10].

Registre-se que, após cinco anos do atentado às torres gêmeas, a Suprema Corte dos EUA começou a reagir no tocante à contradição de se admitir o Processo Penal do Inimigo num Estado que se autoproclama Democrático e de Direito, ao decidir que também os suspeitos de terem praticado atos de terrorismo detidos pelo governo devem ser tratados de acordo com a Convenção de Genebra de 1949 sobre prisioneiros de guerra. Veja-se o quanto se retrocedeu na história do Direito Penal e Processual Penal, a tal ponto que, aplicar as regras destinadas aos prisioneiros da Segunda Guerra Mundial, passou a ser uma garantia, uma "evolução".

De qualquer sorte, o procedimento aplicável aos suspeitos da prática de terrorismo nos Estados Unidos da América, bem como em outros países tidos democráticos, como a Inglaterra (que também adota medidas excepcionais de detenção governamental por tempo indefinido de estrangeiros suspeitos de terrorismo) são casos paradigmáticos de Processo Penal do Inimigo, visando à neutralização do suposto perigo que esses indivíduos representam, através da supressão de diversas garantias fundamentais, ao lado do Processo Penal do Cidadão, com todos os corolários lógicos da cláusula do *"due process of law"* aplicável a todos os demais cidadãos.

E, para nós, a morte do brasileiro **JEAN CHARLES DE MENEZES** pela famosa polícia inglesa, a *"scotland yard"*, metralhado na estação do metrô em Londres, por fantasiosa suspeita de ser terrorista, é o signi-

10 BOUCHARD, Marco. Guantánamo: morte do processo penal e início do apocalipse. Trad. Eduardo Maia Costa. Revista do Ministério Público, n. 97, p. 61-72, Lisboa, jan./mar. 2004.

ficativo e triste exemplo do que leva ver o outro como inimigo. Em sua memória escrevi estas linhas, indignado com o reverso da moeda, a aplicação do "processo penal do amigo" aos seus algozes, com a consequente impunidade. Afinal, para eles, a vítima era apenas um brasileiro.

A ÁGUIA DE HAIA[1]

Passados dez anos das celebrações do sesquicentenário de Ruy Barbosa, quando tive a honra de, a convite do acadêmico Rubem Nogueira, proferir palestra intitulada "Ruy Barbosa, o Júri e a Responsabilidade Penal dos Juízes (O Crime de Hermenêutica)", recebo nova convocação, desta vez do Presidente da Academia de Letras da Bahia, o Prof. Edivaldo Boaventura, para participar, juntamente com ele, na condição de debatedor, da conferência a ser proferida pelo Embaixador Carlos Henrique Cardim sobre Ruy Barbosa como formulador da política multilateral brasileira, em evento aberto ao público comemorativo dos 160 anos de nascimento do imortal Ruy, na sede da Academia no próximo dia 05/11/2009 a partir das 18:00 h.

Diplomata de carreira e professor universitário, o Embaixador Cardim é autor da obra "A RAIZ DAS COISAS – RUI BARBOSA: O BRASIL NO MUNDO", onde contextualiza, na história da política externa brasileira, a importância da participação do Brasil na 2ª Conferência da Paz de Haia, em 1907, através da extraordinária atuação de Ruy Barbosa como Chefe da Delegação Diplomática Brasileira.

Ressalta o erro de política exterior do Governo Campo Sales em não aceitar o convite feito pelo Czar russo, Nicolau II, para, juntamente com o México, serem os únicos representantes da América Latina na 1ª Conferência da Paz em 1899, mantendo o Brasil voltado para si mesmo e isolado do mundo.

Ruy Barbosa desempenhou a missão que lhe conferiu Rio Branco, de colocar, pioneiramente, o Brasil na política internacional, pela sua corajosa e marcante atuação na 2ª Conferência em Haia.

Albert de Lapradelle, em sua obra La Paix Mondiale, citada pelo Embaixador Cardim, mesmo criticando os resultados da 2ª Conferência de Haia, destaca o desempenho do representante brasileiro: "Seu primeiro delegado, Ruy Barbosa, homem de primeiro plano, orador magnífico, tático consumado, buscou obter para seu país um papel brilhante. Campeão dos pequenos e médios Estados, ele denunciou na formação da Corte um golpe à igualdade dos Estados."

---

1 Revista da Academia de Letras Jurídicas da Bahia, Anos 13/14 - N. 16 - 2010/2011.

Na verdade, segundo Luiz Viana Filho, no início da Conferência, Ruy Barbosa, com seu tipo físico acanhado, representando um País desconhecido e proferindo extensos e eruditos discursos, parecia não estar agradando, até o famoso incidente com o todo poderoso representante russo, Frederico De Martens, que, presidindo a sessão, o censurou, observando-lhe que a política não era da alçada da Conferência.

O memorável revide veio como um relâmpago e Ruy, falando de improviso em francês, mostrou que tudo que ali se fazia nada mais era do que política, na grande acepção do termo, a mais elevada e nem por isso a menos prática. Nas suas veementes palavras:

> "A política é que transformou o direito privado, revolucionou o direito penal, instituiu o direito constitucional, criou o direito internacional. É o próprio viver dos povos, é a força ou o direito, é a civilização ou a barbárie, é a guerra ou a paz. Como, pois, subtraí-la a uma assembleia de homens livres, congregados ao começar o século XX, para imprimirem a força convencional ao direito das nações?"

A partir daí, o notável baiano se impôs, conquistando o respeito e admiração de todos, inclusive, do próprio De Martens, e seus discursos passaram a ser ouvidos atentamente: "Eis o Novo Mundo que se faz ouvir pelo Velho", como dissera Brown Scott, embaixador americano, ao seu colega argentino Drago.

Pinheiro Machado teria dito de Ruy Barbosa que "no extraordinário baiano a coragem era superior ao próprio talento".

Ao final da Conferência de Haia, de passagem por Paris, Ruy recebe grande homenagem da colônia brasileira naquela cidade. De regresso ao Brasil, foi recepcionado com as mais altas honrarias pelo Presidente Afonso Pena e pelo Ministro das Relações Exteriores, o Barão de Rio Branco, sendo aclamado como herói em praça pública pelo povo brasileiro, o que muito serviu para elevar a autoestima nacional nos albores da República, contribuindo para que o Brasil, sentindo-se mais confiante, aumentasse sua participação na política mundial.

William Stead, jornalista inglês responsável pelo "Courrier de la Conférence", cunhou nesse momento histórico o famoso apelido de Ruy: a "Águia de Haia".

Era o Brasil que deixava de ser representado pelo "jaburu", escolhido por Capistrano de Abreu, para ser simbolizado por uma "águia", marca registrada que Ruy assumiu após Haia.

CIDADANIA EMPRESARIAL[1]

Não se pode mais considerar a pessoa jurídica como mera ficção jurídica, como entendia Savigny. Cada vez mais o agir da pessoa física ocorre no âmbito de uma organização empresarial, que se apresenta como um verdadeiro "cidadão da sociedade moderna", que goza de proteção jurídica, mas ao qual são impostas obrigações sociais relevantes. A cidadania não pode ser relacionada somente ao direito de voto, o qual, evidentemente, não possuem as pessoas jurídicas, como também os estrangeiros, e nem por isso perdem sua condição de cidadãos.

O fundamental é que se conceda as pessoas jurídicas o direito à liberdade de expressão empresarial (*corporate free speech*), reconhecendo-lhes o direito a participar do processo de criação e definição das normas sociais. A liberdade, tanto para o indivíduo como para a empresa, é de autoadministrar-se. Capacidade esta que, no caso das empresas, determina sua competência organizacional.

De modo similar às pessoas humanas, as empresas também possuem um patrimônio incorpóreo, conquistam reputação, prestígio e autoridade moral a partir dos valores que cultuam na organização, se agem de acordo com o direito e cumprem suas obrigações legais e sociais. Hoje não são poucas as empresas que investem em ações sociais, patrocinando eventos culturais, esportivos e filantrópicos, para, além de divulgar sua marca, atrelar ao seu nome um conceito, obtendo a admiração da sociedade. Por conseguinte, deve ser reconhecido às pessoas jurídicas o direito à honra.

De outro lado, no exercício de suas atividades produtivas, muitas empresas geram risco, seja para o meio ambiente, seja para a população de um modo geral, ou seus próprios funcionários, o denominado "risco empresarial", e têm o dever de gestão do risco dentro do limite do permitido ou tolerável, devendo responder, para alguns, inclusive penalmente, pela sua conduta, independente da responsabilidade da pessoa física, abandonando-se a ideia da heterorresponsabilidade (responsabilidade por fato alheio) ou de responsabilidade objetiva, inadmissível em matéria penal.

A tendência moderna é a adoção de modelos de "autorresponsabilidade penal empresarial", ou seja, responsabilidade por fato próprio,

1 Revista Academia de Letras Jurídicas da Bahia, Ano 17, - N. 19 - 2013.

considerando sua capacidade de auto-organização e a cultura implantada pela pessoa jurídica.

No Brasil, a Carta Política de 1988 declarou no capítulo do meio ambiente, através do art. 225, § 3º, que "as condutas lesivas ao meio ambiente sujeitarão os infratores, pessoas físicas ou jurídicas, a sanções penais e administrativas (...)", ou seja, admitiu a responsabilidade penal das pessoas jurídicas por crime ambiental.

Já no capítulo da "Ordem Econômica e Financeira", a Constituição atribuiu a lei a tarefa de sujeitar as pessoas jurídicas "às punições compatíveis com sua natureza", nos atos praticados contra a ordem econômica e financeira e contra a economia popular (§ 5º, art. 173, CF).

Dez anos depois, a Lei 9.605/98 (Lei Ambiental) estabeleceu a responsabilidade penal das pessoas jurídicas por crime ambiental, "nos casos em que a infração seja cometida por decisão de seu representante legal ou contratual, ou de órgão colegiado, no interesse ou benefício da sua entidade", sem excluir a responsabilidade das pessoas físicas (art. 3º, § único). A jurisprudência dominante tem adotado o sistema da dupla imputação, pelo qual somente se pune a pessoa jurídica se também houver punição da pessoa física.

No projeto de Reforma do Código Penal, o denominado "Projeto Sarney", propõe-se a ampliação da responsabilidade penal da pessoa jurídica para os crimes praticados contra a administração pública, a ordem econômica, o sistema financeiro, além dos crimes ambientais, consagrando a responsabilidade penal das pessoas jurídicas independente da responsabilização das pessoas físicas, o que caracteriza a "auto responsabilização" (art. 41, § 1º).

Se essa será a tendência legislativa, independente da polêmica que é a responsabilização penal da pessoa jurídica, seus defensores devem estar atentos para a necessidade de construção de uma nova teoria do delito e da pena compatível com a pessoa jurídica, como, ao longo de décadas, se construiu para a pessoa humana, que ainda se encontra *in fieri* mesmo na doutrina estrangeira, assegurando-lhe a mesma proteção, garantias e direitos fundamentais. O desafio é gigantesco e, para muitos (só o tempo dirá) afigura-se mesmo insuperável.

A "INCÔMODA" SUSTENTAÇÃO ORAL NOS TRIBUNAIS[1]

Atualmente, com a carga imensa de processos que se avolumam dia a dia, todos que trabalham na Justiça sofrem suas nefastas consequências. O Juiz se encontra angustiado com as inúmeras ações que tem para decidir, sendo-lhe, constantemente, cobrado o cumprimento de metas e um determinado nível de produtividade, que acaba por prejudicar o exame acurado dos autos.

A utilização, às vezes inadequada ao caso concreto, de formulários padrões e decisões assemelhadas vem se transformando em uma praxe, sendo que, nos tribunais, a delegação da elaboração do voto aos assessores já não é mais negada e, nem sempre, há tempo para a devida revisão pelo relator do recurso.

Nesse contexto, o advogado aparece lutando para fazer valer a ampla defesa, assegurada constitucionalmente, num esforço hercúleo para chamar a atenção para as particularidades do caso que patrocina, sendo, injustamente, visto por alguns como um obstáculo à celeridade dos julgamentos.

Diante dessa dura realidade, há de se restabelecer o verdadeiro significado do *"duplo grau de jurisdição"*, possibilitando a mais ampla discussão da causa na segunda instância, o que passa, necessariamente, pela valorização da sustentação oral do advogado, para que possa cumprir seu decisivo papel de destacar os detalhes que tornam aquele caso singular.

Ainda hoje, o que se assiste nos tribunais, quando há, é uma sustentação oral do advogado, *logo após o relatório*, a qual os Desembargadores ouvem, mas, na maioria das vezes, não escutam, e que, dificilmente, tem força para modificar os votos previamente preparados e disponibilizados, somente para os mesmos, na véspera do Julgamento.

Essa problemática questão se agrava quando o advogado, após ter realizado a sustentação oral, depois do voto do Relator, pretende esclarecer ou corrigir questão de fato e, conquanto tenha direito a fazê-lo, muitas vezes é tolhido, sob a alegação de que já falou, passando constrangimentos em Sessão Pública de Julgamento.

---

1 IBCCRIM, Boletim 266, Janeiro/2015.

Para evitar situações que tais, há vinte anos, com o surgimento do atual Estatuto da OAB, por meio da Lei 8.906, de 04.07.1994, no seu art. 7.º, IX, ao advogado foi conferido o direito de sustentar oralmente as razões de qualquer recurso ou processo, nas sessões de julgamento, *após o voto do relator.*[2]

Todavia, lamentavelmente, este dispositivo foi logo impugnado através da Ação Direta de Inconstitucionalidade (ADIn 1.105-7), tendo o STF concedido liminar para suspender sua eficácia, por considerá-lo inconstitucional, entendendo que se tratava de matéria da competência privativa dos tribunais (art. 96, I, *a*, CF/1988), malgrado tenham sido vencidos os ilustres Min. Marco Aurélio e Sepúlveda Pertence.

Ora, sem dúvida, a polêmica questão ultrapassa e muito os interesses e a conveniência dos tribunais, não devendo ser discutida apenas no âmbito restrito dos seus regimentos.

Com efeito, a sustentação oral de recursos é matéria de processo, como as razões escritas e outros atos destinados ao mesmo fim.

Vale lembrar que o invocado art. 96, I, *a*, da CF, assegura aos tribunais a competência para "*eleger seus órgãos diretivos e elaborar seus regimentos internos,* ***com observância das normas de processo e das garantias processuais das partes,*** *dispondo sobre a competência dos respectivos órgãos jurisdicionais e administrativos*".

Não há de se negar que a intervenção do advogado, *após o voto do relator*, possibilita maior debate da causa, contribuindo para evitar erros de fato e de direito, até porque as decisões seriam mais bem fundamentadas, cumprindo preceito da própria constituição (art. 93, IX, da CF), o que impactaria na redução dos recursos para os tribunais superiores.

Não obstante todas essas razões de ordem pública, o STF acabou por julgar inconstitucional o inc. IX do art. 7.º do EOAB, na ADIn 1.127-8, embora por maioria de votos, com a seguinte ementa: "*A sustentação oral pelo advogado, após o voto do Relator, afronta o devido processo legal, além de poder causar tumulto processual, uma vez que o contraditório se estabelece entre as partes.*"

Data vênia, os fundamentos não convencem!

2 Notas: "*(...) sustentar oralmente as razões de qualquer recurso ou processo, nas sessões de julgamento, após o voto do relator, em instância judicial ou administrativa, pelo prazo de quinze minutos, salvo se prazo maior for concedido.*"

O relator não deve temer a sustentação oral do advogado após o seu voto, uma vez que a palavra retorna para ele que, sem nenhuma limitação de tempo, poderá defender sua posição, ou, modificá-la, sem que haja qualquer desdouro a sua competência. Daí em diante, a discussão será entre seus pares, não mais permitida a intervenção do advogado.

Por outro lado, não haveria ofensa alguma ao princípio do contraditório, pois, não somente o advogado, mas também o Ministério Público passaria a fazer sua sustentação oral após o voto do relator.

É inegável que, com a modificação sugerida, a dinâmica dos julgamentos nos nossos tribunais seria outra e muito mais democrática, porque as decisões seriam construídas através do debate oral, levando-se em conta, efetivamente, os argumentos das partes para sua formação.

Os atores teriam que melhorar sua atuação!

Ademais, convém ter sempre presente que a Constituição atual, ao fazer um juízo de valor, considerou a atuação do advogado *"indispensável à administração da Justiça"* (art. 133 da CF).

Por conseguinte, o advogado, ciente da importância da defesa oral, tenderia a atuar mais nos tribunais, aprimorando sua técnica de manifestação, divergindo sempre de forma respeitosa.

Os julgadores, por seu turno, melhor fundamentariam suas decisões, pois não se arriscariam a julgar processo sem revisar seu voto!

As sessões dos tribunais não seriam mais monótonas, poder-se-ia até julgar menos processos, mas com muito mais Justiça!

A questão em debate afigura-se oportuna e muito atual, sobretudo quando, recentemente, foi apresentado um projeto de novo Código de Processo Civil melhor disciplinando a sustentação oral nos tribunais (arts. 946 e 950), sem, contudo, alterar o momento de sua exposição.

Todavia, a polêmica não é nova!

Há mais de um século, como nos informa o saudoso acadêmico **Rubem Nogueira**,[3] o constitucionalista **Rui Barbosa**, depois de sofrer uma grande decepção no STF, quando o Acórdão de 27.04.1892 rejeitou todas as teses de direito constitucional arguidas, sem examinar nenhuma delas devidamente, cometendo graves erros de fato e de direito e sem que o advogado impetrante do *habeas corpus* indeferido pudesse nada opor, simplesmente porque não podia falar após o voto do relator,

3 BARBOSA, Rui. *Combatente da legalidade*. Rio de Janeiro, 1999. p. 66.

defendeu, publicamente, pela imprensa, que "os direitos amplíssimos da defesa" exigiam que o advogado falasse após conhecer as razões dos votos dos ministros e não antes como previa o regimento.

"Se essa praxe - advertiu - nasce do regimento, ela evidentemente atenta contra os direitos mais patentes da defesa."

POR QUE SOU CONTRA À REDUÇÃO DA MAIORIDADE PENAL?[4]

Porque não será eficaz no combate à delinquência juvenil! Os atos infracionais praticados pelos adolescentes não chegam a 10% do total de crimes praticados no Brasil (ILANUD) e apenas 1% dos homicídios ocorridos são cometidos por adolescentes (Ministério da Justiça). Em contrapartida, mais de 36% das vítimas de homicídios no Brasil são adolescentes, em oposição a 4,8% da população em geral (SDH/PR), justamente por se tratar de parcela da população mais carente de políticas públicas (Boletim IBCCRIM, Editorial de Maio/2015). Portanto, o adolescente, para quem a própria vida já não vale muito, não se intimidará com ameaça de prisão, mesmo por longo período, ao ser tratado como se fosse adulto.

Segundo dados publicados pelo Conselho Nacional de Justiça (CNJ), em junho de 2014, o Brasil já teria a quarta maior população carcerária do mundo, com 567,665 mil pessoas presas. Contabilizando as prisões domiciliares, já estaríamos em terceiro lugar, com 715.592 presos, em um sistema com capacidade para 358.219, com um déficit, portanto, de 358.373 vagas! Em termos relativos, ainda segundo dados do CNJ, o Brasil teria 358 presos por 100.000 habitantes, enquanto a vizinha Argentina teria menos da metade, 149/100.000 hab. Nem se compare com a Alemanha que tem apenas 78/100.000 hab. e 20% de vagas ociosas em suas prisões. Há um dado ainda mais alarmante, é que existem no Brasil quase 400 mil mandados de prisão em aberto! Em junho de 2014, exatamente 373.991 pessoas deveriam estar presas, segundo a justiça brasileira, mas continuam em liberdade e somente sabemos da sua existência, quando praticam outros crimes! Se essas pessoas fossem recolhidas, o Brasil atingiria mais de um milhão de presos (1.089.646) e o déficit de vagas subiria para 732.427! É nesse sistema carcerário falido, com uma taxa de cerca de 70% de reincidência, que se pretende colocar

4 Revista Direito Unifacs - Debate Virtual, nº 182, 2015.

no Brasil os adolescentes de 16 anos que pratiquem crimes violentos e/ ou hediondos, esquecendo-se que um dia eles retornarão à sociedade!

Com a simples redução da maioridade, os adolescentes ficariam desprotegidos, poderiam ingerir bebidas alcoólicas, dirigir veículos e não seriam mais considerados vítimas de diversos crimes sexuais, uma vez que poderiam dispor livremente do próprio corpo! Ainda que a redução permaneça limitada a crimes hediondos e violentos, um adolescente de 16 anos, por exemplo, que namorasse menor de 14 anos, responderia pelo hediondo crime de estupro de vulnerável! Arrematado absurdo!

Desde 1990, com a aprovação do ECA, temos uma das melhores leis sobre a proteção da criança e do adolescente do mundo, com previsão da participação da sociedade e do Estado na implantação de políticas básicas, de proteção especial e socioeducativas para a nossa juventude. No entanto, durante todos esses anos, ainda não foi devidamente aplicada! As Unidades de internação provisórias, embora não funcionem como deveriam, estão longe de ser iguais às nossas prisões, tanto que, mesmo na atual guerra de dados comparativos, é inegável que possuem índices de reincidência bem abaixo do sistema carcerário para adultos.

O problema da delinquência juvenil é extremamente complexo! Passa pela desestruturação da família, uma vez que a maioria dos adolescentes que comete crimes violentos já se encontra fora da proteção e educação familiar, tanto que seus pais sequer comparecem às unidades de Internação, quando da lavratura do boletim de ocorrência. É preciso que a sociedade e o Estado percebam a existência da criança e do adolescente antes deles cometerem crimes! A falta de atrativos e investimentos nas escolas públicas faz com que se perca o aluno para o tráfico de drogas.

Se a questão é o art. 121, § 3º, do Estatuto da Criança e do Adolescente, que não permite "internação" do adolescente por período superior a 03 anos, já há projeto de lei para alterá-lo, aumentando o tempo máximo de internação e fixando um tempo mínimo, atualmente indeterminado, o que também não minorará tão grave problema, se não houver melhoria na gestão e investimentos nas Casas de Correção, sempre no sentido da recuperação e reinserção social do adolescente infrator, mas servirá como uma espécie de "vingança legal", aplacando-se a sensação de impunidade, para os que ainda acreditam que a punição daquele que infringiu a lei servirá de exemplo para que outros não o façam (prevenção geral), utilizando-se da função simbólica do Direito Penal.

Contudo, há um lado muito positivo na proposta de redução da maioridade penal: trazer à discussão nacional um tema de fundamental relevância para o futuro da nossa nação! Oxalá, os Deputados e Senadores reflitam que a redução da maioridade penal não é o melhor caminho para se evitar a criminalidade juvenil, unindo-se aqueles que são contra o retrocesso, para que saiam da inércia e juntos lutem pela implantação de políticas socioeducativas para a nossa juventude, através de investimentos públicos, sobretudo, no ensino fundamental, enxergando a criança antes de se tornar um adolescente infrator!

A DÚVIDA É A CERTEZA DOS LOUCOS![1]
(Tribunal do Júri)

Se existe uma consequência indiscutível decorrente do princípio constitucional da presunção de inocência, é a de que, na dúvida, deve-se sempre absolver o acusado. Trata-se do secular brocardo *in dubio pro réu.*

Sendo assim, o que se pode dizer de uma legislação que, ao manter o número 07 de jurados, possibilita que a condenação, no Tribunal do Júri, continue a se dar pela diferença de apenas um voto (4x3), em um veredicto pronunciado pelo sistema da íntima convicção de juízes leigos, de forma sigilosa e sem apresentar fundamentação?

Essa é uma das críticas que fazemos ao PL 8045/2010, que irá instituir o novo Código de Processo Penal, em tramitação na Câmara dos Deputados, sugerindo o aumento do número de jurados para 08.

Senão, vejamos.

PL 8045/2010:

Seção IX

Da composição do Tribunal do Júri e da Formação do Conselho de Sentença

> Art. 360. O Tribunal do Júri é composto por 1 (um) juiz togado, seu presidente, e por 25 (vinte e cinco) jurados, que serão sorteados dentre os alistados, 7 (sete) dos quais constituirão o Conselho de Sentença em cada sessão de julgamento.

SUGESTÃO: Alterar o número de jurados para 08.

> *"O Tribunal do Júri é composto por 1 (um) juiz togado, seu presidente e por 25 (vinte e cinco) jurados que serão sorteados dentre os alistados,* ***8 (oito) dos quais constituirão o Conselho de Sentença*** *em cada sessão de julgamento."*

---

1 Revista Eletrônica Direito do Estado, nº 160, 2016.

JUSTIFICATIVA:

O número proposto de 8 jurados estava na redação original do **PROJETO DE LEI DO SENADO Nº 156/2009** (PLS, Art. 349), mas, lamentavelmente, retornou para 7, na redação final em 2010.

Como se sabe, o Júri, entre nós, foi criado em **18 de julho de 1822** por Decreto do Príncipe Regente, pouco antes da proclamação da independência do Brasil, com competência para julgar os crimes de imprensa: 24 jurados, podiam ser recusados 16, ficavam até 8.

O Júri foi previsto na **CONSTITUIÇÃO DE 1824** (Imperial), no Capítulo do Poder Judiciário, art. 151:

> *"**O Poder Judicial independente, e será composto de Juízes, e Jurados,** os quais terão lugar assim no Cível, como no Crime nos casos, e pelo modo, que os Códigos determinarem."*

No **CÓDIGO DE PROCESSO CRIMINAL DE 1832 (IMPÉRIO)**

foi mantido número par de jurados em 12.

A CONSTITUIÇÃO REPUBLICANA DE 1891 manteve o mesmo número de jurados, quando assegurou no Capítulo de Declaração de Direitos, Art. 72, § 31, que:

> *"É **mantida** a instituição do júri."* - 12 jurados.

A questão do número par de jurados permaneceu inalterada também na **CONSTITUIÇÃO DE 1934**:

Capítulo de Poder Judiciário, Art. 72:

> *"É **mantida** a instituição do júri, com a organização e as atribuições que lhe der a lei".*

A CONSTITUIÇÃO "POLACA" DE 1937 foi a única, até hoje, que não fez nenhuma menção ao Júri, foi totalmente omissa.

E, como a independência do Júri sempre incomodou os ditadores (v.g. Napoleão, Mussolini), no ano seguinte, Getúlio Vargas, através do **DECRETO-LEI 167 DE 1938**, visando facilitar a condenação de seus adversários, reduz o número de jurados para 7, institui a incomunicabilidade entre os jurados e abole a soberania dos seus veredictos.

Portanto, é fato histórico eloquente que a redução do número de jurados para 07, a permitir a condenação por 4x3, o que representa verdadeira "dúvida aritmética", foi introduzido no auge da Ditadura Vargas.

O **CÓDIGO DE PROCESSO PENAL DE 1941** (Decreto-Lei Nº 3.689, 03/10/1941), de inspiração fascista, manteve o mesmo número ímpar:

> CPP, redação original, Art. 433: "*O Tribunal do Júri compõe-se de um juiz de direito, que é o seu presidente, e de* ***vinte e um jurados que se sortearão dentre os alistados, sete dos quais constituirão o conselho de sentença*** *em cada sessão de julgamento*".

Com o processo de redemocratização do País, a **CONSTITUIÇÃO DE 1946**, não obstante tenha restabelecido a soberania do Júri e, pela primeira vez, falado em plenitude de defesa, manteve o número ímpar de jurados:

Título de direitos e garantias individuais, art. 141 §22:

> *"É* ***mantida*** *a instituição do júri, com a organização que lhe der a lei, contanto que seja* ***sempre ímpar o número dos seus membros*** *e garantido o sigilo das votações, a plenitude da defesa do réu e a soberania dos veredictos. Será obrigatoriamente da sua competência o julgamento dos crimes dolosos contra a vida."*

Ressalte-se, por oportuno, que o número ímpar de jurados, por si só, não é antidemocrático, desde quando se exija uma maioria qualificada para condenação. Nesta senda, poder-se-ia manter o número 7 de jurados, desde que se exigisse para condenação, pelo menos, 5x2.

As outras Constituições até a atual não trataram do número dos jurados:

> Constituição **DE 1967**, Art. 150, §18: "*São* ***mantidas*** *a instituição e a* ***soberania*** *do júri, que terá competência no julgamento dos crimes dolosos contra a vida.*"

EC Nº 1 À CONSTITUIÇÃO DE 1969:

> "É mantida a instituição do júri, que terá competência no julgamento dos crimes dolosos contra a vida."

CONSTITUIÇÃO DE 1988:

Título de direitos e garantias fundamentais, Art. 5º, inciso XXXVIII:

> *"É **reconhecida** a instituição do júri, com a organização que lhe der a lei, assegurados:*
> *a) a plenitude de defesa;*
> *b) o sigilo das votações;*
> *c) a soberania dos veredictos;*
> *d) a competência para o julgamento dos crimes dolosos contra a vida;"*

Mesmo com as mudanças introduzidas pela Lei 11.689/2008, no Capítulo do procedimento do Júri, ainda se manteve o número 7 de jurados:

CPP, Art. 447:

> *"O Tribunal do Júri é composto por 1 (um) juiz togado, seu presidente e por **25 (vinte e cinco)** jurados que serão sorteados dentre os alistados, 7 (sete) dos quais constituirão o Conselho de Sentença em cada sessão de julgamento."*

No direito comparado, em vários países, a condenação pelo Júri somente é possível à unanimidade ou por maioria qualificada de 2/3.

- **INGLATERRA:**12 jurados, decisão condenatória 10x2.
- **EUA**: Júri Federal, 12 jurados, decisão unânime para todos os casos criminais. Na maioria dos Estados também.
- **FRANÇA:** ESCABINATO: 3 magistrados e 9 jurados, condenação por 8 votos (2/3).
- **ITÁLIA**: ASSESSORADO: Com 02 juízes togados e 06 cidadãos, decisão por maioria.
- **ESPANHA**: Tribunal del Jurado. 09 jurados e 01 magistrado (aplicar pena). Condenação por sete votos. (Consulte "Tribunal do Júri" de Paulo Rangel, 4ª edição, Cap. 2, "O Júri na História", São Paulo: Atlas, 2012).

É certo que, em **PORTUGAL,** o número é de 7 e as decisões são por maioria de votos, mas lá o júri tornou-se facultativo e, dos 7 jurados, 3 são magistrados.

Já no Brasil, o Júri, conquanto previsto como direito e garantia fundamental na atual Constituição, continua sendo obrigatório para os crimes dolosos contra a vida, consumados ou tentados, no qual os jurados julgam pelo sistema da "íntima convicção", de acordo com a consciência de cada um, ficam incomunicáveis e proferem seus votos de forma sigilosa, de modo que não precisam e nem podem fundamentar suas decisões, não sendo razoável manter-se o número ímpar de jurados e se permitir condenação por diferença de apenas 01 voto.

As decisões continuariam sendo tomadas por maioria de votos e, em caso de empate (4x4), a dúvida seria resolvida em favor da liberdade individual, como ocorre em outros colegiados, havendo necessidade de acrescentar tal hipótese ao art. 402 do PL 8045/2010:

> Art. 402. As decisões do Tribunal do Júri serão tomadas por maioria de votos e, em caso de empate, resolver-se-á em favor do réu.

Se o Brasil constitui-se em um Estado Democrático de Direito, como proclama o art. 1º da Constituição da República, não pode continuar a admitir condenação na dúvida, como, desgraçadamente, ainda ocorre no Tribunal do Júri, pois a dúvida é a certeza dos loucos e os loucos não julgam, nem podem ser julgados.

DEVEDORES DE ICMS PROCESSADOS CRIMINALMENTE[1]

Está prestes a ser julgado pelo STF, o RHC 166.334- SC que poderá levar milhares de empresários, meros devedores do ICMS, a responderem a processo criminal por apropriação indébita tributária, mesmo tendo declarado o imposto devido. Dispõe o art.2º, II, da Lei 8.137/90, que constitui crime contra a ordem tributária, "deixar de recolher, no prazo legal, valor de tributo ou de contribuição social, descontado ou cobrado, na qualidade de sujeito passivo de obrigação e que deveria recolher aos cofres públicos".

É certo que a escrituração contábil não afasta, por si só, o crime de apropriação indébita. Assim é que, no caso das contribuições previdenciárias, o empresário que desconta do empregado a parte por este devida e deixa de recolher o *quantum* retido, comete, em tese, apropriação. Isto porque, por disposição expressa de lei, passa a ser o sujeito passivo da obrigação, mesmo sem revestir a condição de contribuinte, como responsável tributário por substituição. Doutro lado, a parcela devida pelo empregador não recolhida é tratada como simples dívida previdenciária, porque ele é o contribuinte e, nesta condição, sujeito passivo da obrigação tributária.

De forma semelhante, ocorre com o ICMS! O deslinde da controvérsia passa pelo alcance das expressões "descontado ou cobrado" contidas no tipo penal, que não pode prescindir da análise da sujeição passiva tributária, para a devida correlação entre os dois ramos do Direito interligados. O primeiro passo é buscar no CTN a definição de sujeito passivo, que se bifurca entre contribuinte e responsável, para perceber que somente desconta ou cobra aquele que está na condição de responsável, quando, mesmo sem revestir a condição de contribuinte, sua obrigação decorre de expressa disposição de lei.

A controvérsia advém da natureza de imposto indireto do ICMS, que não se confunde com a questão da sujeição passiva tributária, significa apenas que o custo desse imposto, assim como outros, costuma ser repassado, do ponto de vista econômico, e não jurídico, ao consumidor final. Este o ponto central: ainda que o custo do ICMS componha o valor

1 Site BN - Bahia Notícias, 09 de novembro de 2019.

do produto e o consumidor pague o preço, ele não é o contribuinte do ponto de vista jurídico, não é o sujeito passivo da obrigação, tanto assim que o Fisco nada dele pode exigir.

Neste caso, o sujeito passivo da obrigação tributária é a própria empresa, daí, não havendo responsabilidade por substituição, não se pode falar em apropriação, mas, apenas, de mero inadimplemento da obrigação de pagar o tributo pelo próprio contribuinte. Por conseguinte, se a empresa lança suas vendas, sem omissões dolosas ou manobra fraudulenta, escriturando o ICMS devido, não haverá nenhum crime, de modo que, se deixar de pagar o imposto, será simples inadimplente da obrigação tributária. Note-se que, com a escrituração, não haverá dificuldade na constituição e cobrança do crédito tributário, com juros, multas e correção monetária, e os privilégios e garantias que lhe concedem o CTN e a Lei 6.830/80, assegurando-se o fim último da tributação, o atendimento das necessidades vitais da coletividade.

Não se pode olvidar do caráter subsidiário do direito penal, ao qual somente se deve recorrer como ultima *ratio*, quando outros mecanismos de controle se mostrarem ineficazes. Proceder a desautorizada interpretação extensiva do tipo penal em discussão, para alcançar relações tributárias havidas com tributos indiretos constitui inadmissível retrocesso à prisão por dívida, vedada pela Constituição.

"UM TIRO CERTO NO CORAÇÃO DO JÚRI!"[1]

O escopo deste artigo é tecer uma breve análise crítica da polêmica proposta de Resolução do Conselho Nacional de Justiça (CNJ), que autoriza o uso de videoconferência na realização das sessões de julgamento do Tribunal do Júri, em razão das contingências geradas pela pandemia da COVID-19.

A combatida Resolução foi retirada da pauta da sessão do CNJ do dia 22/06/2020, em face do pedido de destaque para o processo, do Conselheiro André Godinho, representante da advocacia, o que possibilitará maior debate sobre o tema de grande relevância, por envolver direitos fundamentais.

Inicialmente, cumpre destacar que, embora dentre as considerações da Resolução para adoção da videoconferência no âmbito dos Tribunais do Júri encontre-se "*o grande quantitativo de réus presos aguardando julgamento*", a proposta abrange igualmente Júris de **réus soltos**, que "*poderão optar entre comparecer pessoalmente à sessão de julgamento ou virtualmente por videoconferência*" (art. 2º, § 3º).

Todavia, o réu preso não terá opção, "*deverá acompanhar o seu julgamento pelo sistema de videoconferência, em sala própria no estabelecimento prisional onde se encontrar*", permitindo-se à Defesa "*ter acesso ao réu preso por telefone ou outro meio de comunicação durante todo o julgamento*". (art. 11, §§ 1º e 2º).

Já, neste ponto, aparece cristalina violação ao pleno exercício da Defesa, ao direito do réu de comparecer fisicamente ao seu julgamento, onde teria a oportunidade de apresentar pessoalmente sua versão dos fatos aos seus julgadores, comunicar sua história, presença ainda mais relevante quando se trata de julgamento de crimes dolosos contra a vida, dos quais se ocupa o Tribunal Popular.

Observe-se que, na sistemática vigente, se o acusado preso não for conduzido, o julgamento será adiado, salvo se houver pedido de dispensa de comparecimento subscrito por ele e seu defensor (art. 457, § 2º, CPP).

Mas não é só!

---

1 Site IBADPP – Instituto Baiano de Direito Processual Penal, 2020.

Autoriza, ainda, a combalida Resolução, que se inicie, **virtualmente**, a sessão de julgamento do Tribunal do Júri, através do sistema de videoconferência, com o acompanhamento apenas *online* do Juiz, do Ministério Público, da Defesa técnica e do réu, quando da realização do sorteio dos 07 jurados que deverão compor o Conselho de Sentença, como se este ato não tivesse a devida importância.

Ora, várias questões essenciais à realização do julgamento poderão surgir nesta fase inicial, e precisarão ser decididas de plano pelo juiz-presidente.

Não se deve olvidar que, para maior garantia de imparcialidade do júri, quando do referido sorteio, cada parte poderá, sem motivar, recusar até três jurados.

Além dessas denominadas recusas peremptórias, poderão ser arguidos suspeição, impedimento e incompatibilidade contra jurado ou até mesmo contra o juiz-presidente do Tribunal do Júri, órgão do Ministério Público ou qualquer outro funcionário, nos termos do art. 470 do CPP.

Pelo proposto na Resolução, todas essas questões deverão ser decididas neste momento **virtualmente,** além de outras que poderão surgir, como a separação de julgamentos no caso de mais de um réu.

E se ocorrer do jurado se recusar a participar do Júri, por não querer se submeter ao risco de contaminação pelo novo coronavírus?

O Juiz-presidente poderá não aceitar essa escusa?

Configurará o motivo relevante, consoante previsto no art. 443, do CPP?

Evidente que sim, uma vez que, após o sorteio, a sessão virtual será suspensa, "*para que o magistrado, os jurados sorteados, o secretário de audiência e os oficiais de justiça, no mesmo dia, se façam presentes à sala de sessões plenárias do Tribunal do Júri.*" (art. 4, § 1º).

Também não se esclarece como os jurados irão se deslocar até a sala da sessão do Júri!

Em transporte coletivo? Em veículo próprio? Em veículo oficial?

E, como preservar, após o sorteio virtual, a incomunicabilidade dos jurados?

A proposta passa a permitir, no plenário do Júri, três modalidades de participação:

a) necessariamente presencial, física, do Juiz, Jurados e demais servidores essenciais à realização do Julgamento, como oficiais de justiça, secretário de audiência, pessoal da segurança e da higienização do ambiente;

b) facultativamente presencial, pessoal ou virtualmente, do MP, Defesa e réu, se solto;

c) necessariamente virtual, da vítima e testemunhas, que deverão ser ouvidas por videoconferência, no momento próprio da sessão plenária, a não ser que o Oficial de Justiça verifique que não há condições para tanto, quando serão intimadas a comparecer presencialmente à sessão.

De logo, uma questão prática se levanta, quanto à terceira modalidade:

Com a ampla publicidade que deverá ser conferida a sessão de julgamento, com possibilidade de acesso virtual (art. 5º), como assegurar que uma testemunha não ouça os depoimentos das outras ou da vítima? Enfim, que não esteja em sua casa, ou outro local, com acesso à sessão pública de julgamento?

Como também permitir que as testemunhas e a vítima sejam expostas, com exibição virtual de documento pessoal com foto e fornecimento do número do seu aparelho celular?

E na hipótese da testemunha, não dispondo de "*conexão de internet*", negar-se a comparecer presencialmente, face ao risco da pandemia, o juiz-presidente poderia determinar sua condução coercitiva?

Não se pode, em seara dessa magnitude, pretender simplesmente a aplicação das regras contidas nos arts. 185 e 222 do CPP (com as alterações da Lei 11.900/2009), *que permitem, em situações excepcionais, a adoção do sistema de videoconferência em atos processuais de procedimentos e ações penais,* ao Tribunal do Júri!

Com efeito, a atual Constituição da República, no capítulo dos "*Direitos e Garantias Fundamentais*", reconhece a instituição do Júri, com a organização que lhe der a lei, desde quando assegurada suas linhas mestras, sendo a primeira garantia, "a **PLENITUDE** de defesa"! (art. 5º, XXXVIII, a, CF).

A respeito, válido transcrever, por pertinente, a lição de Guilherme de Souza Nucci[2]:

"Um Tribunal que decide sem fundamentar seus veredictos precisa proporcionar ao réu uma defesa acima da média e foi isso que o consti-

2 Apud Gladston Fernandes de Araújo, Tribunal do Júri: Uma Análise Processual à Luz da Constituição Federal - Niterói - RJ; Impetus, 2004.

tuinte quis deixar bem claro, consignando que é qualidade inerente ao júri a plenitude de defesa. (...) no tribunal popular a plenitude de defesa é característica expressiva e essencial da própria instituição. Júri sem defesa plena não é um tribunal justo e, assim não sendo jamais será uma garantia do homem."

Prossegue Gladston Fernandes de Araújo:

Segundo o escólio do enciclopedista Dermival Medeiros Rios, amplo significa *"vasto", "largo", "rico", "farto", "abundante"*, enquanto pleno, significa "cheio", "repleto", "completo", "absoluto", "inteiro", "cabal", "perfeito". Constata-se, pois, que nem tudo que é amplo é pleno, mas tudo que é pleno, necessariamente, será amplo."

E conclui:

Com isso, destaque-se: a defesa no Tribunal do Júri há de ser irretocável, eficaz e absoluta, quer-se dizer, plena, sobretudo porque a decisão dos jurados não é motivada.[3]

Por conseguinte, clara é a intenção do constituinte ao conceder ao réu, no Júri, além da ampla defesa assegurada em qualquer processo, cível, administrativo ou criminal, a plenitude de defesa que, como visto, é mais do que ampla, considerando ser ele a parte mais fraca da relação de poder no Tribunal do Júri.

Nunca é demasiado lembrar o princípio da supremacia da Constituição, razão pela qual a garantia da **PLENITUDE** de Defesa foi consagrada na Carta Magna, para que nenhuma lei pudesse restringi-la, muito menos uma mera Resolução, ainda que do egrégio CNJ.

Concessa venia, somente quem nunca participou de um único Júri vai negar que a realização de ato processual, no seu plenário por meio de videoconferência, não macula a verdadeira essência do Julgamento do acusado por seus pares, juízes leigos, que deverão proferir seus veredictos de acordo com sua consciência e os ditames da Justiça, em um julgamento de íntima convicção, sigiloso e, por isso mesmo, sem poder revelar sua fundamentação!

Os inconvenientes e as limitações da tecnologia jamais permitirão que se transmitam plenamente as emoções, as entrelinhas do dito ou não dito, da gesticulação ao falar, do olhar, do imediatismo da inquirição, das reações incontidas, que podem ser captadas e dizem muito da fide-

3 Ob. Cit. p. 66.

dignidade do depoimento, o encadeamento da narrativa de um crime doloso contra a vida, com toda sua inevitável carga de dramaticidade, quando se está diante de dois bens supremos como a vida e a liberdade!

Conforme bem enfatiza Lênio Streck[4], Júri é linguagem, comunicação, dialética, é ritual, simbologia!

Destarte, Sessão plenária do Tribunal do Júri virtual, ainda que parcialmente, como disse o grande Tribuno do Júri baiano, Tilson Santana, com sua experiência de 55 anos ininterruptos de Tribuna, em recente *live* do IBADPP, inspirado em trecho de conhecida música de Zezé de Camargo e Luciano, é "**um tiro certo no coração do Júri!**"

4 Streck, Lénio Luiz. Tribunal do Júri: Símbolos e Rituais. 4ª ed. rev. e mod. - Porto Alegre: Livraria do Advogado, 2001

FALTA DEMOCRACIA NA OAB[1]

Imagine se a eleição para Governador fosse por chapa, na qual além do vice-governador, fosse o eleitor obrigado a votar nos deputados e senadores apresentados na mesma Chapa do candidato ao Governo, guardadas as devidas e grandes proporções, é o que ocorre atualmente nas eleições da Ordem dos Advogados do Brasil (OAB).

O (A) candidato(a) à Presidência da OAB, de cada Estado, forma uma Chapa "que deve ser composta dos candidatos ao Conselho e à sua Diretoria e, ainda, à delegação ao Conselho Federal e à Diretoria da Caixa de Assistência dos Advogados para eleição conjunta", nos termos do art. 64, § 1º, da Lei 8.906/94 (Estatuto da OAB).

Evidente que este modelo de eleição não é o mais democrático!

A eleição por maioria de votos em uma Chapa é apropriada para cargos de direção, não para os dos conselhos, que, à semelhança das casas legislativas, devem representar o mosaico da advocacia e não somente um grupo.

O deficit democrático aumenta na medida em que cada Presidência ou Diretoria da OAB escolhe "seu" Conselho seccional, para serem eleitos conjuntamente em uma Chapa liderada pelo(a) Presidente, sabendo-se que durante o mandato compete a este mesmo Conselho, dentre outras relevantes funções, julgar em grau de recurso as questões decididas pelo seu Presidente, bem como fiscalizar a aplicação da receita, apreciar o relatório anual e deliberar sobre o balanço e as contas de sua diretoria (art. 58, III e IV, EOAB).

Da forma como é realizada, a eleição conjunta por chapa impede a participação desvinculada de candidatos aos conselhos, seja estadual ou federal, e consequentemente, a eleição dos mais votados individualmente, independente da Chapa vitoriosa para Diretoria, como era no passado.

O atual modelo tem levado, inexoravelmente, à centralização de poder nas OAB estaduais, concentrado em um único grupo ou na figura de um Presidente que, na maioria das vezes, se reelege.

No âmbito nacional, por sua vez, os Conselheiros federais, considerados eleitos por votação na Chapa de cada Estado, elegem a Diretoria

---

1 Jornal A Tarde, 17 de novembro de 2021.

do Conselho Federal, encabeçada pelo Presidente Nacional da OAB, que, para poder concorrer a eleição, deve ainda ter o "apoiamento de, no mínimo, 6 (seis) Conselhos Seccionais (art. 67, II, EOAB).

Por tudo isso é que se afirma que falta democracia na OAB! O que resulta em uma lamentável contradição, tratando-se de uma grande Instituição que tem por finalidade precípua defender a Constituição e a ordem jurídica do Estado democrático.

O DIREITO DE PERMANECER CALADO EM CPI[1]

A Carta Magna da República assegura ao preso o direito de permanecer calado, além da assistência da família e de advogado, nos precisos termos do inciso LXIII, do seu art.5º.

E o faz como direito e garantia fundamentais, que não podem ser objeto de emenda à Constituição, constituindo-se em verdadeira cláusula pétrea.

Com efeito, mesmo na vigência do "*Estado de Defesa*", quando podem ser restringidos vários direitos como de reunião, sigilo de correspondência, de comunicação telegráfica e telefônica, e é permitida até prisão sem flagrante e sem prévia ordem judicial, por crime contra o Estado (art. 136, § 3º, CF), permanece incólume o direito ao silêncio do preso, bem como à assistência familiar e jurídica, tanto que, expressamente, é vedada sua incomunicabilidade (art. 136, § 3º, IV, CF).

De igual modo, também no "*Estado de Sítio*", quando poderá haver, dentre outras, restrições relativas à prestação de informações e à liberdade de imprensa, radiodifusão e televisão (art. 139, III, CF), nenhuma mitigação existe no tocante ao direito de permanecer calado, direito ao silêncio, enfim, a não autoincriminação.

Evidente que o direito de permanecer calado vigora em qualquer interrogatório, seja judicial ou extrajudicial, esteja, solto ou preso, o interrogado. Trata-se de um direito individual de eficácia plena, tanto que o nosso vetusto Código de Processo Penal de 1941 foi alterado, no particular, pela Lei 10.792/2003, para, em consonância com a Constituição Federal, assegurar ao acusado, "*depois de devidamente qualificado e cientificado do inteiro teor da acusação, ser informado, **antes de iniciar o interrogatório**, do seu direito de permanecer calado e de não responder perguntas que lhe forem formuladas*", tendo, na nova dicção do art. 186, sido acrescentado parágrafo único, para proclamar que "*o silêncio, que não importará em confissão, não poderá ser interpretado em prejuízo da defesa.*"

É claro que o interrogado não pode fazer uso do direito ao silêncio na sua qualificação, quando deverá informar seu nome completo,

---

1 Revista Eletrônica Direito do Estado, Nº 483, 2021.

endereço, profissão, e fornecer demais dados pessoais necessários a sua devida qualificação.

Contudo, após a qualificação, qualquer que seja a autoridade inquisidora (juiz, delegado, parlamentar), tem o dever, antes de iniciar o interrogatório propriamente dito, de informar do seu **direito de não responder a perguntas que lhe forem formuladas**, sem nenhuma outra condição, podendo o imputado, na autodefesa, ou seguindo orientação da sua defesa técnica, se for o caso, não responder a todas ou a algumas das perguntas, sem que para isso tenha que apresentar qualquer justificativa, muito menos que tal ou qual pergunta poderá incriminá-lo, o que soaria como uma "*confissão tácita*".

No direito americano, no famoso caso MIRANDA v. ARIZONA (1966), a Suprema Corte dos EUA anulou a condenação de Ernesto Miranda por sequestro seguido de estupro, pelo fato dos policiais não terem alertado dos seus direitos durante o interrogatório, dentre eles, o de permanecer calado e de ser assistido por um advogado.

Acredita-se, inclusive, que o "Aviso de Miranda" tenha inspirado o dispositivo do inciso LXIII, do art. 5º, da Constituição Brasileira, e agora o STF terá a oportunidade de definir se o Estado brasileiro tem a obrigação de informar o direito ao silêncio no momento da abordagem policial, em face do reconhecimento da repercussão geral da questão (tema 1.185) no RE 1.1777.984[2] (03/12/21).

No Brasil, o STF já havia firmado posição no sentido de tais garantias serem direito do investigado, como reafirmado no recente caso da CPI de Brumadinho, no julgamento do HC 171.438, em 28/05/2019, Rel. Min. Gilmar Mendes, quando a Segunda Turma assegurou ao paciente: "*a) o direito ao silêncio, ou seja, de não responder, querendo, a perguntas a ele direcionadas; b) o direito à assistência por advogado durante o ato; c) o direito de não ser submetido ao compromisso de dizer a verdade ou de subscrever termos com esse conteúdo; e d) o direito de não sofrer constrangimentos físicos ou morais decorrentes do exercício dos direitos anteriores*".

Neste *Habeas Corpus*, o Min. Gilmar Mendes, como decorrência dos direitos garantidos, concedeu a ordem também "*para convolar a compulsoriedade de comparecimento em facultatividade e deixar a cargo do paciente a decisão de comparecer, ou não, à Câmara dos Deputados*", no que

2 RE 1.177.984, Rel. Min. Edson Fachin, Advs. Alberto Zacharias Toron e Renato Marques Martins.

foi seguido *in totum* pelo Min. Celso de Mello, mas não pelos Ministros Edson Fachin e Cármen Lúcia, que concederam a ordem em menor extensão.

No seu substancioso voto, lembrou o Min. Gilmar Mendes que o pleno do STF na ADPF 395 (da qual também fora Relator), para chegar à conclusão que a condução coercitiva do interrogatório do investigado é incompatível com a Constituição Federal, reconheceu o direito subjetivo de ausência ao interrogatório, policial ou judicial. Ademais, ressalte-se que o acusado pode abrir mão de estar presente até ao próprio julgamento pelo Tribunal do Júri - art. 457,§ 2º, do CPP, sendo vedado às partes, sob pena de nulidade, fazerem referências, durante o julgamento, ao silêncio do acusado ou à ausência de interrogatório, em seu prejuízo (art. 478, II, CPP).

O Ministro Fachin, por sua vez, após assentar a premissa de que "*as CPIs detém, nos termos do art. 58 da Constituição, poderes de investigação que são próprios das autoridades judiciais*", trazendo à colação o HC 79.244, "*no qual o eminente Ministro Pertence assentou que: 'O direito ao silêncio confere à pessoa que comparece perante qualquer dos Poderes Públicos a prerrogativa de não responder a perguntas cujas respostas,* ***em seu entender****, possam lhe incriminar*" (Grifou-se), assegurou ao paciente todos os direitos pleiteados, exceto o de deixar de comparecer ao ato.

No mesmo sentido, a Min. Cármen Lúcia acompanhou a divergência, ressalvando que não estava rediscutindo o quanto assentado na ADPF 444, quando o pleno declarou a não recepção parcial do art. 260 do CPP, mas que o investigado tinha o dever de comparecer, até porque haveria a primeira fase do interrogatório, referente à sua identificação.

Como bem ressaltou o Relator, Min. Gilmar Mendes, "*o direito à não autoincriminação tem fundamento mais amplo do que o expressamente previsto no art. 5º, LXIII, da Constituição Federal.*" Envolve diversos preceitos constitucionais como o do art. 1º, III (dignidade humana), o do art. 5º, LIV (devido processo legal), do art. 5º, LV (ampla defesa), e do art. 5º, LVII (presunção de inocência). Foi justamente nesse sentido que a jurisprudência se posicionou no período imediatamente posterior à Constituição (HC 68.929, Rel. Min. Celso de Mello, Primeira Turma, julgado em 22.10.1991).

Deixando de lado, neste momento, por não ser objeto de discussão deste artigo, o direito ao não comparecimento, a jurisprudência da Suprema Corte é pacífica e remansosa no sentido de assegurar o direito de permanecer calado e de assistência de advogado ao investigado convocado para interrogatório em CPIs.

Durante a CPI da COVID ou da Pandemia, em que pese a importância do objeto da sua investigação, **data venia**, assistiu-se a inadmissíveis abusos na tomada dos depoimentos de alguns convocados, quando eles deixaram de responder a algumas perguntas ou mesmo fizeram uso do direito ao silêncio, tanto assim que várias liminares foram concedidas por diversos Ministros do STF, no sentido de assegurar o direito de permanecer calado.

Dentre as liminares, causou polêmica à concedida no HC 204.422/DF, pelo Min. Presidente do STF, Luiz Fux, tendo sido objeto de embargos de declaração por ambas as partes, após o depoimento da paciente na CPI, em 13/07/2021, quando permaneceu em silêncio, negando-se a responder a todas as perguntas formuladas pelos membros da Comissão.

A questão posta em discussão consiste em definir a quem caberia proceder ao juízo de avaliação se as perguntas formuladas se relacionavam a fatos que pudessem incriminar a depoente, quando lhe seria assegurado o direito de permanecer em silêncio, ou se seriam fatos que a paciente seria meramente testemunha, quando teria o dever de depor e de dizer a verdade.

Ao acolher parcialmente os embargos de declaração, disse o Min. Fux que "*o primeiro juízo sobre o conteúdo desse direito compete ao seu próprio titular*", mas que "às Comissões Parlamentares de Inquérito, como autoridades investidas de poderes judiciais, recai o poder-dever de analisar, à luz de cada caso concreto, a ocorrência de alegado abuso do exercício do direito de não-incriminação. Se assim entender configurada a hipótese, dispõe a CPI de autoridade para adoção fundamentada das providências legais cabíveis."

Com a devida vênia, embora diga o atual Presidente do STF, que sua decisão não representa "***qualquer inovação jurisprudencial sobre o tema***", é certo que o STF já havia firmado posição que compete ao interrogado, ´a prerrogativa de não responder a perguntas cujas respostas, ***em seu entender***, *possam lhe incriminar*", nos termos do voto do eminente Ministro Pertence *no* HC 79.244, acima referido pelo Min. Fachin.

No mesmo diapasão, o **plenário** da Suprema Corte, no HC 79.812-SP, Rel. Min. Celso de Mello, DJ 16.2.2001, durante a CPI do Narcotráfico, afirmou o enunciado que: "o **privilégio contra a auto-incriminação** – que é **plenamente** invocável perante as Comissões Parlamentares de

Inquérito – **traduz** direito público **assegurado** a qualquer pessoa, que, na condição de testemunha, de indiciado ou de réu, deva prestar depoimento perante órgãos do Poder Judiciário." (Confira-se também o HC 78.814-PR).

Permitir-se que a autoridade inquisidora, seja ela qual for, possa exigir de um investigado que responda a determinadas perguntas, porque as respostas, ao seu juízo, não lhe incriminariam, afigura-se extremamente contraditório para quem ainda não sabe as respostas, vulnerando, na avaliação da defesa, o direito fundamental a não autoincriminação.

Convém lembrar, outrossim, que a jurisprudência já se firmou no sentido de que o interrogado pode exercer seu direito ao silêncio de forma parcial, respondendo, por ex., apenas às perguntas formuladas pela defesa, é o denominado direito ao silêncio parcial, assegurado como estratégia defensiva, consoante recente decisão da 5ª Turma do STJ, Rel. Min. Felix Fischer (HC 628.224/MG).

Além disso, nesta hipótese, se o acusado declara que somente responderá as indagações da defesa, não cabe ao Juiz ou ao MP ficar fazendo perguntas, uma após outra, como forma de pressioná-lo a responder, tanto que, com a Lei 10.792/2003, deixou de existir a exigência de "*consignar as perguntas que o réu deixar de responder e as razões que invocar para não fazê-lo*", prevista na redação original do art. 191 do CPP[3].

Advirta-se, ainda, que o pleno do STF já reconheceu que "*Não configura o crime de falso testemunho, quando a pessoa, depondo como testemunha, ainda que compromissada, deixa de revelar fatos que possam incriminá-la*". (RTJ 163/626. Rel. Min. Carlos Velloso).

Portanto, se até mesmo à testemunha é assegurado o direito de não responder determinadas perguntas que possam lhe comprometer, com maior razão poderá permanecer em silêncio o investigado, ainda que sobre fatos em relação aos quais seja considerado "*meramente como testemunha*".

Na prática, não se compreende como um investigado, na mesma investigação, possa ser "*meramente testemunha*" com relação a determinados fatos e a outros não, a critério da autoridade que investiga, quando ainda não se sabe de todo o contexto probatório. É de se pressupor que haja entre eles ao menos uma relação de conexidade, a serem tratados,

3 "Art. 191. Consignar-se-ão as perguntas que o réu deixar de responder e as razões que invocar para não fazê-lo. (redação original, CPP).

futuramente, em uma mesma ação penal, caso haja oferecimento de denúncia. E, nesta hipótese, tornando-se réu, ainda assim poderia, no mesmo processo, ser tratado como "meramente testemunha" em relação a fatos que não o incriminam? Evidentemente que não.

O entendimento contrário, *data maxima* vênia, implicará em inaceitável retrocesso, quando, sob os holofotes da mídia em CPIs, parlamentares sem o devido preparo sentir-se-ão livres para ameaçar de prisão depoentes e até seus advogados (os quais têm o dever profissional de reagir), para obterem, a qualquer custo, as respostas que querem ouvir.

E o mais perigoso de todo este espetáculo é, sem dúvida, o mau exemplo, a mensagem distorcida, que lamentavelmente ressoará no inconsciente coletivo, do que seria legítimo ocorrer no âmbito de uma investigação, impondo-se a reflexão: se um Senador da República pode, publicamente, em uma importante CPI, destratar testemunhas, investigados e até seus advogados, o que não se sentirão autorizadas a fazer outras autoridades, onde a mídia não chega, nos rincões deste País continental?

Por tudo isso, passadas as paixões de momento, é imperioso reafirmar a jurisprudência da Suprema Corte, fiel aos princípios democráticos da Carta política de 1988, notadamente o da presunção de inocência e a relevância de seu significado político-jurídico, que impõe ao Poder Público (CPI, v.g.) o **respeito** como regra de tratamento a toda pessoa, que não pode ser desconsiderada por qualquer dos poderes da República.

AOS NOVOS ADVOGADOS[1]

Recebi o honroso convite da Revista "Let's Go Bahia" para redigir um breve artigo falando da minha trajetória profissional como advogado, o que já vêm fazendo outros profissionais, visando servir de estímulo aos mais jovens.

Contando com mais de 35 anos de militância na advocacia criminal e mais de 30 anos de exercício do magistério superior na Faculdade de Direito da UFBA, venho vivenciando as transformações pelas quais passou o Direito, notadamente na área penal, nas últimas décadas.

Muito jovem, aos 21 anos, estreei na Tribuna do Júri, que era o palco onde os criminalistas da época brilhavam! Hoje é forçoso reconhecer que o Júri perdeu bastante o seu encanto, não mais exercendo a mesma atração, quase irresistível, na juventude.

Contudo, a oratória para o advogado, sobretudo criminal, continua sendo de vital importância, devendo o profissional saber expor sua tese, quer seja no plenário do Júri ou em sustentação oral nos Tribunais, de forma argumentativa, didática, simples e direta, ciente que busca o convencimento e não o adorno retórico.

Tão importante quanto o estudo da Jurisprudência e da Doutrina, ou até mais relevante, é a leitura atenta e reflexiva dos autos do processo.

No meu caso, por ser também professor, tenho uma vida acadêmica, na qual obtive os títulos de Especialista em Processo Penal, Mestre em Direito Penal Econômico e Doutor em Direito Público, todos correlacionados a minha área de atuação na advocacia, sendo que uma atividade tem servido à outra e vice-versa.

Todavia, isso não quer dizer que, para se alcançar sucesso na advocacia, sejam necessários títulos acadêmicos, porém, sim, leitura permanente, atualização, não apenas do Direito Penal, mas também de disciplinas correlatas, como, por exemplo, filosofia, psicologia forense, medicina legal, e hoje, até economia.

Neste sentido de atualização foi que, em 2003, apresentei à Universidade Federal da Bahia a tese sobre "O Processo Administrativo Fiscal e As Condições da Ação Penal nos Crimes Tributários", com a qual

---

1 Revista Let´s Go – Edição 55, 2021.

obtive o grau de Mestre em Direito, sendo posteriormente publicada pela Editora Forense/Rio de Janeiro.

Esta tese foi fruto da minha intensa atuação como advogado na área que estava surgindo à época: o denominado "Direito Penal Empresarial".

Também a tese de Doutorado sobre o "Processo Penal do Inimigo" surgiu da prática e do ensino do processo penal e foi dedicada à memória do eletricista brasileiro Jean Charles de Menezes, metralhado com 11 tiros à queima-roupa pela Scotland Yard, ao ser confundido com um terrorista, na estação de Stockwell do metrô de Londres, em 22/07/2005.

Doutro lado, se o advogado precisa falar bem, ele deve redigir ainda melhor, de modo que os despachos, memoriais e as sustentações orais sejam complementos da tese escrita. Deve procurar ser claro, preciso e, sempre que possível, conciso, para facilitar a leitura e o entendimento do Julgador, que tem inúmeros outros processos para decidir.

Chamo a atenção, ainda, para a importância dos estágios durante o curso de Direito, principalmente hoje quando se pode conhecer o funcionamento de vários órgãos, como Magistratura, Defensoria e Ministério Público, além dos escritórios de advocacia.

O ideal é que o advogado ou a advogada recém-formado(a) adquira experiência em respeitado escritório, para depois, se for o caso, constituir o seu próprio ou tornar-se sócio(a) no que já atua.

Não por opção, iniciei essa desafiadora profissão sozinho, em um modesto escritório no Edifício Fleming, na Rua Chile e, portanto, sei do que estou falando.

De lá pra cá, passando pelo escritório do Edifício Cidadela até o atual no Empresarial Mundo Plaza, a cultura da "Advocacia Prof. César Faria" sempre foi a mesma de plena dedicação à causa que patrocina, construindo uma relação de confiança com os clientes, que não podem ter a menor dúvida de que se está fazendo o melhor para sua defesa.

Jamais considerei o escritório de advocacia criminal como uma simples empresa e nem enxerguei meus colegas como concorrentes.

Não busquei quantidade, mas sim qualidade, consciente de que, nesta peculiar atividade privada, exercemos um múnus público, lidando com o bem maior da Liberdade versus o direito de punir do Estado!

Parafraseando o poeta Mário Quintana, "não corri atrás das borboletas, cuidei do meu jardim para que elas viessem", segui, como um artesão do Direito, cuidando de cada processo como se fosse o único.

Face ao aumento da competição, cada vez maior nos dias atuais, vale a advertência para não se transigir com a ética e ter paciência e persistência, pois a advocacia exige um amadurecimento que só o tempo traz.

Por fim, todos esses conselhos serão em vão, se a advocacia não for exercida por vocação, com paixão, amor e, antes de tudo, coragem, condição necessária para o cultivo das demais virtudes, como já nos dizia Aristóteles.

O SUPREMO ERRO EM FUNDAMENTAR A EXECUÇÃO PROVISÓRIA DA PENA NA SOBERANIA DO JÚRI! (TEMA 1068, STF)[1]

No julgamento das Ações Diretas de Constitucionalidade 43, 44 e 54, proferido em 07/11/2019, o STF firmou a posição pela constitucionalidade do art. 283 do CPP, em conformidade com a presunção de inocência (artigo 5º, LVII - ninguém será considerado culpado até o trânsito em julgado de sentença penal condenatória), estabelecendo a impossibilidade de execução provisória da pena sem o trânsito em julgado de sentença penal condenatória!

> *"PENA – EXECUÇÃO PROVISÓRIA – IMPOSSIBILIDADE – PRINCÍPIO DA NÃO CULPABILIDADE. Surge constitucional o artigo 283 do Código de Processo Penal, a condicionar o início do cumprimento da pena ao trânsito em julgado da sentença penal condenatória, considerado o alcance da garantia versada no artigo 5º, inciso LVII, da Constituição Federal, no que direciona a apurar para, selada a culpa em virtude de título precluso na via da recorribilidade, prender, em execução da sanção, a qual não admite forma provisória".* (Rel. Min. Marco Aurélio).

Contudo, já no mês seguinte, a Lei 13.964, de 24/12/2019 ("*pacote anticrime*") trouxe a flagrantemente inconstitucional possibilidade da execução provisória da sanção penal, a partir da decisão condenatória do Tribunal do Júri, se a pena fixada for igual ou superior a quinze anos de reclusão.

A inconstitucionalidade da imediata execução da pena imposta pelo Júri está sendo discutida no RE 12.35340, tendo o Supremo reconhecido a repercussão geral desta relevante questão, e o seu relator, Min. Roberto Barroso, proposto a aprovação do Tema 1068, com a seguinte redação:

> *"A soberania dos vereditos do Tribunal do Júri autoriza a imediata execução de pena imposta pelo Corpo de jurados, independentemente do total da pena aplicada."*

1 Revista Eletrônica Direito do Estado, nº 488, 2022.

Como se vê, o enunciado proposto vai além do disposto no próprio art. 492, I, "e", do CPP, que condiciona a execução imediata, se a pena for igual ou superior a quinze anos e, *com a máxima vênia*, comete o supremo erro de justificar tamanha violação ao princípio constitucional da presunção de inocência com fulcro na *"soberania dos vereditos"*!

Com efeito, a finalidade maior da soberania do júri é resguardar o *jus libertatis* e não o contrário!

Tanto assim que, mesmo após o trânsito em julgado de sentença condenatória do júri, em caso de revisão criminal julgada procedente, o Tribunal poderá reformar a decisão dos jurados, e não se fala em violação da soberania, *"pois a soberania dos veredictos é uma garantia do réu e não pode ser utilizada para obstar outra garantia constitucional em seu próprio benefício, como no caso da revisão do erro judiciário"*.[2]

Não se pode perder de vista que a primeira garantia assegurada pela Constituição nos julgamentos pelo Júri é a *"plenitude de defesa"*, antes mesmo da soberania dos veredictos (art. 5º, XXXVIII, alínea "a")!

A propósito, extremamente pertinente a lição do Min. Gilmar Mendes:

> *"as normas constitucionais devem ser vistas não como normas isoladas, mas como preceitos integrados num sistema unitário de regras e princípios, que é instituído na e pela própria Constituição. Em consequência a Constituição só pode ser compreendida e interpretada corretamente se nós a entendermos como unidade, do que resulta, por outro lado, que em nenhuma hipótese devemos separar uma norma do conjunto em que ela se integra, até porque – relembre-se o círculo hermenêutico – o sentido da parte e o sentido do todo são interdependentes".*[3]

E prossegue o eminente Ministro:

> *"Intimamente ligado ao princípio da unidade da Constituição, que nele se concretiza, o princípio da harmonização ou da concordância prática consiste, essencialmente, numa recomendação para que o aplicador das normas constitucionais, em se deparando em situações de concorrência entre bens constitucionalmente protegidos, adote a solução que otimize a realização de todos eles, mas ao mesmo tempo não acarrete a negação de nenhum".*

2 NICOLITT, André. Manual de Processo Penal. RJ, Elsevier, 2010, p. 557.

3 MENDES, Gilmar. Curso de Direito Constitucional. SP, Editora Saraiva, 2008, p. 114.

Permissa vênia, a imediata execução de pena imposta pelo Júri implicaria na negação do duplo grau de jurisdição e do princípio da presunção de inocência!

Coerente com seus ensinamentos, o Min. Gilmar Mendes abriu divergência votando no sentido da Constituição:

> *"A Constituição Federal, em razão da presunção de inocência (art. 5º, inciso LVII), e a Convenção Americana de Direitos Humanos, em razão do direito ao recurso ao condenado (art. 8.2.h) vedam a execução imediata das condenações proferidas por Tribunal do Júri, mas a prisão preventiva do condenado pode ser decretada motivadamente, nos termos do art. 312 CPP, pelo Juiz-Presidente e a partir dos fatos e fundamentos assentados pelos Jurados."*

Convém ter presente, doutro lado, que, ao mesmo tempo, o STF analisa a possibilidade de controle judicial da absolvição por clemência no Tribunal do Júri!

No ARE 12.25185 – RG, cujo relator é o Min. Gilmar Mendes, discute-se a "constitucionalidade da absolvição lastreada no quesito genérico previsto no art. 483, *caput, III, c/c § 2º do CPP – "o jurado absolve o acusado",* tendo o Supremo também já reconhecido a repercussão geral com o seguinte Tema 1087: *"se a clemência compõe juízo possível dentro da soberania do júri, ainda que dissociada das teses da defesa."*

Conquanto a obrigatoriedade da formulação do quesito genérico, até mesmo para casos em que a única tese defensiva é a negativa de autoria, deixe clara a prerrogativa do jurado de absolver o acusado por clemência, a tendência da Corte é no sentido de ser possível o controle judicial das absolvições por clemência no Tribunal do Júri, por considerar que a soberania dos veredictos não é princípio intangível a não admitir relativização.[4]

E por que então seria quando se tratar de decisão condenatória?

Data maxima venia, juridicamente, não faz sentido!

A apelação de decisão do Júri, tanto absolutória, quanto condenatória, enseja o reexame da prova pelo Tribunal de Justiça, o qual, enten-

4 Vide os artigos: NUNES, Mariana; MOREIRA, Sarah; DITTICIO, Mário. O STF e o judicial da absolvição por clemencia no tribunal júri. Conjur, 12 de julho de 2020. NARDELLI, Marcella Mascarenhas. O sistema brasileiro de júri admite a absolvição por clemência? Conjur, 12 de junho de 2020.

dendo que foi "*manifestamente contrária à prova dos autos*", exercerá o *judicium rescindem*, mandando o acusado a novo julgamento pelo Júri.

Ademais, deve-se levar em consideração o elevado índice de anulação de Júri, por nulidade cometida durante a própria sessão de julgamento!

A soberania dos veredictos consiste, portanto, na impossibilidade do Tribunal reformar a decisão do júri, porque, diferente do sistema de avaliação dos juízes togados, os jurados julgam pela íntima convicção, "*de acordo com a vossa consciência e os ditames da justiça*" (art. 472, CPP)!

Não se pode também olvidar, analisando-se a questão sob o prisma da admissibilidade recursal, que, conquanto a apelação do júri e os recursos extraordinário e especial sejam de fundamentação vinculada, estes são ainda mais restritos, não permitindo o reexame de prova, além de estarem sujeitos a tantos outros requisitos de admissibilidade que dificultam, na prática, serem conhecidos, quanto mais providos.

Não obstante, corretamente, a Suprema Corte, no já citado e famoso julgamento concluído em 07/11/2019, deliberou pela prevalência da presunção de inocência, enquanto não transitada em julgado a condenação, não admitindo a execução provisória da pena, ainda que confirmada pela 2ª instância!

Apesar desta posição do pleno, no caso em julgamento, até o presente momento, acompanharam o voto divergente do Min. Gilmar Mendes apenas o Ministro Lewandowski e a Ministra Rosa Weber, e já votaram com o Relator Min. Roberto Barroso, os Ministros Dias Tóffoli e Alexandre de Moraes e a Ministra Carmen Lúcia. Pediu vista, em 25/11/2022, o Ministro André Mendonça.

Por conseguinte, **data venia**, será absolutamente incoerente a mesma Corte permitir agora a execução imediata da pena, emanada de decisão de primeira instância, do Tribunal do Júri, levando-se em consideração ainda que, nos casos de repercussão, o Júri sofre maior influência da mídia, e, miseravelmente, pode condenar em dúvida, porque 4x3 é dúvida aritmética, ou, se preferirem, pode condenar com apenas 57% de certeza e sem fundamentar![5]

As estatísticas comprovam o elevado índice de condenações daqueles que chegam a ser submetidos a julgamento popular, segundo dados de 2019 do Conselho Nacional de Justiça (CNJ), apenas 20% dos casos

5 Faria Jr. César. A dúvida é a certeza dos loucos! Publicado em 02/05/2016 em *direitodoestado.com.br*.

resultam em absolvição e, se excluirmos as decisões extintivas da punibilidade, o restante será de condenação![6]

E o mais alarmante de tudo é o percentual assustador de crimes de homicídios dolosos em que sequer é descoberta a autoria!

De acordo com levantamento do CNJ, enquanto 305 mil pessoas foram assassinadas entre 2014 e 2018, os tribunais do júri em todo o país iniciaram apenas 136 mil ações penais no mesmo período. Essa discrepância é ainda maior quando se verifica que neste último número estão incluídas as tentativas de homicídio e demais espécies de crimes dolosos contra a vida.[7]

Por conseguinte, a redução dos crimes de homicídios no Brasil não se alcançará com a imediata execução da pena antes do trânsito em julgado, em frontal violação à Constituição da República, porque o problema é muito maior, e precede ao processo, mas também se encontra na sua irrazoável duração.

Irretocável a conclusão dos juristas Aury Lopes Jr e Alexandre Moraes da Rosa em recente artigo sobre o mesmo tema:

> *"Enfim, por qualquer ângulo que se olhe, a tese firmada pelo STF constitui um grave retrocesso civilizatório, processual e constitucional. Ao contrário do discurso populista, não é uma prisão automática, despida de qualquer caráter ou necessidade cautelar e proferida antes do trânsito em julgado e por um órgão de primeiro grau (com diversos problemas estruturais) que vai acabar com a impunidade ou mesmo diminuir o número de delitos de homicídio. Esse é um discurso falacioso, como tantos outros da mesma matriz autoritária e punitivista, mas que infelizmente cobra um preço altíssimo em cada prisão desnecessária e em cada julgamento do júri cuja sentença venha a ser reformada em grau recursal. E serão muitos."*[8]

6 MELLO, Jefferson. Agência CNJ de Notícias. Pesquisa revela que Tribunal do Júri condena 48% dos réus. 03 de junho de 2019. Disponível em: < Pesquisa revela que Tribunal do Júri condena 48% dos réus - Portal CNJ>.

7 MONTENEGRO, Manuel Carlos. Agência CNJ de Notícias. Juízes do Tribunal do Júri correm contra o tempo e impunidade de assassinos.

8 LOPES JR, Aury; DA ROSA, Alexandre Morais. O erro lógico da prisão automática no júri: Tema 1068 do STF. Conjur, 11 de novembro de 2022.

PARTE III

DISCURSOS

DISCURSO DE POSSE NA ACADEMIA DE LETRAS JURÍDICAS DA BAHIA[1]

1. PREÂMBULO

Se a lembrança do meu nome para ocupar uma cadeira neste sodalício, a mim transmitida pelo ilustre acadêmico Edson O'Dywer, encheu-me a alma de júbilo, imaginem senhores como transbordo hoje de emoção ao ocupar a cadeira nº04, tendo por antecessor o inesquecível Ivan Americano da Costa, e patrono, o inexcedível Rui Barbosa.

2. O ELOGIO A IVAN AMERICANO DA COSTA

O inspirado e desprendido poeta e jurista Ivan Americano da Costa revelava em uma de suas belíssimas poesias, intitulada "Inquietação":

> "Não me intimida o esgar da morte fria
> na tocaia implacável, expiatória.
> Tudo quanto me acende a covardia
> É perder-me dos vivos na memória."

Talvez por capricho do destino, a demonstrar a perpetuidade da sua presença, quem procede ao seu elogio, não teve o privilégio de conhecê-lo.

Formado pela Faculdade de Direito da Bahia em 1931, no ano seguinte já ingressara no Ministério Público da Bahia, como Promotor de Justiça, afastando-se para servir, por cinco anos, à polícia, como Delegado na Capital e em várias missões especiais no Estado.

Como jurista dedicou mais de quarenta anos de laboriosa atividade ao Ministério Público, quando em 1975, aposentou-se no cargo de Procurador de Justiça do Estado.

Dotado de excepcional memória, capaz de reter um longo poema, lido ou escutado uma só vez, exuberante inteligência, sensibilidade e cultura, deixou marcas indeléveis de sua atuação na Justiça.

---

1 Revista Academia de Letras Jurídicas da Bahia, Ano 2, Nº 3, Jul./Dez. 99.

Fato curioso ocorreu em 1960, quando, como Promotor, impetrou **habeas-corpus** ao Tribunal de Justiça em favor de 11 pacientes recolhidos de longa data ao Hospital Juliano Moreira, à disposição de diversos juízes de 1ª instância.

Antes de ser promovido ao cargo de Procurador, o Bel. Ivan Americano esteve por diversas ocasiões à disposição da Procuradoria Geral de Justiça, inclusive nas gestões de dois eminentes acadêmicos Rubem Nogueira e Calmon de Passos, que determinaram anotessem no seu prontuário ter prestado sempre com destacada eficiência e dignidade os serviços deixados ao seu cargo.

A sua promoção ao cargo de Procurador de Justiça teve ampla repercussão no Estado. Na Assembleia Legislativa, o deputado Aloysio Short assim se manifestou:

> "Não podemos admitir que fique sem um registro especial nos Anais desta Casa esse fato, pelo que representa para Bahia a figura de Ivan Americano, um homem de cultura, de inteligência, de grande capacidade de trabalho, uma das expressões mais vigorosas da inteligência baiana. Poeta dos melhores e dos maiores da nossa terra, orador fulgurante, entretanto vive na penumbra por deliberação própria."

Em sessão do Conselho Penitenciário, o conceituado Criminalista Dorival Passos, que como advogado de defesa tinha por várias vezes contendido com o promotor Ivan Americano, destacou "a conduta ilibada, do delicado e justo Promotor Ivan Americano que com rara cultura e inteligência vem há mais de 30 anos honrando o Ministério Público Baiano".

Na mesma sessão, o Cons. Nelson Pinto assinalou:

> "Seu pai, de saudosa memória, homem probo, culto e inteligente faleceu cedo e o Dr. Ivan assumiu a responsabilidade da família composta de 6 ou 7 irmãos que criou e educou-os. Esta foi outra faceta admirável de sua personalidade marcante."

No Tribunal de Justiça, na 1ª Sessão na qual iria funcionar como Procurador, o Exmº Sr. Des. Renato Mesquita, antes de dar início aos julgamentos dos feitos constantes da pauta, destacou o brilhantismo do Dr. Ivan Americano, enaltecendo a personalidade intelectual, declarando a satisfação da Câmara em continuar a receber tão honrada e eficiente colaboração.

Aposentado, não se acomodou, passando a exercer a advocacia e a emitir judiciosos pareceres. Posso dar o meu testemunho que advogou até a sua partida, pois, por uma grande coincidência, um dos seus últimos clientes, no ano passado, nos procurou para dar continuidade a sua defesa em um processo criminal.

Membro da Academia de Letras da Bahia, o cinzelador do verso Ivan Americano deixou sem publicar diversos livros de poesia, a exemplo de "luz Interior, Canções da primavera, Rosas do Outono, Trovas e Epigramas e a Missa dos Quatro Séculos" e inúmeros poemas dispersos, que estão sendo reunidos em um livro a ser publicado por aquela Academia, para "preservar o seu destino de poeta", conforme asseverou o seu ilustre Presidente Cláudio Veiga, nas suas "palavras de despedida".

Lamentavelmente, nós não podemos fazer o mesmo com sua produção jurídica, de vez que, por extrema modéstia não se preocupou em publicar seus valiosos trabalhos forenses, perdidos nos sarcófagos dos cartórios.

Na verdade, sentia-se, antes de tudo, poeta, como confessas neste soneto magnífico, lembrado pelo acadêmico Antônio Loureiro de Souza ao recebê-lo na Academia de Letras da Bahia, ora declamado como fecho do elogio à sua personalidade, em homenagem à sua alma:

> "Nasci poeta. És mulher. Que soberbos destinos,
> cheios de tanta luz, cheios de tanta mágoa!
> trazes contigo ao seio a dor eterna. Trago-a
> no coração, comigo, entre acúleos ferinos...
>
> Dois destinos iguais, a abrir, na ardente frágua,
> para a glória de amar, dois veios cristalinos...
> poeta - eu, lábios fulgindo em versos peregrinos!...
> tu - mulher, com teu sonho, os olhos rasos d'água!...
>
> Sofres. Sofro também. Quando choras, eu canto,
> lágrimas e canções semeamos pela terra,
> em nosso encantamento, em nosso desencanto.
>
> Na angústia da criação, felizes e infelizes,
> bendizemos o mal que na vida se encerra,
> estrelas a acender nas próprias cicatrizes...

3. O PATRONO RUI BARBOSA

Tarefa igualmente honrosa, mas extremamente complexa será traçar o perfil do patrono da cadeira que ora passo a ocupar, o inesgotável Rui Barbosa, na tentativa, como se possível fosse, de relembrar ainda que apenas uma parte da sua natureza oceânica, qual seja: a do advogado.

Separar em Rui o jurista, desvinculando-o do estadista, escritor, filólogo, orador e sociólogo, afigura-se quase como pretender analisar, à semelhança de um anatomista, um órgão fora do organismo.

Rui Barbosa teve sua estreia na vida forense em 1872, lançado na cena profissional pelo Conselheiro Dantas e Bel. Leão Veloso, advogados de grande projeção, conforme nos informa o Profº Rubem Nogueira, na sua consagrada obra "O Advogado Rui Barbosa". Logo estreou na tribuna do Júri Popular, defendendo "a desafronta da honra de uma inocente filha do povo contra a lascívia opulenta de um mandão", como lembraria depois o próprio Rui.

A partir daí, Rui se entregaria a advocacia militante de forma ininterrupta durante cinquenta anos, "nela encontrando atmosfera propícia ao desenvolvimento e à afirmação de suas potencialidades-, pôs em relevo as peculiaridades do seu feitio pessoal e a própria vocação triunfante da sua inteligência," nas palavras abalizadas de Rubem Nogueira.

"Rui Barbosa, acima de tudo, advogado. Era esse o seu traço mais vivo, o vinco mais fundo da sua personalidade. Advogado pela feição combativa do seu temperamento; advogado pela paixão veemente da liberdade; advogado pela fé nas garantias judiciárias; advogado pelo civismo e destemor das atitudes. Quero crer que é por esse traço que se terá de definir RUI." Testemunho do Ministro Castro Nunes.

Rui Barbosa nas causas em que atuou desenvolveu verdadeiras monografias, esgotando as matérias, de forma que se torna impraticável discorrer sobre sua atuação forense em breves palavras, ainda que fosse só sobre os seus famosos **habeas-corpus** impetrados junto ao Supremo Tribunal Federal.

Sua vida profissional como advogado adquirira outra dimensão, quando, como principal artífice da recém promulgada Constituição Republicana, submeteu ao Supremo Tribunal Federal o primeiro habeas corpus sobre matéria política, em favor de quarenta e seis cidadãos "ilegalmente presos e retidos em constrangimento ilegal, ou ameaçados dele", vez que pelo Decreto de 10 de abril de 1892, já não mais vigorava o estado de sítio decretado uma semana antes por Floriano Peixoto e cuja vigência fora de apenas 72 horas, no Distrito Federal.

Aquela era a primeira vez que se submetia ao Poder Judiciário a apreciação, antes do juízo político do Congresso, do uso que o governo fizera da suspensão das franquias individuais, garantidas constitucionalmente.

Este habeas corpus fora indeferido por dez votos contra um sob a alegação de não ser "da índole do Supremo Tribunal Federal envolver-se nas funções políticas do Poder Executivo ou Legislativo", tendo como relator do Acórdão o Min. Joaquim da Costa Barradas.

Irresignado, Rui recorrera à imprensa para "opor o direito à sentença do Supremo Tribunal", passando a criticar, de público, o aresto de 27 de abril, numa série de vinte e dois artigos que deram, mais tarde, cento e setenta e quatro páginas do Livro "O Estado de Sítio, sua Natureza, seus Efeitos, seus Limites". Nunca ninguém ousara fazer isso antes.

Outros habeas corpus se seguiram, oferecendo Rui, quer no jornalismo, no Senado e no pretório, um verdadeiro "curso de resistência constitucional", conforme ele mesmo denominara, à ditadura do Marechal Floriano.

Pela sua destemida e vigorosa atuação, sobretudo nas batalhas dos habeas corpus, quando eclodiu a Revolta da Armada em setembro de 1893, conquanto não tivesse participado daquele movimento, teve Rui que deixar o País, exilando-se em Londres, de onde escreveu as célebres "Cartas da Inglaterra".

A luta de Rui Barbosa continuaria...

Em março de 1898, quando já havia expirado o prazo do estado de sítio concedido pelo Congresso a Prudente de Morais, em virtude dos fatos relacionados com a tentativa de assassinato do Presidente da República e consequente morte do Ministro da Guerra, continuavam desterrados em Fernando de Noronha alguns congressistas e militares, sai Rui em sua defesa, impetrando mais um habeas corpus, basicamente com o mesmos fundamentos daquele primeiro.

Na sessão de Julgamento, inicia sua peça de sustentação, citando o venerado mestre italiano Giandomenico Romagnosi, em um elogio sublime da liberdade individual:

> "O homem privado da liberdade jaz em estado pior do que a morte, porque sente em si todo o amargor da opressão e, ao mesmo tempo, toda a impotência do morto para evitá-la. A condição desse indivíduo reclama, por isso, a mais viva solicitude e a mais valente defesa social. Nenhum cidadão honesto

> pode ser indiferente à sua sorte, como não pode ser indiferente à própria segurança. Na faculdade de prender, ou não prender o cidadão, parece estar o ponto central, onde praticamente se vão encontrar todos os raios da tirania, ou da liberdade".

Rui Barbosa pleiteava neste **habeas-corpus** espontaneamente, sem procuração, sem ao menos consultar os pacientes, batia-se contra os desvios monstruosos do estado de sítio, através da arma pacífica deste remédio heroico. Assim verberava, perante o mais alto Tribunal do País:

> "Eis, senhores juízes, de onde resulta a suprema importância do habeas corpus entre as nações livres. As outras garantias individuais contra a prepotência são faculdades do ofendido. Esta é dever de todos pela defesa comum. E aí está por que ela abre essa exceção singular às lei do processo. Ninguém pode advogar sem procuração a causa de outrem. Para valer, porém, à liberdade sequestrada, não há instrumento de poderes que exibir: o mandato é universal; todos o recebem da lei; para o exercer validamente, basta estar no país. Os próprios juízes são obrigados a mandá-la restituir *ex officio,* se no curso de qualquer processo lhes constar, por testemunho fidedigno, caso de constrangimento ilegal. O paciente pode não requerer a liberdade; pode, resignado, ou indignado, desprezá-la; pode até, por um desvario, rejeitá-la. É indiferente. A liberdade não entra no patrimônio particular, como as coisas que estão no comércio, que se dão, trocam, vendem ou compram: é um verdadeiro condomínio social; todos o desfruta, sem que ninguém o possa alienar; e, se o indivíduo, degenerado, a repudia, a comunhão, vigilante, a reivindica."

Doutra lado, estando dentre os presos políticos, alguns desafetos de Rui, este demonstrava por o interesse público acima das preferências pessoais, dizendo:

> "É por isso que se o meu esforço aproveitar a inimigos, então maior será o contentamento da minha consciência, vendo que Deus me permitiu elevar-me por um momento acima da minha pequenez, da miséria das minhas fraquezas e dos meus interesses, para mostrar em sua mais viva refulgência aos meus concidadãos a santidade do direito afirmado pela sua defesa na pessoa de nossos adversários;"

Veemente, na famosa peroração do referido habeas corpus:

> "Sem uma justiça mais alta que as coroas dos reis e tão pura quanto as coroas dos santos, esta forma de governo é a expressão mais anárquica da tirania das facções desenfreadas. Se a política não recuar diante desta casa sagrada, em torno da qual marulha furiosa desde o seu começo; se os governos se não compenetrarem de que na vossa independência consiste a sua maior força, a grande força da autoridade civil: se os homens de Estado não se convencerem de que o que se passa aqui dentro é inviolável como os mistérios do culto; se os partidos não cessarem de considerar inocentes impenetráveis sob o tênue véu dos artifícios políticos as suas conspirações contra a consciência judiciária, aí de nós! Porque, em verdade vos digo, não haverá quem vos salve. O sino da liberdade não terá de dobrar sobre o sepulcro dos juízes, mas sobre o ignominioso trespasse da República, contra a qual, nas mãos da Nação revoltada pela falta de justiça, se levantarão as pedras da rua."

Todavia, o Supremo negou o habeas corpus, com fundamento nas mesmas razões jurídicas invocadas em abril de 1892.

Três semanas depois, numa segunda impetração, com os mesmos fundamentos, o Supremo Tribunal concedia a ordem em favor dos mesmos pacientes. Desta vez só o patrono era diferente: Dr. Joaquim da Costa Barradas, antigo Ministro do Supremo, e, por grata coincidência para Rui, relator do acórdão de abril de 1892.

Sobre acontecimentos como esse refletiria, mais tarde, Rui Barbosa, no Senado:

> "Tenho advogado muitas causas perdidas, boas causas, que se vencem depois, com o tempo, quando não prestam mais para glorificar o seu advogado" (Discurso de 8-7-1903, no Senado Federal).

> "Guardo com amor, com carinho, com saudade indelével estas páginas de minha vida, que considero as mais caras; e estou certo de que hoje ainda os meus inimigos políticos, aqueles em cujo coração resta ainda alguma coisa de magnanimidade humana, hão de fazer justiça à utilidade de minha atuação política naqueles anos de luta, em que, inspirando unicamente no gênio do direito, eu procurava dar à Constituição, de que tinha sido

> um dos autores, a seriedade necessária, para que ela pudesse ser, neste país, a garantia de nossa liberdades e a sólida base do nosso futuro." (Disc. De 24-11-1904, no Senado Federal).

A propósito, Miguel Reale, situando Rui no mundo da filosofia, ressalta o seu desapego à certeza do êxito, a sua virtude do risco e seu amor à nobreza do gesto de optar.

No dizer do seu mais legítimo discípulo, João Mangabeira, Rui a todos precede e a todos excede.

Como orador, faz parte de uma constelação de estrelas do porte de um Cícero, Demóstenes e Vieira.

Rui, apesar do apurado gosto estético, sempre usou da palavra como instrumento de ação.

No seu discurso de posse como sócio do Instituto dos Advogados, assim se manifestou:

> "Os governos arbitrários não se acomodam com a autonomia da toga, nem com a independência dos juristas, porque esses governos vivem rasteiramente da mediocridade, da adulação e da mentira, da injustiça, da crueldade e da desonra. A palavra os aborrece; porque a palavra é o instrumento irresistível da conquista da liberdade."

Ombreia-se a Victor Hugo como inflexível defensor da liberdade e da justiça:

> "A liberdade por favor, a liberdade tolerada, não passa de uma forma anestesiada e vil do cativeiro. Enganam-se os partidos, os políticos, os egoístas que se acumpliciam, pelo aplauso ou pelo silêncio, com as violências do despotismo ou os abusos do poder. Elas e eles irão dilatando-se aos poucos, estimulados pela complacência dos que deveriam resistir, e acabarão, com já aconteceu entre nós, pela supressão total da liberdade." (advertira Rui).

Na época em que fazem tábula rasa da nossa Constituição, atual ainda esta lição:

> "As constituições são consequências da irresistível evolução econômica do mundo. Por isso, as constituições não podem continuar a ser utilizadas como instrumento, com que se privem dos direitos aqueles mesmos que elas eram destinadas a proteger, e que mais lhes necessitam da proteção."

Discursando no interior da Bahia e referindo-se à situação política do Estado na época, conforme nos fala o ilustrado acadêmico Josaphat Marinho, reverbera o intrépido Rui: "Esses sistemas de governar usam de constituições, como as meretrizes de véus".

Rui Barbosa, como ele próprio dissera, ensinou e praticou "a arte de ser livre, exercer a democracia e manter o direito".

Por conseguinte, por em evidência algumas das suas múltiplas lições, no ano do seu sesquicentenário, é, sem dúvida, prestar um serviço à cultura e contribuir para o aprimoramento das instituições democráticas, objetivos maiores desta Augusta Academia.

Rui que foi um dos fundadores da Academia Brasileira de Letras, logo tendo sido seu presidente, nem por isso teria alcançado a verdadeira imortalidade.

João Mangabeira, revela-nos, com brilho peculiar, o segredo do destino e da imortalidade de Rui:

> "O jurista, simplesmente como jurista, não exalta o ânimo das gerações que lhe sucedem, não lhes dirige a ação no processo da vida. De Rui, como de todos os grandes juristas, suas opiniões, doutrinas ou teorias estão em parte superadas, senão esquecidas. Isso acontece a Rui, ainda no campo do Direito Constitucional, em que foi e é entre nós mestre sem rival."
>
> "Não é o Rui jurista, escritor, filólogo, orador ou estadista que atua nas gerações novas. Não é este o Rui que está presente. É o Rui que escreveu nas almas, por todos os meios da palavra e todos os instrumentos da lei. Mas escreveu, sobretudo, com a prática de sua vida, com o espetáculo de sua luta contra a violência, contra a mentira e contra a opressão, luta que ele tantas vezes santificou com o próprio sacrifício."

4. AGRADECIMENTO FINAL

Srs. Acadêmicos, muito já se falou até aqui em liberdade. Todavia, para ser livre é preciso sentir-se livre! E é como me sinto hoje, nesta noite histórica para mim, livre, livre para agradecer a forma afetuosa como me recebeis nesta Casa de Inteligências, num gesto de autêntico otimismo, pois interpreto o meu ingresso neste Sodalício, muito mais como uma demonstração de confiança no meu futuro, do que pelos escassos méritos do meu passado, renovando no presente a esperança, esta "fiel companheira da alma", como diria Vieira, estabelecendo, assim, um especial parentesco de corações, pelo qual serei a vós eternamente reconhecido.

Muito Obrigado.

DISCURSO DE ABERTURA 1º SEMINÁRIO DO IBADPP[2]

O Instituto Baiano de Direito Processual Penal (IBADPP) surgiu da necessidade sentida de valorização do Direito Processual Penal como instrumento de efetivação dos direitos e garantias fundamentais, que estruturam a Constituição Federal e o Direito Humanitário Internacional.

O fato de ser "instrumento" em nada o diminui, neste ponto, filosoficamente, ele se assemelha ao ser humano, na medida em que seu valor não está em si mesmo, mas naquilo que representa e conduz, no papel que desempenha perante a sociedade.

O processo penal não pode ser reduzido à visão externa de um mero código de ritos, que disciplina procedimentos, não só esquecendo-se o rico conteúdo das relações jurídicas tecidas entre seus personagens principais, mas, sobretudo, o conteúdo ideológico de suas normas.

Pela natureza das normas processuais pode-se identificar, com facilidade, o Estado que as instituiu, se autoritário ou democrático.

Muito embora, no plano acadêmico, não mais se discuta a autonomia do Direito Processual Penal como ciência, sua importância muitas vezes é mitigada, não só em relação ao direito material penal, como ao próprio processo civil.

Sem negar o valor extraordinário do Direito Penal, atente-se para o fato de ser um direito de coação indireta, na medida em que somente se aplica mediante um processo, sem o qual é mera promessa vã e ilusória, daí a relação de complementaridade funcional existente entre esses importantes ramos do direito público.

Note-se que até a elaboração das normas de direito material se dá através de um processo: o legislativo.

Não obstante o processo penal trate de um bem jurídico maior que é a liberdade, contraposta ao direito de punir, até hoje a teoria geral do processo tem sido pensada a partir do processo civil.

Já passou da hora do processo penal deixar de ser visto como a "*gata borralheira*" e da "*cinderela*" (da conhecida fábula infantil)

---

2 Revista Academia de Letras Jurídicas da Bahia, Ano 16 - N. 18- 2011/2012.

vestir as próprias roupas, na metáfora de Aury Lopes Jr., lembrando artigo de Carnelutti.[3]

Sem ser injusto com o processo civil, é fato que ele trata do "ter", da "propriedade", pelo menos na maioria dos casos, ressalvados alguns direitos indisponíveis, enquanto o processo penal se ocupa sempre do "ser", da "liberdade".

Nós do IBADPP cultuamos o Processo Penal Constitucional, entendido como *"método de estudo do processo penal à luz da Constituição Federal"*[4] ou, em outras palavras, como instrumento a serviço da máxima eficácia dos direitos e garantias fundamentais.

Em tempos de *"mercadores de imagens"*, como diria Jacinto Coutinho[5], resistimos ao populismo penal, condenando a instrumentalização política e midiática da criminalidade, sem descurar, todavia, da real proteção dos direitos da vítima de delito.

A propósito, vale lembrar lição do Juiz e Membro do IBADPP, Tourinho Neto, em recente palestra dirigida a novos magistrados federais:

> "RESISTIR, 'JAMAIS CEDER'."
>
> "O Juiz não deve se curvar a quem quer seja. O seu senhor é o povo, não o povo manipulado. Não deve temer ninguém. Não deve se acovardar. Deve, sim, resistir às pressões do clamor da imprensa, da Polícia e do Ministério Público. Deve ser justo, humano e obedecer à Constituição. Fazer respeitar os direitos individuais de todos, inclusive os dos criminosos por mais odiosos que tenham sido seus crimes."

No momento fecundo de agitação das ideias, no qual se discute no Congresso Nacional a reforma do vetusto Código de Processo Penal, editado sob as trevas do fascismo, o IBADPP pretende estimular o debate público para que não haja risco de retrocesso e não se legisle sob o comando da *"pe-*

---

3 Lopes Jr. Aury. Direito Processual Penal e sua Conformidade Constitucional, 5ª ed., Rio de Janeiro: Lúmen Júris, 2010, p.33.

4 FERNANDES, Antonio Scarance. Processo Penal Constitucional. 5ª ed., São Paulo: RT, 2007, p.21.

5 Prefácio à obra "Introdução Crítica ao Processo Penal: Fundamentos da Instrumentalidade Constitucional" de Aury lopes Jr., 4ª ed., Rio de Janeiro: Lúmen Júris, 2006, p. XX.

rene emergência", na expressão de Sérgio Moccia[6], nem se olvide o princípio da supremacia da Constituição, no sentido de adequar o Processo Penal ao Estado Democrático e Social de Direito que a Carta Política de 1988 instituiu, edificado sob o princípio da dignidade da pessoa humana.

Sob a luz desses ideais, surgiu no dia do aniversário da Cidade do Salvador, em 29/03/2011, o Instituto Baiano de Direto Processual Penal, entidade eminentemente cultural e sem fins lucrativos, fundada por sete professores de Direito Processual Penal *(Tourinho Neto, Lourival Trindade, César Faria, Rômulo Moreira, Vladimir Aras, Elmir Duclerc e Antônio Vieira),* dentre os quais, magistrados, membros do Ministério Público e advogados, unidos por um objetivo comum de defender o respeito incondicional aos princípios, direitos e garantias fundamentais.

Visando, como diria Ruy Barbosa, plantar, não a semente da couve para o prato de hoje, mas a semente do carvalho para o abrigo de amanhã, trabalhamos no primeiro ano nas fundações, no alicerce do IBADPP, na elaboração do seu Estatuto, na sua inscrição no Cadastro Nacional das Pessoas Jurídicas, na Prefeitura de Salvador, para que fosse edificado em bases sólidas e duradouras, afinal, nós passaremos, mas o IBADPP veio para ficar.

Na comemoração do seu primeiro ano de existência, inauguramos oficialmente o site: www.ibadpp.com.br, já com a logomarca do Instituto, e adoção, como símbolo de coragem na luta pela liberdade, da foto de Maria Quitéria, "o soldado Medeiros", cujo nome está inscrito no Livro dos Heróis da Pátria e ostenta a insígnia de cavaleiro da ordem Imperial do Cruzeiro, por sua participação nas lutas de independência da Bahia, até a vitória final, em 02 de julho de 1823.

Em Assembleia Extraordinária realizada na noite do dia 29/03/2012, o IBADPP ampliou seus quadros, com a posse, como membros efetivos, de mais sete professores: José Gomes Brito, Armando da Costa Tourinho Jr., Jackson Azevedo, Antônio Oswaldo Scarpa, Fabiano Pimentel, Nestor Távora e Roberto Gomes.

Neste segundo ano, firmamos convênios com entidades afins de grande relevância nacional, como o IBRAPP – Instituto Brasileiro de Direito Processual Penal e o IBCCRIM, Instituto Brasileiro de Ciências Criminais.

---

6 Emergência e Direitos Fundamentais. *In* Revista do Instituto Brasileiro de Ciências Criminais, nº 24, São Paulo: IBCCRIM, 1998.

E nesta noite especial, que já podemos antever como inesquecível, estamos dando início ao nosso 1º Seminário Nacional, quando, durante os dias 19, 20 e 21/09/12, processualistas penais de quase todo o Brasil, discutirão os temas mais relevantes do momento, a exemplo da palestra de abertura do Prof. Tourinho Neto sobre sigilo bancário.

Durante os próximos dias, outros temas serão tratados como a nova e polêmica Lei de Lavagem de Dinheiro, foro por prerrogativa de função, medidas cautelares pessoais, após um ano de vigência da Lei 12.403/11, soberania do júri e duplo grau de jurisdição, inversão valorativa e ilicitude probatória, Processo Penal e Constituição: em busca das garantias perdidas, novos tipos penais do CP: a invasão penal da vida cotidiana, Democracia e partes no Processo Penal.

Estamos, assim, dando cumprimento a um dos objetivos do Instituto, imbuídos do mais puro ideal de difundir cultura, de forma a conferir sentido e significado social ao saber jurídico.

Sejam todos bem-vindos e não esqueçam que estão na Bahia, neste verde ninho murmuroso de eterna poesia, onde um dia cantou Castro Alves e embalou o primeiro sono do maior jurista de todos os tempos, Ruy Barbosa, portanto, saibam aproveitar o 1º Seminário Nacional do IBADPP!

DISCURSO DE POSSE NA PRESIDÊNCIA DA ACADEMIA DE LETRAS JURÍDICAS DA BAHIA[1]

SAUDAÇÕES (...)

Em uma noite como essa, também no dia 18 de março, há exatos 16 anos, na travessia do século passado, ingressei nesta Academia, sendo generosamente saudado pelo confrade Edson O´dwyer, em brilhante oração.

Naquela memorável Sessão, agradecendo a forma afetuosa com que fui recepcionado por todos, como o mais jovem membro deste Sodalício, disse que interpretava o meu ingresso nesta Casa de Inteligências como um gesto de autêntico otimismo, daqueles que confiam no futuro da juventude, sentindo redobradas minhas responsabilidades, conforme destacou o então Presidente, Rodrigues Pinto, "*pelas esperanças que trazia à Academia.*"

Após dezesseis anos de rico convívio acadêmico com mestres do Direito de várias gerações, como um filho que segue na direção do elogio do pai, prossegui na minha titulação acadêmica, obtendo nesses anos os títulos de Mestre em Direito Econômico e Doutor em Direito Público, ambos pela Universidade Federal da Bahia, onde, recentemente, completei 25 de anos de exercício da nobre missão de professor da mais do que centenária Faculdade de Direito da UFBA.

Dessa forma, ao ser eleito pelos meus pares, para o honroso cargo de Presidente desta Academia, senti como se tivesse revalidado meu ingresso nesta Casa e, mesmo estando ciente da imensa responsabilidade, que pretendo compartilhar com todos os acadêmicos e não somente com os valorosos integrantes da nova diretoria, posso afirmar, com a humildade e a maturidade que só vem com os anos, que tudo farei para não decepcioná-los, mesmo consciente das minhas limitações.

Haveremos de honrar um passado de mais de 30 anos desta Academia e jamais deixar que morra o sonho dos seus fundadores, do seu idealizador Manuel Pereira e do seu primeiro presidente, o eterno jurista Orlando Gomes, sempre reverenciado por todos nós.

1 Revista Academia de Letras Jurídicas da Bahia. Ano 18 - N.20 - 2015/2016.

É conhecida a frase atribuída a William Wallace no épico filme coração valente: "*todos morrem, mas nem todos vivem*"!

Logo, a imortalidade está na forma como vivemos e como seremos lembrados, já que, por mais paradoxal que pareça, precisamos morrer para alcançar a imortalidade. Ninguém é imortal vivo!

José Ingenieros, na sua crítica mordaz à mediocridade, afirmava de outra forma, "*muitos nascem, poucos vivem*"!

Penso que ambos se referiam aqueles que "vivem" sem um Ideal: dormem, mas não sonham, enquanto outros sonham acordados.

Sobre a capacidade de SONHAR, vejam o que disse a minha antecessora na Presidência, a estimada acadêmica Alice González Borges, no seu discurso de posse no segundo mandato, revelando o segredo da sua vitalidade:

> "Quase que me resta apenas a capacidade de SONHAR, mas esta, enquanto me restar um sopro de vida, ninguém me tira!"

É isso que nos une aos fundadores desta Casa de Cultura, a capacidade de SONHAR o mesmo SONHO de que, através do estudo comprometido do Direito, podemos contribuir para a concretização do Ideal da verdadeira Justiça. Aquela que somente se constrói mediante o contraditório, exercitado com plena liberdade num Estado Democrático de Direito!

O Ideal "não se define", como diria o imortal Rui Barbosa, "enxerga-se por clareiras que dão para o infinito: o amor abnegado;... tudo que alheia o homem da própria individualidade, e o eleva, o multiplica, o agiganta, por uma contemplação pura, uma resolução heroica, ou uma aspiração sublime."

Nos desafios que teremos à frente desta Academia de Letras Jurídicas, que o Ideal que nos une, nos eleve, nos multiplique, nos agigante, para que estejamos à altura das tradições jurídicas da nossa terra.

Para os que crêem na imortalidade da alma, a vida não se encerraria com o final do ciclo biológico. O que há de divino em cada um de nós jamais pereceria.

Todavia, independentemente de crenças ou religiões, somente existe aquilo que lembramos (BOBBIO, Tempo de Memória, citado no discurso de posse do confrade Paulo Modesto).

Daí a importância desta Academia em cultuar a memória, as lições de vida e as obras dos juristas da nossa terra, berço e verdadeira Atenas do Brasil.

Ninguém quer ser esquecido!

No meu discurso de posse, ao reverenciar a memória de Ivan Americano da Costa, a quem tive a honra de suceder nesta Casa, mas não o privilégio de conhecer, lembrei o seguinte verso de sua autoria:

> "Não me intimida o esgar da morte fria,
> Na tocaia implacável, expiatória,
> Tudo quanto me acende a covardia,
> É perder-me dos vivos na memória"

Como vemos, aqui cultuamos a imortalidade alheia. Da nossa, os outros que cuidem, se merecermos.

Desse modo, se a função da Academia fosse tão somente preservar os valores e a cultura dos juristas que nos antecederam, já seria uma missão gigantesca.

Contudo, não é só!

A nossa Academia tem procurado ser um "centro vivo de cultura jurídica", como desejava Lafayette Pondé, um dos seus ilustres ex-presidentes e não uma torre de marfim ou ilha de excelências.

Graças à operosidade, sobretudo, das últimas Diretorias, a Academia vem procurando se aproximar cada vez mais dos vários segmentos da sociedade civil organizada, visando contribuir efetivamente com a busca de soluções para os angustiantes problemas da atualidade.

Como Coordenador de Eventos Jurídicos, cargo que doravante será ocupado pelo mais novo confrade Miguel Calmon Dantas, tive a oportunidade de participar de forma mais intensa da gestão que se encerra, podendo testemunhar o compromisso e a dedicação, diria até maternal, da nossa ex-Presidente Alice Gonzalez Borges (primeira mulher a ingressar neste sodalício e a presidi-lo), para com as atividades da nossa Academia.

Dando seguimento a este trabalho, pretendemos lançar o número 20 da nossa Revista, além de criar adiante uma Revista eletrônica, para tanto já convidamos o confrade Paulo Modesto, que aceitou ser Diretor da Revista.

Não desistiremos do processo de informatização da nossa vasta e rica Biblioteca, para que possamos abri-la à consulta das Universidades.

Vamos aproximar a Academia cada vez mais dos estudantes, celebrando convênio como o já firmado com o CEPEJ – Centro de Estudos e Pesquisas Jurídicas da UFBA, trazendo os estudantes para Academia e levando a Academia para as Universidades.

Vamos implementar o projeto "Quintas Culturais", que idealizamos como Coordenador de Eventos, já realizando a primeira palestra na próxima quinta-feira, às 18:00hs, sobre Direito Digital, com a especialista Dra. Ana Paula Moraes.

Assumimos o imenso desafio de realizarmos o 1º Congresso Nacional da nossa Academia, já nos dias 11, 12 e 13 de novembro deste ano.

Pretendo constituir, já na primeira reunião da nova Diretoria, um apartidário grupo de estudos sobre a Reforma Política.

Intensificaremos o processo de abertura da Academia para a difusão da cultura jurídica na sociedade em geral, porque dessa interação todos se beneficiam.

O Direito não existe sozinho. A denominada Teoria Pura do Direito, de Kelsen, objeto de indagação do confrade Emannuel Matta, consiste em um método científico do estudo da norma jurídica, não significando que seja a Teoria do Direito Puro.

A Filosofia, a Literatura, a Economia, a Sociologia e a Política, no seu verdadeiro sentido, estão inexoravelmente interligadas ao Direito, na regulação das normas de conduta de uma sociedade.

Vivemos um momento inusitado na vida pública nacional, de inegável crise política, ética e moral, mas também de grande participação democrática!

A nossa academia já deixou muito clara sua indignação, mais do que justa, com a corrupção que se avolumou no nosso País nos últimos anos de forma avassaladora, como uma corrente cada vez maior de lama a levar para as profundezas da camada do pré-sal os valores morais de uma sociedade atônita!

Todavia, na condição de cultores do Direito, não podemos deixar de advertir, nesse grave momento de incertezas, que o combate à corrupção não justifica o desrespeito às garantias e aos direitos fundamentais consagrados na nossa Constituição.

É preciso repudiar a lógica maquiavélica de que os fins justificam os meios, sob pena de se colocar em risco a permanência do regime democrático, pelo qual muitos lutaram com sacrifício da liberdade e até da própria vida.

Que a nova geração não se iluda, como ressaltava o saudoso acadêmico Calmon de Passos, em pensar que, tendo "todos os direitos assegurados na Constituição e facilitado o acesso ao Judiciário", não têm mais porque lutar!

Basta ver que a nossa Constituição, quanto à possibilidade de alteração, mesmo sendo rígida, em menos de trinta anos, já sofreu 85 Emendas somente até o dia de hoje!

A Constituição Americana, em mais de 220 anos de existência, sofreu apenas 27 Emendas!

Mesmo a nossa Carta Magna tendo sido mais analítica do que deveria, ao ser modificada ao sabor de contingências do momento, apenas porque se observa o *quorum* qualificado de 3/5, gera incerteza jurídica nociva à vida da nação!

Os nossos Códigos ainda estão em processo de atualização, para que se ajustem aos valores e princípios da vigente Carta Política.

Não devemos jamais olvidar que a atual Constituição, após um quarto de século de regime de repressão, consolidou a volta da democracia ao nosso País!

Se não devemos nos esquecer das lições do passado, vivemos o presente e o nosso compromisso é com o futuro!

Mas, será que existe mesmo no tempo, passado, presente e futuro?

O passado não é mais e o futuro não é ainda!

E o presente, diz Santo Agostinho, *"se fosse sempre e não transcorresse para o passado, não seria mais tempo, mas eternidade"*.

Para Santo Agostinho (também citado no discurso de posse na presidência do confrade Genaro Oliveira), o tempo existe na mente do homem, porque é na mente do homem que se mantêm presentes tanto o passado, como o presente e o futuro.

E, de qualquer forma, é na nossa mente que se encontram esses três tempos, que não são vistos em outra parte: o presente do passado, que é a memória; o presente do presente, isto é, a intuição; o presente do futuro, ou seja, a espera, ou melhor, a esperança.

O poeta Mário Quintana, de maneira peculiar, dizia *"o passado não reconhece seu lugar, está sempre presente."*

Talvez por isso, sentimos que, em solenidades como esta, todos os Acadêmicos estão presentes, mesmo aqueles que já se foram. A saudade os traz de volta! Afinal, são imortais!

E para finalizar com Mário Quintana:

> "O tempo não pára! Só a saudade é que faz as coisas pararem no tempo"

E eu já tenho saudade da noite de hoje!

Obrigado pelo Tempo de vocês!

JUIZ FEDERAL ANTÔNIO OSWALDO SCARPA: ANTES DE TUDO, UM HOMEM BOM![1]

Sinto-me extremamente honrado em ter sido convidado, como advogado, para fazer a saudação ao eminente Juiz Federal Antônio Oswaldo Scarpa, Titular da 17ª Vara Especializada Criminal da Secção Judiciária da Bahia, nesta solenidade de sua posse como Juiz do Tribunal Regional Eleitoral deste Estado, representando a Justiça Federal e com a responsabilidade de suceder ao seu ilustre colega, Dr. Paulo Pimenta.

Já dissera, com propriedade, **Piero Calamandrei,** no seu famoso livro "*Eles, os Juízes, vistos por um advogado*", que "*Advogados e juízes funcionam no mecanismo da justiça como, na pintura, as cores complementares, que precisamente por serem opostas brilham mais ao estarem próximas.*" Contrapostos nas funções, porém se aproximam, entrelaçam e se unem no mesmo objetivo: a Justiça. Nos magistrados, a Imparcialidade; nos advogados, a Paixão da luta generosa pelo Direito. É preciso que os Advogados sejam independentes para que os juízes possam ser verdadeiramente imparciais, advogados respeitados, juízes honrados.

De todas as funções que se cometem ao homem, a de julgar o semelhante é, sem dúvida, das mais difíceis, árduas e complexas. Exige caráter, probidade, conhecimento. O Juiz precisa ser culto, humano, dedicado, probo, imparcial.

Outro grande mestre italiano, **Francesco Carnelutti**, já advertia na sua obra, cujo título fala por si, "*As Misérias do Processo Penal*", que "*nenhum homem, se pensasse no que ocorre para julgar outro homem, aceitaria ser juiz*", sobretudo, juiz criminal, onde detém o terrível poder de destruir a vida do acusado ou, nas palavras candentes de **Roberto Lyra,** "*de apagar ou acender a lâmpada do destino, atribuir a graça ou a desgraça*".

Na antológica "oração aos moços", **Rui Barbosa** alertava os futuros magistrados sobre o direito dos mais miseráveis do homem: "*Não negueis jamais ao Erário, à Administração, à União, os seus direitos. São tão invioláveis, como quaisquer outros. Mas o direito dos mais miseráveis dos homens, o direito do mendigo, do escravo, do criminoso, não é menos sa-*

---

1 Solenidade de posse do Juiz Federal Antônio Oswaldo Scarpa, no Tribunal Regional Eleitoral da Bahia, 11 de junho de 2018.

grado, perante a justiça, que do mais alto dos poderes. Antes, com os mais miseráveis é que a justiça deve ser mais atenta, e redobrar de escrúpulo".

Quando da sua posse como Diretor do Foro da Justiça Federal da Bahia (2009/2010), lembro-me quando o Juiz Antônio Scarpa falava no seu discurso sobre a diferença sentida em ser juiz criminal e juiz da Turma Recursal dos Juizados Especiais Federais, na primeira o processo se desenvolve para se saber se aplica uma pena, se atribui, ainda que em nome do Estado, um mal, uma dor, um sofrimento, enquanto na outra, se fazia um bem, concedia ou não um benefício previdenciário.

Portanto, na justiça criminal, mais do que em qualquer outra, o juiz deve agir com equilíbrio, moderação, sem deixar se contaminar pelas paixões humanas, sobretudo, pelo ódio, pela vingança, sem, contudo, descurar da proteção das vítimas.

Deve ser, como já tenho dito, **antes de tudo, um homem bom**, para que mesmo quando imprescindível aplicar uma pena o faça sofrendo como um pai, que tem a obrigação de corrigir seu filho.

O Juiz Antônio Oswaldo Scarpa já demonstrou possuir todas essas qualidades inerentes a um verdadeiro magistrado!

É culto, sem exibição. Sua cultura jurídica se apreende nas esmeradas sentenças, bem como no exercício do magistério superior, na sua dissertação de mestrado na UFBA, em palestras e artigos jurídicos, já tendo sido por diversas vezes, professor homenageado e patrono de turmas de direito da UNIFACS e UNIJORGE, onde leciona Direito Penal.

Pelas suas qualidades como julgador foi convocado pelo TRIBUNAL REGIONAL FEDERAL DA 1ª REGIÃO, para atuar como juiz auxiliar na Corregedoria (2010/2011) e depois na Presidência (2012/2013), passando a funcionar como Desembargador Substituto naquela egrégia Corte, entre os anos de 2010 e 2017.

Não obstante o conceito de que desfruta, mantém a humildade, e também a discrição, própria dos mineiros, natural que é de Itanhandu, Minas Gerais, sendo esta uma característica sua, pessoal, que muito o distingue.

Casado com a Juíza Federal Cláudia Oliveira da Costa Tourinho Scarpa, o Dr. Scarpa têm dois filhos baianos, Tiago e Mateus, e ele próprio já se tornou de fato e de direito "Cidadão Baiano", título que lhe foi merecidamente outorgado pela Assembleia Legislativa da Bahia, em 2015, sempre preservando intocável sua independência política.

Nos dias de hoje, de "*mercadores de imagens*", como diria **Jacinto Coutinho,** lamentavelmente marcado pelo processo penal do espetáculo, o Dr. Scarpa jamais se deixou seduzir pelos aplausos fáceis do populismo penal, mantendo-se fiel aos valores democráticos, de respeito às partes, ao devido processo legal, ao contraditório e a ampla defesa.

Seu sogro, o grande Juiz, **Fernando da Costa Tourinho Neto**, em palestra dirigida a novos magistrados federais, conclamava:

> "RESISTIR, 'JAMAIS CEDER'."
> "O Juiz não deve se curvar a quem quer seja. O seu senhor é o povo, não o povo manipulado. Não deve temer ninguém. Não deve se acovardar. Deve, sim, resistir às pressões do clamor da imprensa, da Polícia e do Ministério Público. Deve ser justo, humano e obedecer à Constituição. Fazer respeitar os direitos individuais de todos, inclusive os dos criminosos por mais odiosos que tenham sido seus crimes."

O Dr. Antônio Oswaldo Scarpa faz parte dessa resistência, arrostando, com coragem e independência, o risco de algumas vezes ser incompreendido, de tal modo que exaltar suas qualidades em solenidade como essa é prestar um serviço à própria Democracia! Sem dúvida que a Bahia e o TRE se engrandecem com sua presença!

DISCURSO DE SAUDAÇÃO AO ACADÊMICO JAIME BARREIROS NETO

Quando recebi o honroso convite do Prof. JAIME BARREIROS NETO para fazer a sua saudação de recepção nesta Academia, confesso que me senti, além de muito distinguido, emocionado. Imediatamente, lembrei-me do meu ingresso neste sodalício, quando fui recebido pelas palavras generosas do saudoso confrade EDSON O´DWYER, em brilhante oração. E, agora, passados 20 anos, sou eu o convidado a recepcionar aquele que irá justamente sucedê-lo e que não sabia deste fato! Não, não é por acaso! "*Quiseram os fados*", diria o inesquecível orador O´DWYER.

Observei também, que, mesmo já tendo tido a honra de representar a nossa Academia em diversas ocasiões, inclusive fora da Bahia, e falado em momentos tristes de despedidas, nos sepultamentos dos saudosos confrades RUBEM NOGUEIRA e EDSON O´DWYER, essa é a primeira vez que ocupo essa tribuna para dar as boas-vindas a um novo acadêmico que chega, que nasce!

Esses momentos automaticamente evocam um misto de emoções, sempre carregadas de lembranças, de memórias daqueles que nos deixaram, de observância do tempo, da passagem da vida, mas também de esperança, de alegria e de júbilo.

A hipervelocidade do ritmo da vida moderna nos transmite a sensação de estarmos sempre atrasados e de que "*tudo é temporário, a modernidade tal como os líquidos, caracteriza-se pela incapacidade de manter a forma*", levando-nos ao que o sociólogo polonês ZYGMUNT BAUMAN, com propriedade, denominou de "*modernidade líquida*". As novas tecnologias e a globalização contribuem para permanente sensação de instabilidade, as relações e valores, antes sólidos, tornam-se liquefeitos, sob o predomínio do individualismo e do imediatismo. Na percepção de BAUMAN, com seu olhar crítico, "os líquidos, diferentemente dos sólidos, não mantêm sua forma com facilidade. (...) Os fluídos se movem facilmente. Eles "*fluem*", "*escorrem*", "*esvaem-se*", "*respingam*", "*transbordam*", "*vazam*", "*inundam*" (...). Essas são razões para considerar "*fluidez*" ou "*liquidez*" como metáforas adequadas quando queremos captar a natureza da presente fase (...) na história da modernidade." A facilidade com que hoje se faz e desfaz "*amizades*" nos relacionamentos virtuais é exemplo notório dessa fluidez das relações interpessoais.

Penso que a nossa Academia atingiu, nos seus 35 anos de existência, a maturidade, capaz de encontrar o ponto de equilíbrio entre a abertura ao novo, ao moderno, e o culto à memória, ao imenso legado deixado pelos que se foram, não só para as ciências jurídicas, mas, sobretudo, pelas preciosas lições de vida, do seu tempo.

Assim, em momento pranteado em que perdia quatro dos seus membros (ALICE GONZALEZ, EDIVALDO BOAVENTURA, AMÂNCIO JOSÉ DE SOUZA E EDSON O'DWYER), aprovando sugestão do confrade Paulo Modesto, a Academia passou a fazer uma sessão especial em homenagem ao acadêmico falecido, além de manter a tradição do discurso no seu sepultamento e da louvação no dia da sua sucessão.

Aqui é um dos poucos espaços na atualidade que ainda resta para reflexões mais profundas, para uma vivência menos aligeirada, na qual se aguarde e se guarde o tempo que, segundo SANTO AGOSTINHO, só existe na mente do homem, porque é na mente do homem que se mantêm presentes tanto o passado, como o presente e o futuro (a memória, a intuição e a esperança), como me referi no meu discurso de posse na Presidência desta Casa.

E, na mistura de emoções, da qual falei, é chegada a hora de destacar a esperança, a alegria e o júbilo pelo ingresso do novo acadêmico JAIME BARREIROS NETO.

Embora quase da idade da Academia, com quarenta anos incompletos, já é detentor de um notável currículo. Formado pela Faculdade de Direito da UFBA, e tendo colado grau em 20/04/2003, sua vocação para a vida acadêmica, para a pesquisa e o ensino do direito, manifestou-se desde cedo.

Ainda estudante de direito, foi vencedor de alguns prêmios, destacando-se o II Prêmio LUÍS EDUARDO MAGALHÃES, promovido pela Assembleia Legislativa da Bahia, em 2001, e o Prêmio JOSAPHAT MARINHO, *acadêmico e ex-presidente desta Casa*, concurso de monografias patrocinado em 2002, por esta Academia de Letras Jurídicas, quando escreveu primoroso trabalho sobre o legado de RUY BARBOSA. Lembro-me, perfeitamente, da solenidade de entrega deste prêmio, ainda mais por na época já ocupar a cadeira cujo patrono é o imortal RUY BARBOSA.

Ainda estudante de direito, exerceu monitoria acadêmica, sob a supervisão do professor e acadêmico JAIRO SENTO SÉ, e, logo em 2003, obteve aprovação na seleção para ingresso no Curso de Mestrado do Programa de Pós-Graduação em Direito da UFBA, no qual se tornou

Mestre em Direito, em fevereiro de 2006, sob a orientação do professor e acadêmico SAULO CASALI.

No mesmo ano, foi aprovado em seleções para professor substituto de várias disciplinas na Faculdade de Direito da UFBA, como *Legislação Social, Instituições de Direito Público e Privado* e *Direito Constitucional*, iniciando-se, tão jovem, como professor universitário. A partir daí, lecionou em várias outras Faculdades: na Universidade Católica do Salvador, por 14 anos, de 2004 até 2018, na Faculdade Ruy Barbosa entre 2005 e 2007, na Faculdade Batista Brasileira, no ano de 2006 e, desde 2007, na recém criada Faculdade Baiana de Direito, instituição em que continua lecionando até hoje.

Em setembro de 2009, foi aprovado em concurso de provas e títulos como professor efetivo da Faculdade de Direito da Universidade Federal da Bahia, onde atualmente leciona as disciplinas "*Instituições de Direito Público e Privado*" e "*Direito Eleitoral*".

Torcedor do "*Bahea*", atuou no Tribunal de Justiça Desportiva do Futebol da Bahia, tendo publicado em 2009, o livro "*Direito Desportivo*", pela Editora Juruá, e em 2013, participado como membro da Comissão Judicial de Intervenção do Esporte Clube Bahia.

Em maio de 2017, completou sua titulação acadêmica, conquistando o título de Doutor em Ciências Sociais pela Universidade Federal da Bahia.

Ocupa, desde 2006, após aprovação em concurso público, o cargo de Analista Judiciário do Tribunal Regional Eleitoral da Bahia.

JAIME se tornou uma referência em Direito Eleitoral na Bahia e no Brasil!

Publicou até agora 22 livros jurídicos, além de capítulos de livros, artigos e ensaios, destacando-se o seu *best seller* "*Direito Eleitoral*", publicado pela Editora JusPodivm, já na 9ª edição, com mais de 40 mil exemplares vendidos.

É assíduo colaborador da Revista da nossa Academia, tendo sido convidado por mim, quando assumi a Presidência, para participar da Comissão de Estudos sobre a Reforma Político-institucional, ao lado dos acadêmicos SAULO, PAULO MODESTO, DIRLEY e MIGUEL, além de outra ilustre convidada, a MINISTRA ELIANA CALMON.

Essa comissão realizou vários debates públicos nesta Academia e também na Faculdade de Direito da UFBA, tendo publicado uma série de artigos sobre o tema no Jornal "*A Tarde*", bem como na nossa Revista, e, ainda, participado com brilhantes palestras do histórico "I CONGRESSO NACIONAL DA ACADEMIA", realizado em novembro de 2015, no teatro da Casa do Comércio.

Portanto, como se vê, o novo confrade sempre esteve muito ligado a esta Casa de Cultura, desde os bancos acadêmicos, de sorte que o seu efetivo ingresso como membro vitalício se dá de forma extremamente natural, como decorrência de sua dedicação ao estudo e ensino do direito, para honra de seus pais Geraldo e Solange, responsáveis por tudo; de seus irmãos Paulo, André e Patrícia; de sua esposa Lorena, parceira de sonhos, e suas pequenas Luiza e Laura, filhas amadas, e alegria de nós todos, certos de que ainda terá muito a contribuir no futuro para a admirada Academia de Letras Jurídicas da Bahia.

Pode entrar, meu amigo JAIME, esta Casa já era sua!

Seja muito bem vindo!

PARTE IV

MEMÓRIA E HOMENAGENS

RUY BARBOSA - O JÚRI E A RESPONSABILIDADE PENAL DOS JUÍZES (O CRIME DE HERMENÊUTICA)[1]

Texto que serviu de base à conferência proferida no Seminário sobre Ruy Barbosa, em homenagem ao seu sesquicentenário, no dia 05/11/99, na Academia de Letras da Bahia.

1. CONSIDERAÇÕES INICIAIS

No momento em que se celebra o sesquicentenário de **RUY BARBOSA**, no prelúdio de um novo milênio, natural que as atenções estejam mais voltadas para o futuro e suas previsões. Sente-se a necessidade de diagnóstico do presente, na ânsia de se definir o prognóstico de um tempo que se quer novo.

Pode-se imaginar, dentro desta perspectiva, o passado como algo que não mais existe, esquecendo-se que a história revela-se cíclica, repetindo-se, na visão dos Estoicos, com a repetição do ciclo cósmico, mormente quando se considera o homem como seu protagonista.

Sob este prisma, revisitando o famoso processo criminal a que foi submetido o Juiz Alcides de Mendonça Lima, há mais de cem anos, impressiona constatar o vigor de sua atualidade e a lição de que os verdadeiros exemplos de resistência ao arbítrio, de independência e de coragem na luta pela justiça projetam-se no tempo.

Nele encontra-se o caso de um Juiz que, ao abrir uma sessão do Tribunal do Júri, interpretando a Constituição Republicana, declarou inconstitucionais dispositivos de uma lei de organização judiciária do Rio Grande do Sul, no tocante à abolição das recusas dos jurados e à exigência do voto a descoberto, determinando que fosse aplicada uma lei do Império.

A forma sensacionalista com que um jornal da época, ligado ao governo estadual, divulgou o fato, dando-lhe conotação política, despertou a ira do então Presidente da Província, Júlio de Castilho, que

---

1 IBCCRIM - Revista Brasileira de Ciências Criminais. Ano 9, N. 34, Abril/Junho 2001.

passou a empreender uma ferrenha perseguição ao Juiz "delinquente e faccioso".

No bojo desse processo estão temas de grande atualidade: sobreleva-se a independência da Magistratura, quando se discute hoje a polêmica questão do seu controle externo, a independência do Juiz, no momento em que se pretende adotar o questionável sistema das súmulas vinculantes.

Além disso, arrastaram para o banco dos réus, ao lado do Juiz Alcides Lima, o Júri Popular, tema igualmente empolgante quanto polêmico, também muito presente, no instante em se analisam sugestões para reformá-lo.

O advogado Ruy Barbosa defendeu a ambos, oferecendo verdadeira monografia sobre aqueles temas, pondo a questão nos seguintes termos: "Não é só a defesa de um magistrado que nesse rápido improviso se empreende, mas a dos dois elementos, que, no seio das nações modernas, constituem a alma e o nervo da liberdade: o júri e a independência da magistratura".

Ao que Ruy denominara de rápido improviso, transformara-se no livro "O Júri e a Responsabilidade Penal dos Juízes", contendo 146 páginas, que ora serve de título a este modesto trabalho.

Neste artigo, visando preservar o valor e a autenticidade das extraordinárias lições de Ruy, transcreveu-se, na íntegra, alguns trechos do seu belíssimo memorial, para, em seguida, proceder-se, ainda que de forma aligeirada, a uma tentativa de atualização, partindo-se da Constituição do Império até a atual, dos dois tópicos principais: o sigilo das votações e as recusas peremptórias.

Revivendo episódios significativos do processo a que foi submetido o destemido Magistrado, pondo em evidência a douta e veemente defesa da lavra de Ruy Barbosa, objetiva-se prestar, em homenagem ao seu sesquicentenário, uma contribuição à cultura, ainda que singela, na busca incessante do aprimoramento das instituições democráticas.

2. O CASO CONCRETO[2]

"Jornal Reforma, aqui se publica, inseriu último número seguinte telegrama: "Rio Grande, 28 de março. Foi hoje instalada a 1ª sessão do

2 Servimo-nos, neste escorço histórico sobre o processo do Juiz Alcides de Mendonça Lima, do primoroso trabalho do ilustre jurista RUBEM NOGUEIRA, um dos mais

júri no corrente ano. O juiz da comarca, Dr. Alcides Lima, ao abrir a sessão declarou ser contrária às Constituições federal e estadual a lei que dá nova organização judiciária ao Estado na parte do júri referente a recusações de jurados e ao voto a descoberto. Justificando esta inconstitucionalidade, o Dr. Alcides Lima mandou observar a antiga lei nesses pontos. Informai com urgência sobre a veracidade tal comunicado."

Este o telegrama do então Governador do Rio Grande do Sul, Júlio de Castilho, ao Juiz de Direito Dr. Alcides Mendonça Lima, que respondeu simplesmente: "Informo ser exata comunicação telegráfica Jornal Reforma a que se refere vosso telegrama de ontem."

De fato, antes da sessão do Júri na cidade do Rio Grande, no dia 28 de março de 1896, o Dr. Alcides Lima declarou que nos dois processos que iriam ser julgados não poderia ser observada a lei de organização judiciária do Estado, no tocante às recusações de jurados e ao voto a descoberto, em virtude da sua inconstitucionalidade.

Argumentou o Dr. Mendonça Lima que a Constituição Federal de 1891, pelo seu art.72, § 31, mantinha a instituição do Júri tal qual existia à época da sua promulgação, segundo as leis do Império, onde as recusas eram consentidas e a votação secreta. Por conseguinte, revelavam-se manifestamente inconstitucionais os dispositivos que proscreviam as recusas e o sigilo do voto, razão pela qual deixava de aplicá-los.

Ao receber a breve resposta do Juiz Alcides Lima, o Presidente Castilho encaminhou ao Procurador-Geral do Estado um ofício no qual, depois de narrar o ocorrido, determinava-lhe que promovesse "com a possível brevidade, a responsabilidade do *juiz delinquente e faccioso*".

Já no dia 01 de abril, o Procurador-Geral do Estado oferecia denúncia contra o Dr. Alcides Lima, imputando-lhe a prática do crime de prevaricação (art.207, § 1º do Código Penal de 1890), com as circunstâncias agravantes do art.39, §§ 2º e 14 do mesmo Código de 1890.

doutos e autorizados Ruístas, contido no Cap. 2, 5ª parte, da sua consagrada obra, "O ADVOGADO RUI BARBOSA".

Dispunha o art.207 do CP de 1890[3]:

> "Cometerá crime de prevaricação o empregado público que, por afeição, ódio, contemplação ou para promover interesse seu:
> I- julgar, ou proceder contra literal disposição de lei. Penas: de prisão celular por seis meses a um ano, perda de emprego com inabilitação para exercer outro e multa de 200$ a 600."

A circunstância agravante, narrava o Procurador, seria o fato de o denunciado não ter apresentado emenda à lei quando da sua elaboração, embora pudesse fazê-lo, como um cidadão qualquer, e agora "na cadeira de presidente do júri, com abuso flagrante de autoridade, veio dar o seu grito de sedição, obedecendo a interesses dos perturbadores da ordem."

Neste primeiro momento, apresentou o Dr. Alcides Lima sua própria defesa, destruindo, ponto por ponto, todos os frágeis argumentos da denúncia, que não passava de uma atitude política do Castilhismo dominante no Rio Grande do Sul.

Preliminarmente, arguiu a incompetência do foro em razão da matéria, entendendo que só o Supremo Tribunal seria competente para declarar a constitucionalidade daquela lei, sem a qual não se deveria dar andamento ao processo de responsabilidade.

No mérito, seus argumentos foram assim sintetizados pelo eminente Prof. **RUBEM NOGUEIRA**:

> "1º) O júri mantido pela Constituição de 1891, era o do tempo da sua promulgação; 2º) Ao legislador ordinário, estadual ou federal, não era dado legislar sobre essa instituição, suprimindo-lhe quaisquer atributos essenciais; 3º) Entre esses atributos, o sigilo do voto e o direito às recusações peremptórias ocupam lugar relevante, segundo a mais pura fonte doutrinal, e os mais remotos assentos legais que sobre o júri existem no Brasil, desde a sua emancipação política, podendo citar-se o decreto de 18-6-1822, "que iniciou no país o julgamento pelo júri"; o decreto de 22-11-1823, a lei de 20-11-1830 (so-

3 Atualmente, art.319 do CP/1940: "Retardar ou deixar de praticar, indevidamente, ato de ofício, ou praticá-lo contra disposição expressa de lei, para satisfazer interesse ou sentimento pessoal: Pena - detenção, de 3 (três) meses a 1 (um) ano, e multa."

> bre liberdade de imprensa), e, por fim, o Código de Processo Criminal; 4º) Mesmo nos momentos de vicissitudes, porque entre nós passou, "jamais perdeu a instituição os seus dois atributos essenciais: o direito a recusas peremptórias e o voto secreto"; 5º) Na Legislação Geral e dos Estados foram eles respeitados, tendo alguns Estados alterado a legislação anterior, apenas em pontos secundários; 6º) Só no Rio Grande do Sul se percebia uma tendência para desnaturar e inutilizar o júri, desde o Ato n.283, de 25-4-1891 e as discussões travadas no Congresso Constituinte, até à Lei 10, de organização judiciária, onde o empenho de arrasar o júri havia ficado patente; 7º) Mas o juiz não devia aplicar uma lei inconstitucional, e assim procedendo, estava enquadrado nos postulados federativos por nós adotados, e no art.8º da própria lei averbada de atentatória da Constituição; 8º) Logo, não havia delito a imputar-se ao denunciado, mesmo porque ele se limitara a interpretar a lei, e "não se pode honestamente ver um crime na interpretação, embora, má ou errônea, que o magistrado dá aos textos de uma lei". (*O ADVOGADO RUI BARBOSA*, Belo Horizonte: Ciência Jurídica, 4ª ed., 1996, págs. 215/16).

Quanto à aludida agravante do presumido delito, obtemperou tratar-se de simples faculdade, não passando de um falseamento do regime democrático, justificando não ter apresentado emendas tendentes a restaurar o sigilo do voto e as recusas peremptórias, para não projetar sua atividade fora da missão especial do Poder Judiciário.

Após salientar que a acusação não produziu prova alguma dos motivos reprovadores do crime previsto no art.207, § 1º (afeição, ódio e interesse pessoal, a denúncia chegava a aludir a ódio político e interesse partidário), concluiu o destemido Magistrado:

> "Portanto, o que tendes diante de vós, Srs. Juízes do Superior Tribunal, não é uma denúncia que se inspira no bem público e no zelo pela administração da Justiça. É obra da imoderada e passageira irritação presidencial, infelizmente, transmitida ao Procurador-Geral, que no texto da própria denúncia deixou estereotipada a falta de madura e séria reflexão. Nessa importante peça judicial, início e base do processo de responsabilidade, do qual podem resultar as mais graves consequências

morais e materiais para o processado, a Procuradoria Geral foi dúbia e hesitante ao capitular o crime, demonstrando, assim, a sua pouca ou nenhuma convicção jurídica na existência real do delito. Ora atribui ao denunciado o crime de alta prevaricação - não definido no Código -, ora de conduta irregular (art.239), depois o de abuso de autoridade (art.224), em seguida os de sedição (art.118) e rebelião, e finalmente, o de prevaricação.

Percebe-se que a perplexidade da Procuradoria origina-se na carência de base jurídica para a incriminação de um ato regular.

Está concluída esta resposta. O Superior Tribunal, inspirando-se na sua alta missão, decidirá se deve ser submetido a julgamento um membro do Poder Judiciário pelo fato de haver dado à lei uma interpretação que lhe pareceu a mais jurídica.

A sociedade rio-grandense desde este momento tem voltada a sua atenção para o mais elevado tribunal do Estado, porque a decisão desse tribunal é que vai mostrar-lhe clara e definitivamente se a independência do Poder Judiciário, a que estão ligados os vitais interesses da população, é realmente um fato ou um simples adorno constitucional."

No dia 29 de maio, o Superior Tribunal rio-grandense pronunciou o Dr. Alcides Lima, alterando apenas a classificação do delito, para considerá-lo incurso nas sanções mais brandas do art.226 do Código Penal ("exceder o limite das funções próprias do emprego").

Por força do acórdão de 18 de agosto de 1896 do Tribunal Gaúcho, o Dr. Alcides de Mendonça Lima fora condenado a nove meses de suspensão do emprego (grau mínimo do art. 226 do Código Penal de 1890).

Agora por meio de advogado (o Dr. Pinto Alvim), interpôs o Juiz condenado recurso de revisão para o Supremo Tribunal Federal, fundado em que o acórdão condenatório havia infringido lei expressa e estava em contradição com a prova dos autos.

Todavia, o advogado do recorrente não chegou a arrazoar o recurso, limitando-se a interpô-lo e, segundo os estilos forense da época, a protestar por mais amplas demonstrações jurídicas.

3. O MEMORIAL DE RUY BARBOSA

Ruy Barbosa já havia exarado um sucinto parecer nos autos, mas somente nesta fase foi constituído advogado do Juiz Alcides Lima, para prosseguir na sua defesa. Entretanto, o rel. Min. José Higino não permitiu fosse juntado aos autos o memorial que Ruy havia escrito, sob a alegação de que não comportava razões que não houvessem sido apreciadas pelo juízo **a quo**. Contudo, Ruy desempenhou sua missão de defensor do Juiz, fazendo imprimir o longo e erudito memorial, distribuindo entre os membros do Supremo Tribunal, o que mais tarde dera lume a verdadeira monografia intitulada "O Júri e a Responsabilidade Penal dos Juízes", Rio, 1896, contendo 146 páginas.

Retomando as teses suscitadas pelo próprio denunciado perante o Tribunal Gaúcho, Ruy deu-lhes feição de novidade, pela exuberância da análise doutrinária, pela forma abundante e convincente dos argumentos, pondo a questão, logo na epígrafe da sua monografia, nos seguintes termos: "Não é só a defesa de um magistrado que nesse rápido improviso se empreende, mas a dos dois elementos, que, no seio das nações modernas, constituem a alma e o nervo da liberdade: o júri e a independência da magistratura."

Compõe-se a peça jurídica de seis capítulos. Em primeiro lugar, vem a análise da história das origens da instituição do Júri Popular, desde Tácito e através da Grã-Bretanha, dos Estados Unidos, da França, Itália e Áustria. Depois, a da Lei rio-grandense nº10, do art.72, §31 da Constituição, do sigilo do voto no júri, das recusações peremptórias e, por fim, do denominado **novum crimen**: o crime de hermenêutica, quando discorre, ainda, sobre a nulidade das leis inconstitucionais.

Combate, sem perda de tempo, a concepção positivista que do Júri possuía o Presidente Júlio de Castilho, a julgar pelos termos da exposição de motivos da lei de organização judiciária, onde, baseado em Garofalo e Ferri, sustentara que "o júri é uma instituição regressiva, segundo os dados da história e da sociologia, porque representa a fase medieval e instintiva da Justiça Penal".

"Dizer-se que o júri nos atrasa a um período instintivo da civilização, nos reconduz à idade média é, não obstante, os nomes de Lombroso, Ferri e Garofalo, um desses abusos da logomaquia dos sistemas, tão autorizado pela verdade, quanto é o que denunciasse uma entidade retardatária e medieval no governo representativo, cujas remotas origens se perdem, também muito longe, na Germânia de Tácito e na luta dos barões ingleses com João Sem Terra, em princípios do século treze. São duas teses irmãs, em que os panegiristas da autocracia política estariam naturalmente de acordo com "os novos terroristas do magistério penal". As suas instituições descem das mesmas vertentes para o mundo contemporâneo, apresentam mais ou menos a mesma antiguidade; e o paralelismo da sua evolução, da sua consolidação, da sua propagação evidencia uma evolução quase orgânica, de que a história de mais de um século nos mostra indícios constantes.

Se o júri, de que já se encontra a prefiguração longínqua nos **judices** romanos, se não nos **dicastas** gregos, e nos **centeni comites** dos primitivos germanos, imortalizados por Tácito, autorizando historiadores e entusiastas seus a gabarem-no de medir o curso da civilização; se o júri, associado na investigação das suas origens históricas, ora aos teutões, ora aos eslavos, já aos romanos, já aos dinamarqueses, recebeu os primeiros traços da sua forma definitiva no solo britânico, depois da conquista normanda, sob Henrique II, extinguindo-se na França, de onde fora transplantado nos seus mais grosseiros rudimentos com as *capitulares*, na média idade inglesa é que ele revestiu a imagem, sob que a Era Moderna o adotou. Contudo, é contemporâneo o momento da sua culminação jurídica, o período da sua universalidade, a época da generalização dos seus benefícios a toda parte culta da espécie humana."

Em seguida, passa a demonstrar como a instituição do Júri se espargiu das Ilhas Britânicas para as antigas colônias inglesas da América, até sua consagração posterior na Constituição dos Estados Unidos e nas de todas as unidades federadas daquela República, revelando extensa bibliografia anglo-americana.

Além disso, com apoio das mais célebres autoridades judiciárias do mundo, como Gneist, Stubs, Tocqueville, Mittermayer, Ruttiman, mostrou ser o Júri, também, uma criação política, e não apenas jurídica, sobremodo relevante nos governos constitucionais, onde sempre figura em lugar de honra "e a opinião geral o sustenta contra as veleidades das escolas radicais", garantindo que "a área geográfica do júri é a da civilização moderna."

Posteriormente, ingressa na análise das inconstitucionalidades da lei gaúcha de organização judiciária, na parte em que estatuía o voto a descoberto e eliminava as recusações dos jurados, procedendo a detida análise da locução - "é mantida a instituição do júri"- presente no art.72, § 31, da Constituição Republicana, chegando à mesma conclusão do Juiz recorrente, qual seja: a de que a carta republicana havia mantido o Júri existente ao tempo do seu advento, portanto, com todas as suas características tradicionais.

"Certamente, não foi nas doutrinas da "nova escola penal", bebedouro da reforma rio-grandense, que se amoldou a nossa constituição republicana. O espírito liberal, que nesta palpita, está no mais acentuado antagonismo com as inspirações daquela. Para nos harmonizarmos com a ciência da criminologia, cujas opiniões se simbolizam nos célebres nomes de Lombroso, Garofalo e Ferri, patronos da lei rio-grandense, teríamos de subverter **ab imis fundamentis** as garantias mais respeitáveis do processo penal entre nós, os dados elementares da sua dogmática, favorecendo a ampliação do cárcere preventivo, diminuindo os casos de liberdade provisória, abolindo a publicidade na formação da culpa, cerceando as consequências à presunção constitucional de inocência, mutilando o direito de graça, amesquinhando a anistia, e restaurando a pena de morte.

Rumo oposto ao da Constituição, portanto, seguem os que se aproximam das conclusões dessa escola em matéria penal. Se o pacto da União dissesse simplesmente que garantia o júri, por aí teria deixado, talvez, aberta a que se lhe fossem buscar variantes na teoria abstrata da instituição. Mas, declarando que o *mantinha,* evidentemente se reporta a um estado anterior, para o consolidar com reforço constitucional.(...)"

"Por conseguinte, reduzindo a cinco o antigo número dos seus membros, anulando o sigilo dos votos e retirando ao acusado o direito de recusa, evidentemente, essa lei havia três vezes apunhalado a Constituição Federal. Esse atentado significava, em instância final, um golpe tremendo, exatamente naquilo que era um dos atributos essenciais do júri: a independência, a qual, por sua vez, constituía *a base de toda justiça.*

Assim como é através da inamovibilidade que essa independência se estabelece nas magistraturas permanentes, "para as magistraturas efêmeras, como a do júri, efêmera, mas gravíssima, querem alguns que "a mais grave e solene das funções pelo cidadão exercitadas"(Lieber, Political Ethics), o que a assegurava é a irresponsabilidade."(*)[4]

Como, indaga Ruy, assentar, de modo efetivo e sério, essa irresponsabilidade dos jurados? Mencionando exemplos históricos da Inglaterra

4 "Irresponsabilidade é a eliminação dos perigos e dependências, que podem constranger a imparcialidade de apreciação íntima a se desmentir na enunciação pública da sentença," explicara o próprio Ruy, na ocasião.

e dos países continentais, para demonstrar que só o sigilo do voto, que essas legislações consagram, poderia dotar o Júri com a verdadeira irresponsabilidade. Fundado no Repertório de Dalloz, salienta:

"Tão absoluto é o império desse preceito, de tal modo se liga às funções vitais da instituição, que, para encerrar o sigilo das responsabilidades do jurado no mistério mais impenetrável, a jurisprudência francesa anula os veredictos, quando precisarem o número de sufrágios da maioria, em vez de atentarem apenas que ela transcende a mínimo de sete, ou quando condenarem com a declaração de unanimidade, porque a resposta nesses termos dá virtualmente a conhecer a opinião de todos os jurados.

No processo penal italiano, segundo Borsane e Casorati, a tese supra era confirmada, de maneira que poderia arrematar esta parte da questão, afirmando: "Base fundamental do júri, na expressão de uns, parte da sua essência, na de outros, não podia o sigilo do voto ser subtraído ao júri, senão por quem sobre estes possuísse a autoridade de criar e destruir. Se os Estados, em face da cláusula da Constituição que lhe dá existência nacional, não podem abolir o júri, tão pouco lhe seria lícito desfalcá-lo, na sua base e na sua essência; porque é pela essência que as compõe ou pela base, onde assentam, que as realidades existem, ou se extinguem."

A segunda inconstitucionalidade da lei gaúcha consistia na proibição de recusar jurados. Ruy considerou tal proibição ofensa inqualificável à essência da instituição mantida pela Carta Magna de 1891.

"O direito à recusação peremptória é ingênito ao júri e dele inseparável. Nasceu com a instituição, com ela existiu sempre, e, a ela inerente, a acompanha por toda a parte. Para mostrar como este direito constitui um dos elementos primários dessa entidade, a que ponto entra, por assim dizer, no seu plasma orgânico, bastará notar que, realizando-se ela conforme os povos que a adotaram, em dois tipos, distintos a vários respeitos, o britânico e o francês, num e noutro se manteve com a mesma amplitude e a mesma irrecusabilidade, esse caráter, essa raiz comum, que os irmana.(...)"

"A recusa peremptória adere, pois, de um modo indestrutível, ao júri, como elemento substancial do seu organismo; historicamente, em todos os períodos da sua evolução através dos séculos, desde Roma até a Grã-Bretanha, desde os Estados Unidos até à Rússia; atualmente, nas leis de todas as nações, que o adotaram; judiciariamente, nos arestos de todas as jurisprudências que o definem; cientificamente, nas opiniões de todos os autores, que o expõem; nacionalmente, em todo o curso da nossa existência como povo emancipado, desde 1822 até 1891;

Apenas um grupo de espíritos contraria essa tradicionalidade, essa invarialidade, essa unanimidade, essa universalidade: são os escritores da escola antropológica. Mas esses, propondo a restrição do direito de recusar, não hesitam em descobrir as suas intenções, confessando nessa medida uma reforma preparatória para abolição do júri;

Júri sem recusa peremptória é noção, portanto, que não podia atravessar a mente do legislador constitucional. Pelos traços mais profundos ele pôs de manifesto que não obedecia aos Cânones dessa escola, extinguindo a pena de morte, conservando na sua latitude antiga as funções da graça e da anistia, esmerando-se em perpetuar as garantias processuais da liberdade, e ordenando sem reservas a manutenção do júri. As instituições tem caracteres artificiais e transitórios; mas há elementos permanentes, fisiológicos, essenciais, sem cujo concurso não existem. Na última dessas duas categorias está, em relação ao júri, a recusa peremptória. É uma das condições que o definem.."

Na última e mais longa parte do belíssimo memorial, tratou Ruy do que denominara **novum crimen**: o crime de hermenêutica.

"A resistência do juiz da comarca do Rio Grande a essa transmutação do júri, numa degenerescência indigna de tal nome, surpreendeu a política daquele Estado com o imprevisto de uma força viva e independente, a consciência da magistratura, difícil de submeter-se à prepotência dos governos. Com a necessidade então de acudir a obstáculo tão inesperado, improvisou-se, por ato de interpretação, nos tribunais locais, contra a magistratura um princípio de morte, de eliminação moral, correspondente ao que, por ato legislativo, se forjara, contra o júri, no gabinete do governador. O júri perderá absolutamente a sua independência, com o escrutínio a descoberto e a abolição da recusa peremptória; o poder não abrira só um postigo sobre a consciência do jurado, aquartelara-se nela. Para fazer do magistrado uma prepotência equivalente, criaram a novidade da doutrina, que inventou para o juiz os crimes de hermenêutica, responsabilizando-o penalmente pelas rebeldias da sua consciência ao padrão oficial no entendimento dos textos.

Esta hipérbole do absurdo não tem linguagem conhecida: nasceu entre nós por geração espontânea. E, se passar, fará da toga a mais humilde das profissões servis, estabelecendo, para o aplicador judicial das leis, uma subalternidade constantemente ameaçada pelos oráculos da ortodoxia cortesã. Se o julgador, cuja opinião não condiga com a dos seus julgadores na análise do direito escrito, incorrer, por essa dissidência, em sanção criminal, a hierarquia judiciária, em vez de ser a garantia da justiça contra os erros individuais dos juízes, pelo sistema dos recursos, ter-se-á convertido, a benefício dos interesses poderosos, em mecanismo de pressão, para substituir a consciência pessoal do magistrado, base de toda a confiança na judicatura, pela ação cominatória do terror, que dissolve o homem em escravo."

Prossegue Ruy veemente, combatendo a violência inusitada de, ao invés de se tentar a reforma da sentença, pela via normal do recurso, partir-se para se punir o juiz. Antes passa ao exame da nulidade das leis inconstitucionais, ampliando lições sobre controle de constitucionalidade.

"Consideremos por um instante a hipótese vertente. A lei rio-grandense alterara, em todos os caracteres de que a revestia a tradição universal e a tradição brasileira, a individualidade do júri. Aumentara em razão mais que dupla as facilidades das condenações, reduzindo a cinco os doze membros do Conselho. Enfraquecera o jurado, abolindo o secreto protetor da sua isenção. Proibindo, enfim, a recusação peremptória, matara a confiança das partes nos juízes de fato, e fraudara a defesa numa das suas garantias mais eficazes. (...)"

Ao juiz, pois, logo que se lhe ofereceu ensejo de lidar com essa inovação radical, necessariamente, se impunha o confronto com a cláusula da Constituição republicana, que declara *mantida a instituição do júri.*

Tinha-se instaurado o litígio, e, com ele, determinado o caso concreto, a espécie individual, que submete o ato legislativo à verificação judiciária da sua constitucionalidade. Não se havia mister de que a questão fosse levantada por uma das partes, como aereamente figura a sentença recorrida. O limite da função judiciária está em não considerar a inconstitucionalidade, senão no caso pendente. Mas no terreno estrito do caso pendente nada tolhe ao juiz a iniciativa no exercício de uma atribuição, que, além do interesse das partes, entende com as bases orgânicas de toda a justiça. A maior das nulidades é a nulidade da lei, a sua ilegitimidade constitucional.(...)""As nulidades estabelecidas no interesse da lei, são de ordem pública, e, como tais, se pronunciam **ex officio**. O Direito Civil considerou sempre de interesse público as nulidades, que envolvem a ordem das jurisdições. No Direito Constitucional, portanto, não se poderiam deixar de haver como de ordem pública as nulidades concernentes à ordem dos poderes. Inconstitucionalidade, numa lei, quer dizer invasão da soberania constituinte pelo Poder Legislativo. Pouco importa, pois, que as partes a não articulem, se na contenda entre as partes o juiz não pode julgar, sem encontrá-la, e obedecer-lhe, violando o direito constitucional, ou desobedecer-lhe, para o manter."

O Juiz Mendonça Lima, enfrentando a questão no caso concreto, houve por bem em declarar a nulidade da lei rio-grandense, atento a sua ofensa à Constituição republicana. Os desembargadores do Superior Tribunal gaúcho, porém, não consideraram *manifesta* essa nulidade - donde a condenação imposta ao recorrente. "A questão, em última análise, observa Ruy, "se reduz a isto: um conflito intelectual de duas hermenêuticas, falíveis ambas e ambas convencidas."

"Poderia haver delito nalguma das duas? Caso afirmativo (segundo a instância recorrida) estaríamos diante de uma "inaudita entidade criminal", assevera Ruy: "Admitindo, entre os abusos da autoridade judiciária, o delito de interpretação inexata dos textos, nestes se hão de compreender tanto as leis ordinárias, como as constitucionais. Se o juiz, que, ainda no uso de uma função legal, errar na inteligência da Constituição, incide em criminalidade, não incidirá menos o que atribuir a uma lei comum sentido incorreto. Note-se que em todo o curso desta demonstração, os adjetivos *incorreto, inexato, errôneo, falso,* pressupõem sempre infalivelmente definida a verdade pela opinião vencedora na instância superior.

"Ora, raro é o pleito, nos diferentes ramos da jurisprudência, em que se não controverte, e diverge sobre a hermenêutica de uma cláusula do direito escrito. Na aplicação da mesma lei, do mesmo texto, do juízo dos magistrados varia contínua e incalculavelmente, de um para outro litígio no mesmo tribunal; no mesmo feito, de um juiz para ele mesmo, de uma instância para a outra e, na mesma instância, no mesmo tribunal, da maioria para a minoria.

Não há, talvez, uma só, das muitas questões já sentenciadas no Supremo Tribunal acerca de leis inconstitucionais, em que a decisão fosse unânime."(...)

"Pela jurisprudência do Tribunal rio-grandense, o juiz seccional devia ser responsabilizado. *Ele excedera os limites das funções próprias do seu emprego*, anulando um ato do governo manifestamente consoante, segundo o voto vencedor no Superior Tribunal Gaúcho, com o pensamento da Constituição.

"É absurda a conseqüência? Então absurda é a premissa, de onde ele fatalmente deriva. Não há delitos de interpretação. Por interpretação injurídica só é responsável o juiz, quando ela ferir *disposição literal*; e, ainda nesse caso, não é o erro, que se reprime; é o dolo, a saber: a sentença dada "por afeição, ódio, contemplação, ou para promover interesse pessoal seu"(Código Penal, art.207, § 1º).

"A literalidade da lei violada é requisito elementar da culpa no exercício da função judicial; porque só a literalidade estabelece com toda a nitidez as balizas entre a opinião e a intenção, a opinião, que nunca é crime, e a intenção que pode sê-lo.(...)"

"Mas os grandes debates da hermenêutica, em assuntos de lei ordinária e lei constitucional, se travam, por via de regra, no domínio de relações, onde o direito não pode cristalizar-se nessas fórmulas lineares e incisivas, onde a solução das dificuldades suscitadas impõe confrontos, analogias, inferências, deduções, onde o processo da interpretação é complexo, lida com elementos técnicos, e obriga a raciocínios delicados. Dessa complexidade resulta o dissídio entre os julgadores, já no mesmo tribunal, já de um para outro. A teoria do Superior Tribunal do Rio Grande converte esse dissídio em crime, para os membros da minoria vencida, ou para os magistrados inferiores, na escala da autoridade judicial. E o delito então, resulta simplesmente do estar em minoria a opinião estigmatizada, ou exercer o acusado a sua jurisdição numa instância menos alta.

Nunca se atribuiu, em parte nenhuma, à magistratura, esse gênero de responsabilidade.(...)"

Insiste Ruy, demonstrando à exaustão o absurdo de se condenar um juiz, sem antes, ao menos, estar assente a solução definitiva da questão.

"Enquanto a decisão judicial, sobre que pesa increpação de erro, ou dolo, não houver percorrido, até à derradeira, as instâncias, a que a ordem legal do processo a submete, não há, judicialmente, dolo, nem erro; porque o vício, de que a acusam, não tem existência verificada, enquanto a autoridade do último Tribunal, na série da jurisdição preventa pela pendência da causa, não pronunciar, acerca da opinião denunciada, a última palavra. Se esta lhe é favorável, liquidou-se que o suposto erro era a verdade, o pretenso dolo a justiça. Interceptar, pois, um pleito em andamento, tratá-lo como findo, quando os desvios do juiz ainda se acham de par em par franqueados os recursos normais, e chamá-lo a contas noutra ação, responsabilizando-o, civil, ou criminalmente, por atos que têm a seu favor a presunção de juridicidade, enquanto não reformados na instância superior, e que nessa poderiam receber a sanção de uma sentença confirmatória, é a mais violenta, a mais crassa, a mais tresvairada enormidade, a que no foro se poderia assistir."

Adiante, adverte Ruy sobre os riscos da temerária tese do crime de hermenêutica.

"Enquanto se não atinar meio de fixar perpetuamente a maioria dos corpos coletivos, o dogma de hoje, nos Tribunais Superiores, estará exposto a ser a heresia de amanhã, e o erro da véspera a campear de verdade no outro dia. Então, sob a dialética da nova teoria, a sentença proferida pela maioria, de um momento, poderá converter-se, mais tarde, em caso penal contra os seus membros, chamados a contas pela maioria superveniente. Não há meio de fugir aos corolários de um princípio falso, desde que interesses poderosos se achem empenhados em distendê-los até as conclusões extremas. Se o erro judiciário pode averbar-se em delito, ao juízo da maioria na instância definitiva, os magistrados, que a compõem, quando ela se inverter, estarão sujeitos a ser colhidos nas malhas da responsabilidade penal, anteriormente imposta ao juiz singular. Toda vez que se maligna o direito, insinuando-lhe noções iníquas, ou insensatas, o dano não pára no serviço fruído pela combinação efêmera que o inspirou; cada conveniência ulterior, utilizando a semente germinada, extrair-lhe-á quantos atentados a sua fertilidade possa autorizar, embora, os autores da novidade queiram limitar-lhe os resultados, e protestem contra o imprevisto dos frutos, que agora combatem, por não lhes aproveitarem. Na crônica dos corpos coletivos, políticos, ou judiciais, não faltam exemplos de reações e depurações, exercidas, no seu próprio seio, por um de seus membros contra os outros, ao alternar das maiorias. E, quando se produziu na magistratura a obliteração do sentimento dos seus deveres, necessária para que ela desconheça no magistrado a liberdade ampla de aplicar a lei segundo a sua consciência, as minorias, nos Tribunais Superiores, não se poderão considerar a salvo da invenção perseguidora, forjada contra os juízes singulares. Se o magistrado, **male judicando sola imperitia,** se faz réu, no mesmo crime do juiz singular, pela sentença que pronuncia, incorre o membro do Tribunal Coletivo, pelo voto que dá. E, depois, logo que os Tribunais Superiores variarem de jurisprudência, onde vai parar a moralidade, quando a houverem de acarear com as sentenças, em que ela dantes fulminava penas contra os juízes, a cuja opinião acabou por se converter?"

Assim, encerrou seus argumentos:

"Abrigue o Supremo Tribunal Federal sob a sua toga o júri brasileiro mutilado, honrando o compromisso constitucional, que lho recomenda. Esta é a questão inevitável nesse pleito. Da outra dissemos, por acompanhar a sentença, e não deixar sem repulsa um erro perigoso. Mas para o recorrente não se há mister do refúgio, que aí se lhe oferece, porque o erro, o atentado, é dos que o perseguem. A sua defesa é a defesa do júri. É o júri que ficaria sacrificado, se a revisão não considerasse o processo sob esta face."

4. O DESFECHO DO PROCESSO

Em 10 de fevereiro de 1897, o Supremo Tribunal Federal absolve o Juiz Alcides de Mendonça Lima, sem, entretanto, examinar a questão da inconstitucionalidade da lei gaúcha de organização judiciária, nem aludir ao fato de se estar processando um juiz, sem submeter a recurso sua decisão, argumento amplamente defendido por Ruy. Votou contrário à absolvição apenas o Min. H. do Espírito Santo.

Numa segunda revisão do processo, dois anos e oito meses depois, em 07 de outubro de 1899, o Supremo Tribunal confirmou a absolvição do Juiz Mendonça Lima, sendo que, desta vez, procedeu ao exame da constitucionalidade da lei gaúcha.

Quanto à esta parte, julgou constitucional a lei estadual (contra os votos dos Mins. Piza e Almeida, Pereira Franco e G. de Carvalho), não considerando essencial ao Tribunal do Júri as recusações peremptórias e o sigilo das votações. Na verdade, os Ministros revelaram-se, nos seus votos, adversários do Tribunal Popular, tecendo inúmeras críticas à instituição do Júri.

5. O SIGILO DAS VOTAÇÕES E AS RECUSAS PEREMPTÓRIAS (Da Constituição de 1891 até a de 1988)

Volvidos mais de cem anos daquela histórica polêmica sobre o Tribunal Popular, o Júri permanece entre nós, tendo resistido a dois períodos ditatoriais, mantendo o sigilo das votações e o direito às recusas peremptórias.

Sem dúvida, como decorrência de todas essas discussões a respeito do Júri, a Constituição de 1934 alterou em parte o texto da Lei Suprema de 1891, deslocando o Júri do capítulo dos direitos e garantias individuais para o do Poder Judiciário, permitindo que a lei procedesse a modificações de forma e de fundo:"Art.72. "É mantida a instituição do júri, com a organização e as atribuições que lhe der a lei."

Na Constituição de 1937, nada se disse sobre o Júri, tanto que a princípio se opinou pela sua extinção em face da nova carta política do "Estado Novo".

Todavia, em 5 de janeiro de 1938, com a promulgação do Decreto-lei nº167, afirma-se a subsistência do Tribunal Popular, suprimindo-lhe, contudo, a denominada soberania dos veredictos, ao se permitir a instância recursal reformar a decisão do Júri, desde que houvesse "injustiça da decisão, por sua completa divergência, com as provas existentes nos autos ou produzidas em plenário"(art.92, b). E, consoante seu art.96, o Tribunal de Apelação poderia, ao prover o recurso, aplicar a pena justa, ou absolver o réu, conforme o caso, se a decisão do Júri não encontrasse nenhum respaldo nos autos.

Mesmo nesta época, o citado decreto-lei concedia às partes o direito de recusar até três jurados (art.53, § 2º) e mantinha a votação sigilosa (art.81).

Alguns anos depois, com o advento do Código de Processo Penal (Dec-lei nº 3.689, de 3/10/1941), ainda em vigor, restaram asseguradas, de igual forma, as recusas peremptórias e a votação secreta.

Finda a ditadura Vargas, a Constituição de 1946 restaurou a soberania do Júri, recolocando a instituição no capítulo dos direitos e das garantias individuais, além de estabelecer limitações ao legislador ordinário, no sentido de preservar alguns dos seus caracteres essenciais:

> "Art.141. § 28. É mantida a instituição do júri, com a organização que lhe der a lei, contanto que seja sempre ímpar o número dos seus membros e garantido **o sigilo das votações, a plenitude de defesa do réu e a soberania dos veredictos.** Será obrigatoriamente da sua competência o julgamento dos crimes dolosos contra a vida." (Negritou-se).

Em 23/2/48, foi promulgada a Lei nº 263, regulamentando o § 28 do art.141 acima transcrito, restabelecendo, pelo seu art.8º, a apelação quando a decisão dos jurados for manifestamente contrária à prova dos autos (atual art.593, III, "d", do CPP), sem, contudo, permitir a reforma da decisão pelo Tribunal. Em caso de dar provimento ao recurso, o Tribunal *ad quem* somente poderá sujeitar o réu a novo julgamento; não se admitindo, porém, pelo mesmo motivo, segunda apelação (art.593, § 3º, do atual CPP).

Alguns autores entenderam que tal apelação estaria, ainda, ferindo a soberania dos veredictos, sem razão, todavia. Segundo a *communis opinio doctorum*, a soberania do Júri, "consiste na impossibilidade de os juízes togados se substituírem aos jurados, na decisão da causa", na síntese magistral do grande processualista francês **FAUSTIN HÉLIE**, citado por **FREDERICO MARQUÊS**, ("A INSTITUIÇÃO DO JÚRI", São Paulo: Bookseller, 1997, p.76).

A Constituição de 1967, tratou do Júri no seu art.150, § 18, fazendo menção expressa a sua soberania:

> "§ 18. São mantidas a instituição e a soberania do júri, que terá competência no julgamento dos crimes dolosos contra a vida."

A Emenda Constitucional nº 1, de 1969, manteve a instituição do Júri, sendo, porém, omissa no tocante a soberania. ("É mantida a instituição do Júri, que terá competência nos crimes dolosos contra a vida", § 18, art.153).

Apesar da omissão, não mais se questionou a soberania do júri, afinal, mantendo-se o Júri, mantinha-se também sua soberania, conforme enunciada na Constituição de 1967.

Passado o período dos regimes militares, com a redemocratização do País, o Júri foi não só foi mantido, mas reconhecido pela Constituição de 1988, assegurando-se pontos fundamentais, à semelhança da Carta de 1946.

Art.5º, Inciso XXXVIII:

> "É reconhecida a instituição do júri, com a organização que lhe der a lei, assegurados:
> a) a plenitude de defesa;
> b) o sigilo das votações;
> c) a soberania dos veredictos;
> d) a competência para o julgamento dos crimes dolosos contra a vida;"

O direito às recusas peremptórias, isto é, sem declarar-se o motivo, sempre esteve presente em nossa legislação processual, como um meio de salvaguardar a imparcialidade do Júri, entendendo-se estar compreendido, a nível constitucional, na garantia da plenitude de defesa.

A propósito, diziam **BORSANI e CASORATI** que "a recusa peremptória é o ato com que o Ministério Público, ou o acusado, declara não aceitar um jurado sem aduzir o motivo. Essa espécie de recusa é fundamental e essencial no instituto do Júri, e constitui, especialmente para o réu, direito substancial a sua defesa". (**Apud FREDERICO MARQUÊS**, Ob. Cit., p.176).

Não se deve perder de vista que, na sessão de julgamento, no momento do sorteio dos jurados para formação do conselho de sentença, as partes, se pretenderem arguir a suspeição e/ou impedimento de algum jurado, deverão fazê-lo de imediato, apresentando prova. Sendo assim, não dispondo naquele momento da indispensável prova de suspeição ou de impedimento, podem valer-se das recusas peremptórias, até o máximo de três para cada uma das partes, consoante § 2º, do art.459 do CPP, assegurando a lisura do julgamento.

Ademais, o legislador prevê outros mecanismos, peculiares ao procedimento especial do Júri, à semelhança das recusas peremptórias, visando assegurar a imparcialidade do julgamento, como o desaforamento, regulamentado no art.424, § único, do CPP.

No que se refere ao sigilo das votações, como visto, já teve sede constitucional na Carta Magna de 1946, sendo, evidentemente, essencial ao Júri.

Com as naturais repercussões dos crimes dolosos contra a vida, julgados pelo Tribunal Popular, sem o escrutínio secreto não teriam os jurados a mesma liberdade e segurança ao votar.

A partir do momento em que são sorteados, os jurados já ficam incomunicáveis, para que não manifestem sua opinião sobre o processo (art.458, § 1º, CPP).

O sigilo das votações é assegurado pelas cédulas distribuídas aos jurados no momento da decisão, feitas de papel opaco e facilmente dobráveis, contendo umas a palavra *sim* e outras a palavra *não,* a fim de, secretamente, serem recolhidos os votos (arts.485/86,CPP).

Com a promulgação da atual Constituição, assegurando a publicidade dos atos processuais e dos julgamentos dos órgãos do Poder Judiciário (arts.5º, LX e art.93, IX, da CF/88), admitindo restrições apenas em casos excepcionais, acirrada polêmica se travou sobre a abolição da sala secreta ou especial no julgamento pelo Tribunal do Júri.

Distinguindo o sigilo das votações do sigilo do julgamento, manifestaram-se favoráveis a abolição da sala secreta **JAMES TUBENCHLAK, TOURINHO FILHO, RENÉ DOTTI**, dentre outros, pela manutenção da tradicional sala secreta, **HERMÍNIO ALBERTO MARQUES PORTO, ADRIANO MARREY, ALBERTO SILVA FRANCO, RUI STOCO**, só para citar alguns.

O Supremo Tribunal Federal já teve oportunidade de se manifestar a respeito dessa questão, no sentido da manutenção da sala secreta pela Constituição Federal, negando seguimento ao RE nº 01409754/210 (DJU 13.2.92, p.1.068), tendo como relator o erudito Min. **PAULO BROSSARD**, quando se deixou assente que "a regra do art.93, IX, há de ser entendida tendo-se presente a regra específica do art.5º, XXXVIII, sob pena de não se resolver um conflito que, em verdade, é mais aparente que real"; que o "texto de 88, no tocante ao Júri, constitucionalizou os princípios tradicionalmente vigentes entre nós", indicando-os "um a um e fê-los intocáveis pelo legislador ordinário".

Outrossim, igualmente é da essência do Júri o julgamento dos cidadãos pela consciência de seus pares, não tendo, por conseguinte, que fundamentar suas decisões. Além disso, fundamentá-las implicariam também em quebrar o indispensável sigilo das votações.

Diga-se mais, como **JAMES TUBENCHLAK**: "o Júri não é órgão do Poder Judiciário; assim, não se submete à imposição constitucional de fundamentar suas decisões (art.93,IX, da CF); é órgão político, como afirmara **RUY**, e não meramente um órgão estatal que deva, pela fundamentação, prestar contas de seus atos. Os jurados são cidadãos exercendo sua cidadania, tal como sucede no momento do exercício do voto." ("TRIBUNAL DO JÚRI"(Contradições e Soluções), São Paulo: Saraiva, 1994, p.9).

Como anotado, a instituição do Júri permanece entre nós, ora mais ou menos prestigiada, em consonância com as nossas flutuações democráticas, todavia, sempre prestando relevantes serviços à Justiça, criticada por uns, tem procurado evoluir, corrigindo algumas distorções.

Nessa linha, em 1993, ilustre comissão de juristas, instituída pelo Ministério da Justiça, elaborou, dentre vários anteprojetos de lei, um específico visando simplificar o procedimento do Júri, tendo como Rel. o renomado penalista **RENÉ ARIEL DOTTI.**

Dentre as modificações sugeridas, vale ressaltar a proposta, já manifestada outras vezes, desde algum tempo, de tornar mais claros e simples os quesitos submetidos aos jurados.

Como sabido, o Júri brasileiro adotou o sistema francês, ou do questionário, baseado na separação entre o juízo sobre as questões de fato, da competência dos jurados, e o juízo sobre questões de direito, da atribuição do juiz togado que preside ao Júri: *de jure judices, de facto juratore*.

Na dificuldade prática de separar o fato do direito, reside justa crítica a instituição do Júri, ao se submeter complexas teses jurídicas a juízes leigos, por meio de um questionário de difícil elaboração pelos próprios juízes togados, comprometendo em alguns casos a decisão dos jurados, absolvendo quando queriam condenar, condenando quando pretendiam absolver.

Já o saudoso **FREDERICO MARQUÊS**, como fervoroso adversário do Júri, chegou a afirmar que a "complicada e difícil heuremática (sic) dos quesitos e questionários" teria sido uma criação dos "órgãos da superior instância, no exercício de útil política judiciária destinada a tentar corrigir os abusos do júri".(**Apud RENÉ ARIEL DOTTI**, Esboço para a Reforma do Júri, *REBCCRIM,* ano 1 - n.3, p.282, Jul/Set. 1993).

O aludido anteprojeto inova substancialmente no particular, propondo aos jurados que, após os quesitos sobre "a materialidade do fato" e "autoria ou participação", respondam "se o acusado deve ser condenado". Caso positiva a resposta a este quesito decisivo, passa-se a mais dois quesitos, visando estabelecer a grandeza da pena: 1º) "se existe causa de diminuição de pena alegada pela defesa; 2º) "se existe circunstância qualificadora ou causa de aumento de pena, reconhecidas na pronúncia."

Como ilustre membro daquela comissão revisora do CPP, o processualista baiano **EDSON O'DWYER** apresentou algumas primorosas sugestões, argumentando que:

> "É preciso que nos conscientizemos de que o jurado só quer condenar ou absolver. Em condenando, quer uma pena mais longa ou mais breve. O mais, as filigranas, as conceituações técnicas, as dificuldades, tudo é problema do Juiz que presidir a sessão. É necessário que se faça do não-togado um julgador de fato, não de direito. De circunstancial, de conduta, de comportamento humano, não de assuntos essencialmente jurídicos, alguns dos quais difíceis e controversos até para os juristas." (Sugestões para a Revisão do Código de Processo Penal, *Revista do Conselho Nacional de Política Criminal e Penitenciária,* Ed. Imprensa Nacional, vol.1, p.37, 1993).

Não obstante as infindáveis discussões, a participação popular nos julgamentos criminais, no nosso caso através do Júri, vem prestando, ao longo dos anos, inestimáveis serviços à Justiça, exercendo o cidadão-jurado uma verdadeira "criminologia sem nome", pois, nas palavras de um dos maiores criminalistas de todos os tempos, **CARLOS DE ARAÚJO LIMA:**

> **"A Justiça, como Deus, cabe mais na sensação, que na idéia."** ("OS GRANDES PROCESSOS DO JÚRI", Rio de Janeiro: Liber Juris, 1988, 5ª edição, Vol. I).

Destarte, mantendo-se a instituição do Júri, preservando-lhe seus elementos essenciais, nestes compreendidos o sigilo das votações e as recusas peremptórias, a história de mais de um século, como grande e verdadeiro Juiz, julgou vitoriosas as teses de Ruy, jungindo, de modo indelével, o nome do nosso maior Paladino da Liberdade ao do Tribunal Popular.

REFERÊNCIAS

ARAÚJO LIMA, Carlos. *OS GRANDES PROCESSOS DO JÚRI,* Rio de Janeiro: Liber Juris, 5ª ed., Vol 1,1988.

CAMPANHOLE, Adriano e Hilton Lobo. *CONSTITUIÇÕES DO BRASIL,* São Paulo: Editora Atlas S/A, 5ª edição, 1981.

FREDERICO MARQUES, José. *A INSITUIÇÃO DO JÚRI,* Campinas- SP: Bookseller, 1997.

DOTTI, René Ariel. Esboço para a Reforma do Júri, *Revista Brasileira de Ciências Criminais,* ano 1, n.3, p. 272/97, jul/set. 1993.

MARREY, Adriano, **SILVA FRANCO,** Alberto, e **STOCO,** Rui. *TEORIA E PRÁTICA DO JÚRI,* São Paulo: Editora Revista dos Tribunais, 5ª ed., 1993.

MARQUES PORTO, Hermínio Alberto. *JÚRI,* São Paulo: Malheiros Editores Ltda, 7ª ed., 1994.

NOGUEIRA, Rubem. *O ADVOGADO RUI BARBOSA,* Belo Horizonte: Edições Ciência Jurídica, 4ª ed., 1996.

O'DWYER, Edson. Sugestões para a revisão do Código de Processo Penal. *Revista do Conselho Nacional de Política Criminal e Penitenciária,* Ed. Imprensa Nacional, Brasília, vol. 1, p.37, 1993.

RUY BARBOSA. *OBRAS COMPLETAS,* Rio de Janeiro: Fundação Casa de Rui Barbosa, Vol. XXIII, 1896, Tomo III, p.134/294, 1976.

TOURINHO FILHO, Fernando. *PROCESSO PENAL,* São Paulo: Saraiva, 18ª ed., Vol. 4, 1997.

TUBENCHLAK, James, *TRIBUNAL DO JÚRI,* São Paulo: Saraiva, 4ª ed., 1994.

VAINSENCHER, Semira Adler, **SIMÕES DE FARIAS,** Ângela. *CONDENAR OU ABSOLVER: A TENDÊNCIA DO JÚRI POPULAR,* Rio de Janeiro: Forense, 1ª ed., 1997.

ANTÔNIO EVARISTO DE MORAES FILHO[1]

Recentemente falecido, no Rio de Janeiro, em 28/03/97, o grande advogado criminal Antônio Evaristo de Moraes Filho, e, todos que tiveram a ventura de conhecê-lo, inevitavelmente, ainda o relacionam à figura do seu pai, o inexcedível Antônio Evaristo de Moraes, de quem herdara não apenas o nome.

Guardadas as proporções, as circunstâncias históricas e de vida, parece que uma existência continuou na outra, ambas perpetuadas.

No dia 26 de outubro de 1871 – (dia de São Evaristo), começava a tradição, com o nascimento do primeiro e até então único Evaristo de Moraes.

Desde muito cedo, iniciara sua luta vitoriosa, sobrepondo-se às inúmeras dificuldades, aos preconceitos e à pobreza, para firma-se como o maior advogado criminal da nossa história.

É fácil imaginar o quanto foi penoso para o desconhecido Evaristo tornar-se o famoso " cavaleiro da justiça e da bondade ", também não de se negar, o quanto difícil não foi para o menino Evaristo, chamado carinhosa e familiarmente de Evaristinho, não ter se afastado de, " uma profissão tão cheia de dissabores ", conforme advertira seu pai, na crônica: "Falando ao meu filho bacharel...", dirigida ao seu único filho então bacharel: Evaristo de Moraes Filho, hoje um dos mais respeitados mestres do Direito do Trabalho, já que, à época, Antônio Evaristo, completava apenas cinco anos de idade.

Pai e filho estiveram sempre impregnados dos ideais de suas juventudes: o pai, ardoroso abolicionista e republicano, ambos, socialistas democráticos, também tiveram passagem pelo jornalismo, mais acentuado, no primeiro.

Mas, ambos foram, na expressão mais lidima da palavra, Advogados, com tamanha intensidade a ponto de terem sido confundidos, algumas vezes, com a própria causa e até com o cliente.

Na defesa de perseguidos políticos, chegaram a ser presos, sentindo na pele o quanto estreitas são as relações da Justiça com a Política.

Enfrentaram a impopularidade, ao aceitarem defender acusados previamente condenados pela opinião pública.

1 Jornal A Tarde, 08/05/97.

Assim ocorreu com Evaristo de Moraes, no início deste século, ao assumir a defesa de Mendes Tavares, adversário político de Ruy Barbosa, seu ídolo e correligionário a quem consultou-o se devia ou não aceitar a causa, obtendo resposta positiva, que se transformou na clássica obra. "O Dever do Advogado".

Mal compreendido também foi Evaristo Filho, no final deste século, quando aceitou a defesa criminal do ex-presidente Collor de Melo, de quem divergia politicamente.

Nesses e em outros momentos difíceis, cada vez mais, afirmaram-se como exemplos de Advogado, confundindo-se suas trajetórias com a da própria advocacia criminal brasileira.

Colhidos dessa vida, em plena atividade forense, ambos lecionaram, nos seus últimos anos, Direito Penal, apaixonando-se, igualmente, pelo magistério.

Neste momento, sinto a garganta seca, paro, bebo água, é hora de falar unicamente do amigo que se foi.

Conheci Evaristo de Moraes Filho, no ano de 1991, e de lá para cá, mantivemos uma relação fraternal, tão próxima, apesar da diferença de idade, tão intima, apesar da distância física.

Dotado de carisma natural, não se esforçava para ser agradável, gostava mais de ouvir do que de falar, aparentemente tímido, de insinuante simpatia, conquistava com facilidade.

Era um grande ser humano, perto dele nós nos tornávamos maiores. Amante das coisas boas da vida, jamais transigiu com seus ideais, manteve-se fiel a sua vocação, tendo sempre palavras de estimulo aos jovens advogados, como eu, a quem tratava com grande afeto.

Para quem privou da sua amizade, é difícil não imaginá-lo mais aqui, fazendo palestras ou em longas conversas, em jantares agradavelmente intermináveis.

Fica a recordação, o exemplo, a saudade de quem partiu, repartindo-se, e o desejo de que seu espirito permaneça entre nós.

Assim é que o *Instituto dos Advogados da Bahia* irá prestar-lhe uma singela, porém significativa, homenagem, na "Semana de Estudos Jurídicos", quando das comemorações do seu Centenário, e*specialmente no dia 09 de junho* vindouro, no "Painel de Direito Penal", na Rua da Paz, no Vale do Canela, no auditório Raul Chaves, da tradicional Faculdade de Direito da Universidade Federal da Bahia, na Cidade do Salvador.

ARX TOURINHO: UM SÍMBOLO, UM EXEMPLO, UMA LEGENDA...[1]

Não é fácil falar de um colega e amigo de longos anos de convivência após apenas sete dias do seu súbito e trágico falecimento, mas, tratando–se de um apóstolo da advocacia, como ARX TOURINHO, torna-se necessário e útil, pois sua bela e profícua existência se constitui num Evangelho que incomodou e ainda incomodará, pelo legado que deixou, aos inimigos da liberdade e da democracia.

Filho de família amiga, de ilustres e renomados juristas, vim a conhecer pessoalmente ARX, como Professor da nossa querida Faculdade de Direito da UFBA, ainda calouro no ano de 1982, passando, como sói acontecer com seus alunos, a admirá-lo, não só pelos notórios conhecimentos jurídicos, mas, sobretudo, pela alegria e entusiasmo com que transmitia suas lições, conferindo um brilho especial às suas concorridas aulas.

No início da década de 1990, tornei-me seu colega professor na mesma Faculdade de Direito, fazendo parte do departamento de Direito Público, na época por ele chefiado, passando a ter uma vivência mais próxima com o nosso pranteado amigo, dada à regularidade dos nossos encontros.

Dessa forma, logo no primeiro ano em que comecei a lecionar, aceitei seu convite para integrar sua Chapa Vitoriosa nas eleições para presidência da Ordem dos Advogados do Brasil (OAB/BA), cujo lema por ele escolhido era um brado que resumia o nosso ideal: "Advocacia Livre e Independente".

Na presidência da OAB, pôde revelar seu destemor, sua coragem cívica, sua capacidade de liderança e realização, projetando-se nos outros ramos da sociedade, tendo sua administração ficado como um marco na advocacia baiana.

Como advogado era aguerrido e intimorato, sem deixar de ser extremamente ético e leal com os colegas. Tive o privilégio de atuar junto com ele em algumas causas, inclusive, dividindo a mágica Tribuna do Júri, testemunhando sua brilhante oratória.

---

1 Jornal A Tarde, 15/05/2005.

ARX era daquelas personalidades multifacetárias, exercendo simultaneamente diversas atividades, graças ao seu extraordinário dinamismo e sua enorme capacidade de trabalho, sendo um cidadão na verdadeira acepção da palavra.

Das várias lições que se pode extrair da sua intensa e produtiva vida, duas assumem especial relevo: a primeira é que se pode ser corajoso sem se tornar truculento, ser um homem de atitude e ao mesmo tempo gentil.

A segunda lição serve aos que se consideram intelectuais, na medida em que são possuidores de uma cultura meramente de "vitrine", pois a existência de ARX TOURINHO é a demonstração viva de que a cultura, mormente a jurídica, só tem significado se posta a serviço da sociedade.

Por tudo isso e muito mais, posso dizer, ainda emocionado, que só a matéria do seu notável cérebro foi atingida na tragédia que o abateu, pois suas ideias continuarão vivas entre aqueles que tiveram a ventura de conhecê-lo e que cultuar sua memória, doravante, deverá ser tarefa de todos seus colegas comprometidos com os valores que tão ardorosamente defendeu. Privados estamos da sua presença física, mas morto ARX TOURINHO nunca será, continuará vivo como um símbolo, um exemplo, uma legenda, uma estrela a iluminar os caminhos do Direito, da Justiça e da Liberdade.

NEUZA MARIA ALVES DA SILVA (MULHER, NEGRA, GUERREIRA, BAIANA)[2]

Neste ano, no final do primeiro semestre, silenciosamente, aposentou-se por motivo de doença, a ainda jovem e sempre guerreira **Desembargadora Federal NEUZA MARIA ALVES DA SILVA.**

Sua aposentadoria de forma tão discreta, pode ter até passado despercebida a muitos, mas, sua luta, sua história de superação na vida, deve ser sempre lembrada para que permaneça como exemplo!

Dra. Neuza, como já a conheci, foi filha de uma empregada doméstica, nascida numa casa pobre no bairro de Tororó, em Salvador, não tendo jamais sido reconhecida pelo seu pai.

2 Jornal A Tarde, 26/10/2017.

Sua mãe, Dona Beatriz, no entanto, querendo afastá-la do destino de menina negra e pobre, a orientou a trilhar pelo curso pedagógico para ser diplomada professora do primário, de modo que formada e trabalhando não precisaria de ninguém para sustentá-la.

No segundo dos três anos do curso, Neuza participou de um trabalho no qual foi escolhida para representar uma advogada de defesa, num "Júri Simulado". Graças ao trabalho da advogada, o réu foi absolvido por unanimidade. Naquele momento nasceu a paixão da jovem Neuza pelo Direito.

Contrariando os prognósticos mais favoráveis de sua própria genitora, a adolescente Neuza, sempre apegada aos livros e estudando em bibliotecas públicas, conseguiu passar no vestibular para a tradicional Faculdade de Direito da UFBA.

Todo seu empenho valeu a pena, pois em 1974 a família de dona Beatriz ganhou seu primeiro diploma universitário.

Posteriormente, fez especialização em Direito Processual, na Fundação Faculdade de Direito do Estado da Bahia e em Direitos Humanos pela Universidade Estadual da Bahia – UNEB, em convênio com a Escola do Ministério Público do Estado da Bahia.

Formada em Direito, durante treze anos exerceu a advocacia: cinco em uma empresa de Consultoria Tributária e mais de oito como advogada da Rede Ferroviária Federal, na Bahia, de onde se desligou após ser aprovada em primeiro lugar, em concurso público realizado em 1988, para o cargo de Juíza do Trabalho. Permaneceu, entretanto, apenas dez meses: aprovada em novo concurso público, tornou-se Juíza Federal, atividade que desempenhou com dignidade por 17 anos.

Além de exercer diversos cargos em sua área, destacou-se também, na Associação dos Juízes Federais do Brasil, seção da Bahia, bem como, no Conselho Estadual de Defesa dos Direitos da Mulher – CDDM/BA, onde permaneceu durante dois anos.

Depois de ter perdido a mãe, que morreu em seus braços como se dormisse, de ter se separado após cumprir uma história de amor de 32 anos com seu primeiro namorado, de ter formado os três filhos, uma em Direito e outros dois em Ciências da Computação, decidiu que era hora de voar mais alto.

Decidida, tomou posse no cargo de Desembargadora Federal, tornando-se assim a primeira mulher negra a ocupar tal posto no país, em

2004, após ter seu nome escolhido, por merecimento, em lista tríplice apresentada ao Presidente da República.

Em 2008, Dra. Neuza recebeu da Câmara de Vereadores de Salvador, a comenda Maria Quitéria, como reconhecimento a sua atuação e pioneirismo, em um país historicamente marcado pela ausência de oportunidades, sobretudo, aquelas oferecidas a mulheres negras e pobres.

Em mais de dez anos de TRF-1, nove deles julgando na segunda turma da primeira sessão, às voltas com questões previdenciárias e que envolvem o servidor público, ganhou a alcunha de Neuza dos Pobres, por sempre defender os menos favorecidos. "*Esse é apenas um dos tantos apelidos que traduzem a personalidade daquela mulher cujo sorriso colore a sisudez do Judiciário como flor raiada no meio do sertão,*" como poeticamente escreveu Daniel Campos, em sua homenagem.

Eu já a conheci como Juíza Federal. Lembro-me que ela era Diretora do Foro da Justiça Federal na Bahia, quando da inauguração do seu atual prédio, e eu a procurei, à época, como jovem Secretário de Governo do Estado da Bahia, para combinarmos os detalhes da solenidade de inauguração da nova sede. Ela de modo muito simples, falando, inclusive, de sua origem humilde, deixou que tratássemos das questões de cerimonial. Juntos, fizemos uma bela e histórica solenidade.

Mesmo a Dra. Neuza não judicando na minha área de atuação (criminal), mantivemos contatos, ainda que de forma eventual, na Justiça Federal e em palestras ou outras solenidades.

Sabedor de toda sua admirável trajetória de superação de mulher, negra e pobre, o que mais me chamava a atenção em Dra. Neuza era seu semblante sempre calmo, inspirando paz e tranquilidade e a forma sempre afável com que tratava a todos, desde o mais humilde servidor ao Presidente do Tribunal.

A paz em seu olhar somente vi semelhante na face do imortal Nelson Mandela, quando tive a oportunidade única de conhecê-lo em um almoço em sua homenagem no Palácio de Ondina.

Dra. Neuza sofreu inúmeras discriminações, preconceitos por ser mulher, negra, sem pai e divorciada. Conta-se até caso de entrarem em seu gabinete lhe perguntando: "cadê a juíza?" No entanto, nada disso a abalou ou deixou aparentes cicatrizes: "*Se eu sofri discriminação, preconceito, descrédito por ser mulher eu não tomei conhecimento, passei por cima, atropelando, porque eu não me permito sofrer essas coisas*". Eis a lição da Dra. Neuza para que quiser aprender!

Foi Vice-Presidente do Tribunal Regional Federal da 1ª Região, seria sua Presidente e já se falava em seu honrado nome para ser a primeira mulher negra do Supremo Tribunal Federal e baiana, diga-se de passagem, porque parece que a Bahia está "*condenada*" a não ter mais um Ministro no STF.

Problema de saúde, entretanto, sua coluna não aguentou mais o peso de tantas atribuições, impediram-na de prosseguir.

As homenagens que recebeu durante sua gloriosa carreira jurídica foram todas merecidas e sinceras, todavia, não podemos esqueça-la após sua "*inutilidade*"!

Ao contrário, este é o momento maior de valorizar toda sua linda história de superação de mulher, negra, pobre, sem pai e divorciada e de agradecer a correta, competente e justa magistrada que foi durante anos, prestando inúmeras outras homenagens a essa extraordinária mulher, negra, guerreira, baiana!

Oxalá sempre a proteja! A Bahia e o Brasil lhe agradecem! Obrigado por tudo!

ADHEMAR RAYMUNDO DA SILVA[1]

Muito jovem, recém-formado, com a cabeça cheia de ideias e as mãos vazias, conheci o Professor Adhemar Raymundo em uma aula realizada na sala "Eugênio Lyra", existente à época no subsolo da Faculdade de Direito da UFBA, que, apesar de grande, estava lotada. Na ocasião, fiquei encantado com sua extraordinária capacidade de expressão e memória prodigiosa, tanto que me arrisquei a fazer uma pergunta sobre o direito comparado, sendo mal interpretado pelo professor que, com seu temperamento forte e verve peculiar, demonstrou não ter gostado da interrupção, no que a plateia foi ao riso, sendo incontinente admoestada pelo Professor, da mesma forma veemente, dizendo "vocês que estão rindo não vão ser nada, mas este barbudinho que perguntou vai ser alguém". Terminada a aula, dirigi-me ao professor e me apresentei, dizendo meu nome. Assim, começava uma grande e duradoura amizade.

O mestre Adhemar Raymundo tinha acabado de se aposentar, antes da compulsória, como Ministro do TFR – Tribunal Federal de Recursos, hoje STJ – Superior Tribunal de Justiça, e regressara de Brasília para morar definitivamente na Bahia.

Naquela época, consegui ser admitido no concorrido Curso de Especialização em Processo do saudoso Mestre Calmon de Passos, optando, no segundo ano, por ser aluno do Ministro Adhemar Raimundo, uma vez que, desde cedo, já tinha me definido pela área penal, aguardando as tão esperadas aulas de Processo Penal.

As aulas foram realmente maravilhosas!

Aquele professor, já na casa dos setenta anos, franzino, começava a expor, com um entusiasmo contagiante, o Código de Processo Penal absolutamente todo na sua memória, brincando com a gente para conferir a leitura dos artigos que declamava em alto e bom som. O conteúdo, sempre atualizado com a última alteração legislativa, mesmo sem estar no código ainda. Utilizava-se de uma forma de exposição única, na qual desfilava autores consagrados como Tourinho Filho, Hélio Tornaghi, Eduardo Espínola, Frederico Marques, dentre outros, dando a impressão de que todos estavam ali presentes, discutindo, com o Mestre, o tema da aula.

---

1 Os nomes das salas, JusPodivm, 2016, Homenagem aos 125 anos da Faculdade Livre de Direito da Bahia.

Talvez pela própria influência de seu tempo e de sua formação, defendia uma legislação penal mais dura, objeto de algumas divergências comigo em sala de aula, mas, com absoluta honestidade intelectual, nunca deixava de reconhecer o verdadeiro sentido de uma norma jurídica, mesmo que com ela não concordasse.

E foi assim também como Julgador, por exemplo, ao conceder inúmeros habeas corpus, quando não estavam presentes os requisitos da prisão preventiva. Bem diferente dos dias atuais, em que cada juiz quer aplicar seu próprio código.

Ao mesmo tempo que tinha um temperamento forte e expunha com grande ênfase suas posições, revelava humildade e gostava sempre de dizer que respeitava a "*autoridade do argumento e não o argumento de autoridade*".

Orgulhava-se da sua trajetória de "pretor a Ministro", como repetia várias vezes, para dizer que não entrou no Tribunal Federal pela "janela", mas confessava-se decepcionado com muitos dos seus colegas.

Realizado ele se dizia, e realmente era sua maior vocação, como professor, afirmando, de forma poética, já próximo do final do nosso curso de duração de um ano, que "maior do que o infinito, por que o infinito não cresce, era sua vontade de aprender". Certamente, esse era o segredo do seu permanente entusiasmo.

Era também sempre bem humorado, gostava vez por outra de brincar com o assunto e também com seus alunos. Não fugindo à cultura dos homens de sua época, demonstrava ser um grande admirador da beleza feminina, dizendo que "o talento é a beleza do homem e a beleza é o talento da mulher". Antes que as feministas reclamassem, acrescentava rindo: mas quando a mulher une beleza e talento, aí já era covardia!

Contava-se que um aluno seu, vendo-o já no início da noite dando voltas no Campo Grande, indagou-lhe se precisava de alguma coisa, e ele simplesmente respondeu que estava fazendo hora para chegar em casa (morava na época em um apartamento na Vitória), por que, se chegasse antes do seu horário habitual, sua esposa poderia se acostumar e querer que ele viesse sempre mais cedo.

Voltando às aulas, nós, daquela turma, fomos muito privilegiados, e posso dizer, sem exagero, que, se não fossem as admiráveis aulas daqueles dois entusiasmados Mestres, eu não teria sido aprovado tão jovem para o cargo de Professor de Processo Penal da nossa egrégia Faculdade.

Como Professor da mesma disciplina e advogado criminalista, continuei mantendo sempre contato com o mestre Adhemar Raymundo, a essa altura já um amigo, tendo a honra de ter sido, logo no início da minha vida acadêmica, professor de sua filha Maria José.

Várias vezes fui à sua casa no Itaigara, sendo sempre bem recebido, para colher suas lições sobre algum caso mais complicado da advocacia. Quando se convencia do acerto da tese, me ligava para saber do resultado, vibrando com a vitória conseguida, sem nenhum interesse pecuniário, embora sempre brincasse dizendo a todos que eu era um advogado "milionário". Nunca o desmenti, para ver se a brincadeira virava verdade.

Passados alguns anos, estava na secretaria da faculdade, quando o mestre Adhemar chegou e surgiu o assunto sobre o nome do fundador da nossa Faculdade, Bernardino José de Souza. Quando lhe disse que descendia da mesma família de Bernardino, o Professor Adhemar, visivelmente emocionado, revelou que Bernardino fora o seu grande bem feitor, patrocinando seus estudos na Faculdade, por não ter condições financeiras, embora tivesse passado em primeiro lugar no vestibular. Disse que sua gratidão era tamanha que, mesmo tendo verdadeiro horror a avião, foi ao Rio de Janeiro prestar sua última homenagem a Bernardino, quando este faleceu como Ministro do TCU - Tribunal de Contas da União.

Não obstante tivesse na oratória seu maior talento, o jurista Adhemar Raymundo escreveu vários livros e inúmeros artigos, destacando-se sua tese de livre docência, sobre "O Processo Penal como Relação Jurídica", de valor eterno e incomensurável.

Lecionou até o fim de sua longa e profícua existência, mesmo quando ficou praticamente cego, grupo de alunos lia para ele as novas edições e livros de Processo Penal, e o verdadeiro Mestre, na mais pura acepção da palavra, continuava ensinando, em sua casa e também, por vezes, ainda na nossa faculdade.

Faleceu aos 90 anos de idade, deixando vários exemplos: de superação, sem ressentimentos, de dignidade e independência como julgador, de personalidade forte e bem humorada e, sobretudo, de amor e entusiasmo como professor inesquecível de várias gerações.

A BAHIA E O DIREITO PERDEM EDSON O'DWYER[1]

A Bahia perde hoje um dos seus maiores advogados criminalistas de todos os tempos, o querido Prof. Edson O'dwyer. De oratória incomparável pela elegância e brilho na mágica Tribuna do Júri, foi onde o vi pela primeira vez, quando eu ainda era estudante de direito. Somente vim a conhecê-lo, pessoalmente, ao integrar a banca examinadora do meu concurso para professor de Processo Penal da Faculdade de Direito da UFBA. Daí em diante, iniciamos uma grande amizade, quando, após o resultado e minha aprovação, nos ofereceu um almoço em sua residência. Naquela ocasião, conhecemos sua admirável companheira de toda a vida, D. Zilda O'dwyer. Juntos formavam um casal extremamente carismático e acolhedor.

De tantos jantares e almoços nos quais tivemos a alegria de estar presentes, quando recebia juristas de outros estados, costumava eu dizer ser ele verdadeiro Embaixador do Direito Penal na Bahia. Fez parte de diversas comissões nacionais de juristas para reforma da legislação processual penal, destacando-se por ideias e sugestões originais, frutos da sua vivência como advogado e professor, sem falsos arroubos intelectuais.

Tive a grande honra, verdadeiro privilégio, de ser por ele saudado, quando do meu ingresso na Academia de Letras Jurídicas, em primorosa oração, com singular delicadeza. Mais de 15 anos depois, recentemente, quando eu estava na Presidência daquele sodalício, pude homenageá-lo com uma placa com o seu nome, entre os dez fundadores da nossa Academia. Já não pôde comparecer pessoalmente, mas seu filho advogado, Paulo O'dwyer, o representou dignamente na solenidade.

Dr. Edson O'dwyer deixou várias lições e exemplos, de lhaneza no trato com todos, de Ética na forma de exercer a difícil profissão de criminalista, seja com os clientes ou com os colegas advogados, inclusive adversários de causas, delegados, promotores e/ou juízes. Ao mesmo tempo, era firme, combativo e intransigente na defesa.

Vários colegas, certamente, poderão dar o testemunho também de sua generosidade. Nunca negava um conselho ou orientação a um co-

1 Portal Bahia.BA, 15/08/2018.

lega mais jovem, como no meu caso. Oxalá essas qualidades, tão raras na competição de hoje, não morram com ele, nem desapareçam com a geração de notáveis criminalistas da Bahia do seu tempo. Mas é fato que sentimos que muito de bom está sendo sepultado hoje e um pouco de nós também se vai com ele. É um tempo que não volta.

Cabe-nos a nós, seus colegas, seguir em frente, levando seu bastão e cultivar sua memória não só de jurista, mas de cidadão digno e honrado, pelo exemplar ser humano que foi. Todos da advocacia criminal perdemos um extraordinário colega; eu, um padrinho.

Que Deus o abençoe para sempre! Aquele abraço!

UMA JUSTA INSPIRAÇÃO – HOMENAGEM A RENÈ ARIEL DOTTI[1]

Soube, há pouco, do falecimento do admirado Prof. René Ariel Dotti na última quinta-feira, 11. Li uma nota da Associação Brasileira dos Advogados Criminalistas (ABRACRIM), subscrita pelo seu presidente nacional, o advogado criminalista também do Paraná, como o Prof. René, Elias Mattar Assad, e demais presidentes estaduais. Em seguida, vi outras de entidades nacionais, como a do Instituto dos Advogados do Brasil (IAB) e da Academia Brasileira de Direito Criminal (ABDCRIM).

A sua morte evocou em mim lições e lembranças que iria guardar secretas dentro do meu coração e da minha mente.

Contudo, logo lembrei quando o conheci, aqui na Bahia, na cidade do Salvador, de ter ouvido sua primeira lição: escreva sempre, mesmo que seja para se corrigir adiante. Isso há cerca de 30 anos ou mais, recordando-me apenas que eu era um jovem professor da UFBA, de vinte e poucos anos, mesmo tendo lhe falado da tradição oral da Bahia, terra de grandes oradores, e até do que dizia ironicamente o grande criminalista baiano Raul Chaves (de quem não tive a ventura de ser aluno, pelo seu falecimento precoce), que o "advogado que escreve, ou é burro, ou rico". Quem advoga, entenderá (Rsrs).

Tive uma grande oportunidade para qualquer advogado, ainda mais sendo jovem, de acompanhar uma causa, na década de 1990, na qual atuavam conjuntamente os, hoje saudosos, renomados advogados, Evaristo de Morais Filho, Márcio Thomas Bastos e René Ariel Dotti.

Lembro-me das reuniões na Bahia, em São Paulo e no Rio de Janeiro, em almoços que viraram jantares. Eu, ali, certo de que estava tendo o privilégio de testemunhar parte da história do direito penal do Brasil, diria a melhor parte, pelos casos que ouvi.

O Professor René, já com seu laptop, de tudo lavrava Ata e redigia as conclusões com uma velocidade e precisão admiráveis, até mesmo para um jovem advogado como eu.

Nossos laços de amizade foram se estreitando e suas vindas à Bahia naquela época eram mais frequentes.

---

1 Jornal a Tarde, 13/02/2021.

Eu cada vez mais admirado com sua cultura, sua forma de falar e sua impecável oratória nas exposições acadêmicas.

A convite informal do igualmente saudoso jurista baiano Edson O´dwyer, participei de almoço em sua casa, no qual se discutia a reforma do Código Processual Penal

Lembro-me de ter conversado bastante sobre a reforma do Júri (com ele e com a saudosa Prof. Ada Pellegrini), e do Prof. René ter proposto, o que depois viria a ser lei, que, se o júri não for realizado após seis meses da pronúncia, por excesso de processos na comarca, será caso de desaforamento. Dizia ele, é preciso ter em vista que também o réu tem direito a um julgamento célere, para fazer cessar as angústias de uma ação penal.

O Prof. René Dotti era um intelectual extremamente sensível, construiu um teatro em sua casa. Aqui na Bahia sempre, ou quase sempre, se fazia acompanhar de sua grande companheira de vida, Dona Rosarita, que adorava os beijus da nossa terra. Nunca esqueci que, em um dos jantares em restaurante de comida típica baiana, como todo criminalista, arvorei-me a declamar umas poesias e o Professor, sempre disciplinado, perdeu-se nas horas a reviver belos poemas românticos.

Tivemos também uma comum experiência como Secretários de Estado: eu, de Governo da Bahia; ele, da Cultura do Paraná. Sobre sua passagem no Executivo dizia, parafraseando Dante: "Às vezes pensava que estava a um passo do céu e logo um acontecimento me lembrava de que estava a um centímetro do inferno".

Desde que nos conhecemos, sempre me enviava seus escritos, merecendo destaque seu discurso no Supremo Tribunal Federal, na ocasião da homenagem ao nosso maior penalista do século XX, Nélson Hungria, quando ficou, justificadamente, honrado em ter sido escolhido o orador.

Era, também como eu, admirador do baiano Rui Barbosa, a ponto de ter passado um final de semana em Salvador para juntos pesquisarmos o que ele pretendia ser um livro intitulado "Rui, um Criminalista".

Dessas pesquisas na biblioteca do maior "ruísta" que conheci, o saudoso Prof. Rubem Nogueira, resultaram apenas dois artigos: um meu, Rui Barbosa, o júri e a responsabilidade penal dos juízes (O crime de hermenêutica), e outro dele, Rui Barbosa e o processo Dreyfus, ambos publicados na revista do IBCCRIM. Percebemos que Rui, embora tenha oferecido um verdadeiro curso de resistência constitucional ao arbítrio de Floriano Peixoto, com os seus famosos Habeas Corpus, não poderia ser definido como um criminalista.

O Prof. René Dotti foi uma das grandes inspirações para mim e muitos jovens advogados em todo o Brasil, sendo que sua atuação e cultura jurídica transcenderam não somente seu Paraná, como o Brasil, que tão bem representou em diversos congressos internacionais.

Com sua morte, há uma incômoda sensação da passagem do tempo, que, como o vento na poeira da estrada, tudo leva, ou quase tudo, porque temos a esperança de que seu legado como um dos maiores advogados criminalistas do Brasil, doutrinador, defensor da Constituição e das liberdades individuais, ficará para sempre na nossa história, como o de um grande artista, mesmo após terem se fechado as cortinas do palco do teatro da vida.